本成果受到中国人民大学2022年度“中央高校建设世界一流大学（学科）和特色发展引导专项资金”支持

未来的品牌

“双碳”战略下的品牌建设之道

黄河 程晛 董骁 邵逸涵◎著

BRAND TOWARDS FUTURE

How to Build Brand under the Circumstances of Carbon Peaking and Carbon Neutrality Goals

前　言

党的十八大以来，习近平总书记多次强调，今天，我们比历史上任何时期都更接近、更有信心和能力实现中华民族伟大复兴的目标。这是因为我们有更为坚强的领导核心，更为完善的制度保证，更为坚实的物质基础，更为主动的精神力量。同样的，在新发展理念的指引，新发展阶段的筑基，新发展格局的擘画下，如今的中国品牌比历史上任何时期都更有可能满足人民对美好生活的向往，更有力量推动全面建设现代化国家，更有机会引领世界经济走向。

在当前和今后的这段战略机遇期，准确识变、科学应变、主动求变是中国企业的当务之急。在诸多变化中，全面绿色转型就蕴含着重大战略性、历史性机遇。随着越来越多的国家提出碳达峰碳中和目标，全球将掀起一场巨大的科技创新与产业变革浪潮，国家之间发展转型的竞赛也由此拉开序幕并愈演愈烈。面向绿色未来，我国的经济体系和产业格局会因之重塑，能源结构会实现根本性变革，区域经济版图会被重新定义，发展空间与市场机遇会被不断创造，绿色投融资浪潮亦会形成。顺应这样的潮流，以及面对愈加严格的低碳政策和行业要求，从根本上改变以往过度依赖资源消耗的粗放型经济模式，加快绿色低碳转型，走绿色创新、集约高效的绿色发展之路，业已成为中国企业服务国家发展战略、推动企业高质量发展和提升国际竞争力的必然选择和内在需要。

本书即从新闻传播学、环境社会学、营销学等多学科视角切入，分析中国企业如何做到把握全面绿色转型带来的社会变革与发展大势，在寻求自身的竞争优势和前进动能的同时，通过立体化的绿色传播普及生态文明理念、激励全价值链的绿色革新、倡导绿色生活、强化协同共治、践行绿色责任、应对环境危机，在满足社会“绿色期许”的基础上，获得广泛的认同及持续的认可，打造面向未来、面向世界、面向人民美好生活的一流品牌。

书中贯穿始终的核心观点是：未来的企业一定是绿色可持续的企业，未来的品牌也一定是由绿色之魂、绿色之实、绿色之力、绿色之责筑就的品牌。在辨析了未来的品牌之核心特征和建设方向之后，我们提出未来的品牌建设的“一核两驱四轮”体系，即在绿色发展理念的指引下，同构硬实力和软实力，依托绿色广告、关系管理、绿色责任和危机管理这些相辅相成、平衡发展的轮子，共同驱动品牌向善向阳向美而行。

全书共有八章。第一章阐述“双碳”战略背景下企业面临的战略性、历史性机遇及绿色发展路径，继而据此分析未来的品牌与传统品牌相比的四个主要特征，介绍了未来的品牌建设的“一核两驱四轮”体系。第二章至第八章结合企业的前沿实践，详细论述了该体系中各要素的内涵、意义和运转方式：以绿色发展理念和文化为内核，以业务和产品的绿色革新为基础，以再造绿色品牌话语为连接，通过绿色广告促进绿色生活革命，通过关系管理共建共治共享，通过绿色责任动员社会力量，通过危机管理维护企业声誉。

本书的创新或者说作者力求达成的目标主要体现在三个方面。一是立足当前中国正在经历的伟大社会变革和创新实践，探索和回应“双碳”战略背景下中国企业品牌传播如何自主创新这一重大社会课题。二是跳出既有的以西方品牌传播理论为主的研究范式，观照中国之路、中国之治、中国之理，构建真正能够体现中国特色、中国智慧、中国方案的中国品牌传播理论体系。三是不同于该领域大多就事论事、聚焦局部、侧重案例分析的研究。本书以生态文明建设的大势和“双碳”战略的全面推进为统摄，综合多元横向比较和动态规律研判，从整体分析中国企业绿色传播及品牌建设的土壤根基及花果枝叶，拓展和提升成果实践指导的范围及价值。

笔者在成书的过程中得到多方的支持。特别要感谢丁俊杰教授、胡百精教授、张迪教授多年来在专业领域的帮助，书中不少观点和思路都源于他们的启发。感谢中国石化、中国石油、中国华能、南方电网、华侨城等合作企业长期给予我们的信任，很多老朋友通过提供实地调研机会、分享典型案例资料等方式给予我们充分的支持，同时也正是十余年与合作伙伴在品牌研究上的积淀，本书的理论深度与指导价值才有了更多的保证。此外还要感谢中国人民大学新闻学院的领导和同事们对我一如既往的关心和鼓励，这个大家庭自由、宽容、和善、积极的氛围总让人感慨自己何其有幸。作为本书的策划编辑和责任编辑，人民出版社的陈佳冉老师全程给予我们专业而细致的帮助，这是本书顺利面世的重要保障，在此向她致以诚挚谢意。

我的研究生牟娟、尚佳、田宁欣、陶心怡、陈雨隆参与了资料梳理与案例整理工作，感谢他们的付出，祝这些可爱的年轻人心中有梦、眼里有光。

黄河

2022 年 9 月

目 录

第一章

面向绿色未来建设一流品牌

2021年3月，十三届全国人大四次会议通过《中华人民共和国国民经济和社会发展第十四个五年规划和2035年远景目标纲要》，将推动绿色发展、促进人与自然和谐共生列入“十四五”期间经济社会发展的战略重点，明确提出到2035年“广泛形成绿色生产生活方式，碳排放达峰后稳中有降，生态环境根本好转，美丽中国建设目标基本实现”的远景目标。2022年10月，党的二十大报告又一次强调要加快发展方式绿色转型。实施全面节约战略，发展绿色低碳产业，倡导绿色消费，推动形成绿色低碳的生产方式和生活方式。在越来越清晰可感的绿色经济社会中，企业作为国民经济的重要组成部分，承担着推动绿色生产转型与绿色技术进步的重要责任，是实现中国经济绿色转型升级的核心基础。伴随社会绿色转型与经济结构调整的加快深化，走绿色低碳道路也正在成为企业实现自身高质量发展与建设世界一流企业的必然选择。这要求企业时刻把握绿色发展的时代脉搏，明晰绿色转型发展为自身带来的机遇与挑战，加快开启绿色企业与未来品牌建设的新征程。

第一节 “双碳”开启绿色发展新时代

绿色发展是当代国际社会为化解日趋严峻的生态问题、应对全球性生态危机以及推进可持续发展战略而进行的发展理念与发展方向的战略转型，强调将经济增长与对资源使用、碳排放和环境破坏的严重依赖脱钩[①]，以推动构建一种经济系统、社会系统和自然系统和谐共生的新型发展模式。近年来，国际社会对全球气候变化越发关注，绿色发展相应地逐步成为国际社会新的发展共识。特别是 2015 年影响全球气候变化治理格局的国际法律文本《巴黎协定》签署以来，为实现将全球平均气温较前工业化时期上升幅度控制在 2℃之内、努力将温度上升幅度限制在 1.5℃之内的温控目标以及 21 世纪下半叶温室气体净零排放的减排目标，包括中国在内的全球近 200 个国家或地区陆续提出本国的全经济范围绝对量减排或限排目标，各国开始积极探索既能实现经济增长又能减少碳排放的绿色发展模式，绿色发展真正进入全球共同行动的新时代。

一、“双碳”目标的提出：中国加快绿色发展进程

气候变化是人类社会面临的共同挑战，习近平总书记多次强调，应对气候变化，是中国可持续发展的内在要求，也是国际社会的广泛共识。党的十八大以来，减排降碳日益成为我国生态环境治理与绿色发展的重要任务。在目标方面，2015 年，中国在巴黎气候峰会召开前提交国家自主贡献文件，提出将于 2030 年左右使二氧化碳排放达到峰值，并争取尽早实现，2030 年单位国内生产总值二氧化碳排放比 2005 年下

① World Bank & Development Research Center of the State Council of the People's Republic of China, *China 2030: Building a modern, harmonious, and creative high-income society,* Washington DC: The World Bank, 2013, p.233.

降 60%—65%，非化石能源占一次能源消费比重达到 20%，森林蓄积量比 2005 年增加 45 亿立方米左右；2017 年，中国进一步提出到 2050 年，非化石能源占一次能源消费比重达到 50%左右，清洁能源率达到 50%，终端电气化率达到 50%的目标。在行动上，“十三五”期间，我国通过采取产业结构调整、能源结构优化、节能提高能效以及推进碳市场建设、增加森林碳汇等一系列措施，使应对气候变化工作取得显著成效；截至 2020 年底，我国提前完成了向国际社会承诺的 2020 年碳减排目标。

2020 年 9 月，党和国家基于推动构建人类命运共同体的责任担当和实现可持续发展的内在要求，宣布进一步加快减碳步伐，首次提出“双碳”目标。是月 22 日，习近平主席在第七十五届联合国大会一般性辩论上对外宣布中国将提高国家自主贡献力度，二氧化碳排放力争于 2030 年前达到峰值，努力争取 2060 年前实现碳中和①。12 月 12 日，习近平主席在全球气候雄心峰会上发表题为《继往开来，开启全球应对气候变化新征程》的重要讲话，提出到 2030 年，中国单位国内生产总值二氧化碳排放将比 2005 年下降 65%以上，非化石能源占一次能源消费比重将达到 25%左右，森林储蓄量将比 2005 年增加 60 亿立方米，风电、太阳能发电总装机容量将达到 12 亿千瓦以上等一系列国家自主贡献新举措。相较于 2015 年国家自主贡献目标，新的自主贡献目标更有力度地提升了 2030 年单位 GDP 二氧化碳排放下降强度、非化石能源占比、森林蓄积量等具体行动指标，并首次明确了 2030 年风电、太阳

① 狭义的碳中和（carbon neutrality）目标指的是二氧化碳净零排放，即全球、国家、城市、行业、企业、产品、活动或个人在规定时期内人为二氧化碳移除抵消人为二氧化碳排放。广义的碳中和目标则可指所有温室气体的净零排放。

能发电装机容量的具体目标。

相较于欧美发达国家，中国作为全球最大的发展中国家和制造业大国，实现“双碳”目标任务将十分艰巨：一方面，我国碳排放总量大、强度高，排放量超过美国的2倍、欧盟的3倍，且从碳达峰到碳中和的时间，中国仅有约30年，而美国是43年，欧盟是71年，这意味着我国面临比欧美国家时间更紧、幅度更大的减排要求；另一方面，当前我国仍处于工业化和城市化后期，具有高碳的能源结构和产业结构，大部分工业行业依然处在扩张阶段，要在保持经济社会快速发展的同时实现“双碳”目标，必将对我国加快推进生态文明建设和绿色低碳发展提出更高的要求。

因此，自“双碳”目标提出以来，我国政府以坚定决心展开了对碳达峰、碳中和相关工作的系统部署。2020年12月，中央经济工作会议将“碳达峰碳中和工作”列入八大重点任务。2021年2月，国务院印发《关于加快建立健全绿色低碳循环发展经济体系的指导意见》，绿色低碳经济作为顶层设计得到正式部署。2021年3月15日，习近平总书记在中央财经委员会第九次会议上发表重要讲话，将碳达峰碳中和纳入生态文明建设整体布局。4月30日中共中央政治局第二十九次集体学习中习近平总书记进一步明确，“十四五”时期我国生态文明建设进入以降碳为重点战略方向、推动减污降碳协同增效、促进经济社会发展全面绿色转型、实现生态环境质量由量变到质变的关键时期，要抓住产业结构调整这个关键，持续降低碳排放强度。2021年10月，中共中央、国务院重磅出台了《关于完整准确全面贯彻新发展理念做好碳达峰碳中和工作的意见》（以下简称《意见》）与《2030年前碳达峰行动方案》两份纲领性文件，构建形成了碳达峰碳中和“1+N”政策体系，并进一步明确了各地区、各领域、各行业推进碳达峰碳中和任务部署。可以充分预见，未来 40 年，碳达峰碳中和将成为我国生态文明建设与高质量发展的核心议题与关键目标，引领并驱动整个中国经济社会的全面绿色转型与可持续发展。

二、“双碳”目标下的变革与机遇

除中国之外，当前全球 2/3 以上的国家和地区提出了碳达峰碳中和目标，全球经济增长将推动实现与碳排放的深度脱钩，这也必将带来产业结构、能源结构、生产方式、生活方式、空间格局等全方位、深层次的系统性变革。换言之，聚焦碳达峰碳中和，全球将掀起一场巨大的科技创新与产业变革浪潮，国家之间发展转型的竞赛也由此拉开序幕。形势要求我国企业充分从国际国内发展全局的高度出发，认识和把握碳达峰碳中和对我国未来经济社会发展的战略意义和前进方向，以此提升贯彻落实碳达峰碳中和战略的自觉性、主动性和创造性。

（一）碳达峰碳中和即将重塑我国经济体系和产业格局

根据《意见》，到 2060 年，我国将全面建立绿色低碳循环发展的经济体系。这意味着未来 40 年，我国现有产业格局与生产方式将发生深刻调整，生产体系、流通体系、消费体系的协同绿色低碳转型势在必行。其中，传统能源和钢铁、水泥、化工、有色金属、建材等重点工业行业需完成节能低碳改造升级，电子、汽车、装备制造、消费品、材料等产业将很快进入高端化、智能化、绿色化转型进程。特别是在绿色低碳产业领域，将产生众多的新型业务、新型企业、新型行业，形成新的技术与市场标准，构造出全新的产业格局。

基于竞争的视角，由碳达峰碳中和目标驱动的全球经济与产业体系的绿色变革正在给我国经济提供“换道超车”、拓展产业竞争力的重大机遇。特别是在清洁能源、新能源汽车、燃料电池、智能技术等领域，我国已形成了很好的技术和市场基础，部分行业已经具备领先优势。以新能源汽车为例，截至 2022 年 5 月，我国新能源汽车累计销售量达到 1108 万辆，产销量连续 7 年位居世界第一；在 2021 年全球十大新能源汽车畅销车型中，中国品牌占了六款，动力电池出货量前十的企业中，我国企业也占有六席。①只要在这些新兴科技产业领域继续发力崛起，我国就能够在未来新的重大关键产业上开拓出更多的增长空间和竞争优势，脱离原有产业落后、竞争不利的发展格局，提高经济结构的全局竞争力和长期竞争力。

（二）碳达峰碳中和势将推动我国能源结构实现根本性变革

我国近90%的碳排放由能源领域产生②。因此，实现碳达峰碳中和，我国能源结构需要发生重大根本性调整。在能源消费端，我国将实现“两个替代”：“清洁替代”和“电能替代”。根据《意见》，到 2030 年和 2060 年，我国非化石能源消费占比将由目前的约 16%分别提升到 25%

① 工信部：中国新能源汽车产销量连续 7 年位居世界第一，2022 年 6 月 14 日，见 https://www.chinanews.com.cn/cj/2022/06-14/9779700.shtml。

② 中金公司研究部、中金研究院：《碳中和经济学》，中信出版社 2021 年版，第 139 页。

和80%以上，清洁能源将替代传统化石能源成为我国能源消费的主力。同时，能源消费形式方面，在工业、交通、建筑等领域实现电能替代，以电代煤、以电代油、以电代气，大幅提升电气化比重。在能源供给端，以构建非化石能源为主体、安全可持续的能源供应体系为目标，我国能源系统中的化石能源比例将大幅降低，风能、太阳能、生物质能、海洋能、地热能等清洁能源将得到大力发展，推动实现我国能源领域的深度脱碳和本质安全。

更为重要的是，加快推动能源体系清洁低碳安全高效发展，中国将有可能引领全球新一轮能源革命。近几年，中国的光伏装备、风电装备、水电装备以及储能装备、各类电动终端等，占到了全球市场比重的50%以上①，2020年底，我国可再生能源发电装机总规模达到9.3亿千瓦，水电、风电、光伏、生物质发电总装机已经分别连续16年、11年、6年和3年居于世界首位②，清洁能源发展的全产业链优势初现。继续加快推进能源革命，将进一步提升我国的清洁能源综合竞争力，催生出更多产业增长点，同时也有利于我国清洁能源技术与产品加速走向世界市场，引领、促进全世界实现能源绿色低碳发展。

（三）碳达峰碳中和或将重新定义我国区域经济版图

我国具有广阔的国土空间，发挥区域间各自资源禀赋之所长，协同

① 黄奇帆：《“双碳”目标下我国能源结构、产业结构以及能源互联网的发展趋势》，《中国化工报》2022年8月1日。

② 王灿、张九天：《碳达峰碳中和：迈向新发展路径》，中共中央党校出版社2021年版，第101页。

实现国家整体碳达峰碳中和是我国的一大优势。在此背景下，我国各区域在经济版图上的角色将被重新定义，特别是中西部地区将迎来巨大的发展机遇。目前，实现碳达峰碳中和的主要举措包括大力发展清洁能源、工业减排和通过碳汇及碳封存实现负排放①。我国中西部地区在其中的两个方面具备突出优势：一是中西部地区风能、太阳能和水电等清洁能源资源丰富，将会成为我国最重要的清洁能源基地；二是中西部地区在国土空间资源上具有通过碳汇和碳封存实现负排放的潜力。也就是说，在推动碳达峰碳中和工作中，我国中西部地区可充分利用清洁能源开发、存储、运输以及布局农林碳汇、碳封存等负排放技术产业，实现新一轮的经济转型升级，而这也将重构我国区域经济发展格局。

（四）碳达峰碳中和必将加速绿色低碳技术的突破转化

扭转我国产业偏重、能源偏煤、效率偏低的发展模式，并在碳达峰碳中和目标的约束下推动经济结构转型升级，实现可持续发展，关键要靠科学技术的创新，特别是要推动各种低碳、零碳与负碳技术在未来40年完成从技术成熟到产业成熟的蜕变。《意见》已就加强绿色低碳重大科技攻关和推广应用作出部署，这些关键技术领域包括：支撑风能、太阳能发电大规模友好并网的智能电网技术；电化学、压缩空气等新型储能技术；氢能生产、储存、应用关键技术；园区能源梯级利用等节能

① 负排放（negative emissions, NE）是通过人类的专项活动移除大气中的温室气体。碳汇则是将二氧化碳从大气中清除的过程、活动和机制。碳封存，即二氧化碳捕集利用和封存（carbon dioxide capture utilization and storage, CCUS），是将相对纯的二氧化碳流体从工业和与能源有关的源中分离（捕获）、控制、压缩并运至某个封存地点，使之与大气长期隔离的过程；或者捕获二氧化碳然后用于生产新产品的过程。

低碳技术；规模化碳捕集、利用和封存技术；气凝胶等新型材料等。

应当看到，碳达峰碳中和过程中绿色技术的创新突破发展即将开启新一轮的科技革命和产业升级浪潮，从而对全球经济发展与产业格局产生深刻影响。目前，欧盟、美国、日本等发达经济体已将碳中和作为提升未来经济竞争力的重要机遇，同时通过提出积极的减排目标、规划技术发展路径、提供政策与财政支持等方式推动本地区技术与产业升级，以期抢占竞争先机与领先位置。当前，我国也加大了对绿色低碳相关科技研发与推广应用的扶持力度，凭借强有力的政策支持、突出的技术和成本优势以及超大规模的内需市场，我国的绿色低碳技术蕴藏着巨大的发展空间与市场潜力。

（五）碳达峰碳中和亦将开启绿色投融资浪潮

在绿色经济的发展浪潮中，资本市场的投资风口也在发生结构性调整。碳达峰碳中和目标确立之后，传统高碳行业的投资限制趋于严格，但同时出现的是巨大的绿色低碳投资需求和机遇。根据清华大学于 2020 年发布的《中国中长期低碳发展战略和转型路径研究》报告，2020 年至 2050 年能源系统需要新增投资约 138 万亿元。高盛集团预计，中国在实现 2060 年碳中和目标的过程中，将在绿色基础设施方面投资 16 万亿美元①。由此观之，未来碳达峰碳中和将成为中国资本市场的投资主线之一。

除投资战略方向的转变之外，大量的金融工具将被用于实现碳达

① 范子萌：《高盛与国际金融论坛（IFF）联合成立绿色金融工作组》，2021 年 12 月 4 日，见 https://news.cnstock.com/news,bwkx-202112-4791516.htm。

峰碳中和，如绿色债券、ESG（Environment，Social & Corporate Governance，环境、社会和公司治理）基金等，金融机构也会不断推出绿色金融业务板块，助力绿色金融的持续革新及绿色市场的蓬勃发展。对此，我国政府也开始给予大力支持。2020 年 10 月 26 日，生态环境部、国家发改委、人民银行、银保监会、证监会联合发布《关于促进应对气候变化投融资的指导意见》，明确将通过完善气候投融资标准体系、鼓励和引导民间投资与外资进入气候投融资领域、引导支持地方实践、深化国际合作、强化组织实施五大方面开展气候投融资相关工作，并将完善金融监管政策，引导和撬动更多社会资金进入应对气候变化领域，支持和激励各类金融机构开发气候友好型的金融绿色产品。

（六）碳达峰碳中和终将明显改善我国生态环境

实现碳达峰碳中和的政策与措施对我国推进生态环境治理、从根本上改善生态环境质量也将产生积极影响。一方面，温室气体排放与大气污染物排放存在“共根同源”特征，两者大多是由相同的能源生产或消费模式所导致，因此通过推动能源结构绿色低碳转型、管控高耗能企业、加快产业结构调整与优化终端用能方式等途径可实现减污降碳协同治理①，从根本上改善我国的空气质量，带来公众健康水平提升等多维综合效益；另一方面，碳达峰碳中和目标的实现，亦将有助于推动对水、土壤等的污染防治以及提升生态系统服务功能、保护生物多样性。例如，碳达峰碳中和目标将促进水污染治理过程中能耗的降低、再生水

① 王灿、邓红梅、郭凯迪等：《温室气体和空气污染物协同治理研究展望》，《中国环境管理》2020 年第 4 期。

循环利用和污水处理后的综合利用①；农业部门实现深度减排，将会大幅度减少源自化肥农药和农业废弃物的温室气体排放，这些举措对于减少土壤污染、养地固碳、提升农村生态系统质量具有重要意义②；以及实现碳达峰碳中和目标，需要增加森林系统碳汇来抵消人类活动造成的温室气体排放，这也将促进我国森林覆盖率和森林蓄积量的提升，实现对生态系统和生物多样性的保护③。

三、“双碳”目标加速驱动企业驶向绿色发展

作为国家和区域经济发展的微观基础，企业在实现碳达峰碳中和、推动绿色低碳发展中的地位及作用将十分重要与关键：一者，企业不仅是碳排放的主体，也是落实碳减排政策与目标的主体，是助力绿色低碳转型的中坚力量；二者，企业将是未来绿色低碳循环经济体系的重要组成部分，直接承担着绿色生产和绿色流通的责任，亦是绿色技术进步的主要推动者；三者，从效益上看，企业绿色发展水平的提高还可带动全社会绿色发展水平的跃升，其绿色竞争力也将成为整个国家绿色竞争力的重要体现。

目前，全球几乎所有行业均开始探索碳达峰碳中和的技术方案和路径。能源、钢铁、水泥、化工、交通等高耗能行业以及制造业、互联网

① 李禾：《“双碳”目标将对水污染防治产生重要影响》，《科技日报》2021 年 3 月 31 日。

② 金书秦、林煜：《统筹有序推进农业碳达峰》，2021 年 8 月 20 日，见 https://m.gmw.cn/baijia/2021-08/20/35095261.html。

③ 吴建国、罗建武、李俊生等：《加强生物多样性保护助力碳达峰》，《中国环境报》2021 年 2 月 19 日。

产业中越来越多的企业加入了碳达峰碳中和行动；水泥、航空、海事等世界行业联盟也着手进行自上而下的碳达峰碳中和承诺，对其会员企业的碳排放提出要求；全球重要的金融、投资和保险等机构也结成联盟，对投资企业的温室气体排放进行关注，将投资组合的碳中和列入发展目标。欧洲议会也于 2022 年 6 月通过“碳边界调节机制”（Carbon Border Adjustment Mechanism，CBAM）议案，宣布不晚于 2023 年对进口商品征收碳关税，预示未来全球贸易市场也将对产品体系的低碳化提出更高标准。

逆水行舟，不进则退。对于我国企业来说，面对愈加严格的低碳政策和行业要求，从根本上改变以往过度依赖资源消耗的粗放型经济模式，加快绿色低碳转型，走绿色创新、集约高效的绿色发展之路，业已成为自身服务国家绿色低碳发展战略、推动企业高质量发展和提升国际竞争力的必然选择和内在需要。

（一）面向碳达峰碳中和目标制订企业中长期发展规划

对标实现碳达峰碳中和目标任务，我国企业需加快将碳达峰碳中和目标纳入企业的中长期发展规划之中，强化绿色低碳引领企业发展。企业要根据国家、地方、行业出台的相关政策与监管规定，评估国际市场与供应链传导的标准要求，制定科学的碳减排行动路线和有效的碳减排措施，提升企业整体的碳资产管理水平并实现其与企业业务发展的协同并进。对此，企业应按照碳目标设定的科学方法，通过摸清“碳家底”、明确碳排放范围、确定碳排放总量与结构等环节，结合我国的碳达峰碳中和目标，制定出自身的碳减排目标和规划，确定实现碳达峰碳中和的时间表、路线图、施工图，并按碳排放信息的相关披露要求建立完善碳排放的监测报告核查（monitoring，reporting，verification，简称 MRV）体系。值得注意的是，目前一些国内外先进企业已开始推动全供应链的碳减排工作，将绿色低碳作为供应商筛选标准之一或与供应商共同制定减排目标。伴随绿色低碳转型的深化，这种对全供应链、全生命周期碳中和的要求将不断加强，建立全供应链碳排放管理体系、提高相应管理能力也将成为企业长期发展需要完成的重要任务。

（二）提升绿色发展能力，开创绿色低碳循环发展新局面

以实现碳达峰碳中和目标为引领推进绿色低碳转型发展，企业不能只空谈目标，而要切实围绕核心业务，通过强化能源调整、技术升级、低碳化管理等具体行动措施，拓展碳减排的解决方案，实现生产方式绿色转型升级——以此形成的绿色发展能力将成为今后企业提升自身可持续竞争力的重要动力来源。目前，除促进工艺和技术升级创新、节能提高能效、提高可再生能源使用比例、推动供应链减排等常见手段外，国内外企业亦在运用更多样的策略与行动组合实现碳减排目标。这包括：（1）参与碳交易市场，通过购买环境权益抵消碳排放，例如 2020 年中国海油通过购买碳汇实现了单船 LNG（liquefied natural gas，液化天然气）资源在全产业链的“净零碳排放”①。（2）完善碳资产管理体系，记录企业碳排放及配额变化趋势，实现温室气体控排低成本履约，并利用碳金融手段实现企业额外碳收益。（3）采用基于自然的解决方案，通过

① 刘雅文：《中国海油启动碳中和规划》，2021 年 1 月 17 日，见 http://www.ccin.com.cn/detail/7cc8a48b3bcc4d9cd4ed3a64e5d18a02。

植树造林、土壤固碳、矿山修复等工作增加对空气中二氧化碳的吸收，扩大碳抵消。（4）加强全员减碳意识，打造绿色工厂，鼓励绿色出行、垃圾分类、视频会议等低碳行动，减少间接排放等。此外，企业还可利用自身优势，扩大经营范围，布局、投资发展新一代信息技术、生物技术、新能源、新材料、高端装备、绿色环保等战略性新兴产业，探索绿色经济新业态、新模式，开辟绿色低碳发展的新赛道。

（三）抓实节能减排，有效推进能源绿色低碳转型

降低生产经营中因消耗电、气、煤、油等能源产生的碳排放是企业完成碳达峰碳中和目标、实现绿色低碳发展转型的基础和关键。前文曾经提及，至2030年和2060年，我国非化石能源消费占比将提升到25%和80%以上。企业的能源转型进程亦需与这一部署要求协调一致。总体来看，企业的能源碳减排主要会依循以下五种路径：（1）推进清洁能源替代，如煤改电、气改电及利用风能和光伏等可再生能源等，降低化石能源利用比例。（2）提高清洁能源输送和存储能力，如发展厂区多元储能。（3）在生产运营过程中提高能源利用效率，如节电与余热回收利用。（4）推动生产运营低碳化，包括低碳原料替代、深度电气化改造、应用智慧能源管控系统等。（5）发展与应用碳捕集、利用和封存（CCUS）等负排放技术，从空气中去除和隔离二氧化碳，抵消难以避免的甲烷等非二氧化碳温室气体的排放和难脱碳部门的碳排放。可以明确的是，未来40年我国各行业均将进入能源结构的深度脱碳阶段，这需要企业直面挑战，以切实行动重塑自身清洁低碳高效的能源体系。

（四）投身绿色技术革命，抢占产业发展新高地

绿色技术创新是绿色转型背景下全球新一轮工业革命和科技竞争的重要新兴领域。对于企业而言，投身绿色技术研发与创新，不仅有利于加快自身的碳减排目标，还可降低企业的碳中和转型成本、收窄产品的绿色溢价。那些能够率先掌握先进技术的企业还将引领行业绿色转型进程，实现低碳与效益的双赢。自“双碳”目标提出以来，我国政府围绕节能环保、清洁生产、清洁能源、生态保护与修复、城乡绿色基础设施和城市绿色发展等，密集出台了大量支持企业进行绿色技术创新的政策措施，涵盖了强化企业绿色技术创新主体地位、加大对企业绿色技术创新的财政和金融支持、强化绿色技术知识产权保护、加强绿色技术创新对外开放与国际合作等多个方面。近年来，以国家电网、国家电投、中国中车、中国建筑等为代表的国有企业也带头发力绿色技术研发与应用，并产出了大量标志性的技术进步成果①。可以预见，未来40年全球绿色科技革命中将有更多中国企业的身影。抓住此次技术升级与迭代机遇，我国企业有望从过去行业技术的跟随者、追赶者转变为突破者、创新者、引领者，乃至彻底扭转国际产业竞争的传统格局。

（五）服务绿色消费需求，加大绿色低碳产品发展

在企业加强生产经营全链条绿色低碳转型升级，以及全社会推广绿色生活方式与消费模式的过程中，产品的绿色化也将是必然趋势。绿色

① 谭峰：《“双碳”之约：中央企业走绿色低碳转型高质量发展之路》，《国资报告》2022年第6期。

低碳产品需要在全生命周期内具备资源能源消耗少、污染物排放低、低毒少害、易回收处理和再利用、健康安全和质量品质高等特征。目前，全球已有12个国家的政府部门和行业协会开始推广碳标识[①]，即对产品全生命周期中产生的碳排放量进行标识，以引导公众绿色低碳消费。我国在2022年由国家发改委等七部门联合印发的《促进绿色消费实施方案》也提出，要到2025年使“绿色消费理念深入人心，绿色低碳产品市场占有率大幅提升；到2030年，绿色消费方式成为公众自觉选择，绿色低碳产品成为市场主流”。这对我国企业生产供给更多绿色低碳产品、满足和引领绿色消费发展提出了要求，也蕴含巨大的市场空间和全新的增长机遇。2019年，我国开始实施统一的绿色产品标准、认证与标识制度，在为绿色产品质量与效益提供保障的同时还将在未来推动国际合作与互认，促进我国绿色产品走向国际市场、打破国外绿色壁垒。目前，我国绿色产品认证已覆盖绿色食品、纺织品、塑料制品、洗涤用品、建材、电器电子等19类近90种产品[②]。截至2022年7月，仅家电类产品就有1300多家企业的1.5万个产品获得绿色产品认证[③]。可以预见，未来“绿色身份”将成为产品进入国内外市场的基本条件，企业围绕绿色低碳产品的设计、开发、制造与运营活动亟须迈上更高阶段。

---

① 王灿、张九天：《碳达峰碳中和：迈向新发展路径》，中共中央党校出版社2021年版，第242页。

② 王婉莹：《国家市场监管总局谈绿色产品认证：19类近90种产品纳入认证范围》，2022年1月21日，见http://www.ce.cn/cysc/newmain/yc/jsxw/202201/21/t20220121_37277640.shtml。

③ 佟明彪、苏兰：《我国已颁发家电类绿色产品认证证书1.5万张》，2022年7月22日，见http://www.ce.cn/cysc/newmain/yc/jsxw/202207/22/t20220722_37897171.shtml。

第二节　未来品牌的建设之道

面向绿色未来，企业的绿色低碳转型发展是涉及各领域全周期、全链条、全体系的整体性变革与系统性重塑，在实践层面表现为前述企业在产品、政策、项目、资源、技术、管理和流程等生产经营方面的转型行动，背后的实质则是企业对自身发展理念、核心价值、目标愿景、使命责任等品牌战略方向的调整与重构。几乎可以这样断定，未来的企业一定是绿色可持续的企业，未来的品牌或曰一流的品牌也一定是由绿色之魂、绿色之实、绿色之力、绿色之责筑就的品牌（见图 1—1），未来企业与企业之间的竞争必将走向由绿色发展驱动而形成的新型品牌之间的竞争。在主动探索高质量发展的绿色之路的同时，积极打造可以引领

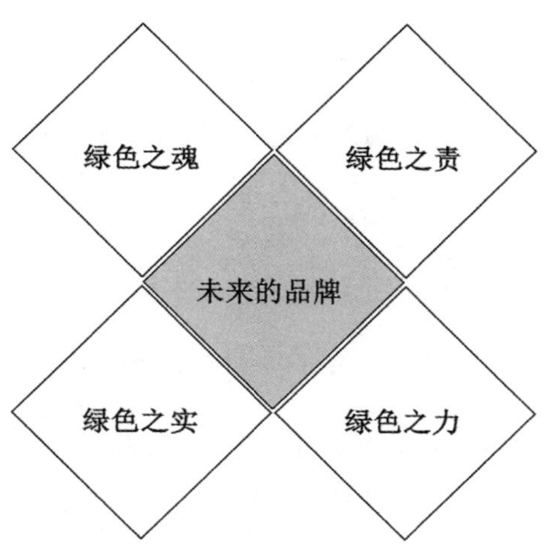

图 1—1　“未来的品牌”的主要特点

当下、超越传统、赢在未来的企业品牌，既是绿色发展时代赋予中国企业的新课题，也是企业契合全面建设现代化国家的要求，推动中国制造向中国创造转变、中国速度向中国质量转变、中国产品向中国品牌转变所必须完成的重大任务。

这里需要说明的是，笔者提出的“未来的品牌”既不是说当下无实例，也不理想化地预示今后无例外；而是一种方向和趋势的判断，是众多企业的必然选择。与传统品牌相比，未来品牌的建设呈现出的特点主要有：(1) 以生态文明为背景，由观念驱动，是为绿色之魂。(2) 从上到下、由内而外、自始至终都奉行绿色理念、坚持绿色发展，是为绿色之实。(3) 与时俱进地呼应社会对美丽中国的期待和对美好生活的向往，将硬实力与软实力等同视之、协同打造，是为绿色之力。(4) 将共生责任融入企业的精神谱系、发展战略和日常运转之中，使其成为企业寻求可持续发展的内生动力并据此获得长期竞争力，是为绿色之责。

一、观念驱动，品牌引领

企业建设品牌面临的首要问题，是如何准确认识品牌建设的意义与价值，即树立恰当的品牌观念。在工业文明的大背景下，企业长期由工具理性作指引，追求的是工业化大生产的分工、组织、效率、利润，企业的发展主要由生产驱动，品牌依附于企业的生产经营，旨在促进消费、应对竞争。对于大多数企业来说，品牌不过是业务运作的次生品或锦上花，品牌建设通常不需要重点投入，且这项工作往往被视为宣传和营销部门的局部业务而不会实质影响企业的整体生存与发展。

行至当代，品牌战略已跳出简单的产销、竞争、业务范畴，上升为现代企业战略的核心组成部分。

一方面，品牌不再只是便于消费者辨别商品或服务的一个标志，而是关乎企业的自我身份建构和战略目标认同，即“我是谁”“我向何处去”以及“我的价值何在”等企业生存与发展的根本问题。对这些问题的回答，不仅是为企业自身的长远发展指明道路与方向，还可藉此达成企业内部的思想和行动共识，深度激活组织发展的内生力量。

另一方面，有效的品牌运营可将多元、复杂的管理和运营要素及活动凝练为统一的符号和价值体系，帮助企业塑造与利益相关者共享的合意空间——由承诺和认同共同形成的对话空间。这能使企业在众声喧哗、多元博弈、竞争加剧中持续获得关注、好感和信任。拥有良好知名度、美誉度和忠诚度的受人尊敬的品牌，还可成为支撑和引领企业硬实力发展的软实力，进一步形成光环效应助力企业创新开拓、成长壮大。

一个公认的事实是，世界一流的企业皆有与其硬实力相匹配的品牌。换言之，优异的品牌既是世界一流企业的重要特质和气质，也是其内在支撑和外在标签。从历史经验看，世界一流品牌大多成就于剧变年代，也几乎都是彼时商业价值和公共精神的引领者与传递者，譬如1900 年代前后世纪之交的福特、美孚和通用电气；1960 年代战后经济增长期的丰台、本田和三菱；1990 年代信息技术革命以来的一批 IT 和互联网企业。这些一流品牌的发展史说明，变革成就品牌，品牌亦可引领变革。

如今，工业文明正渐渐进阶为生态文明，在绿色变革的大潮中，与先前的工具理性不同，企业首先关切的应当是价值理性，追求人与自然和谐共生前提下的可持续状态，相应地，其发展更多由观念而非生产来驱动，品牌统领企业的生产经营，旨在把自然、美好等公共价值及对人与自然和谐共生的共同追求内化为企业坚守的信条，通过自身主动全面地减污降碳协同增效，在绿色低碳循环发展经济体系中增益价值。

二、全面渗透，形成底色

应当承认，传统的品牌并非排斥绿色，有很多企业在创新绿色科技、开辟绿色业务、生产绿色产品、践行绿色责任等多个方面都有积极的探索。然而，这样的努力往往不是企业系统的变革，而是基于特定目标（如符合行业标准、满足项目要求、迎合新消费人群的某一需求）进行的局部的或阶段性的行为，是为企业的品牌涂抹的绚丽一笔。未来的品牌则是从上到下、由内而外、自始至终都奉行绿色理念、坚持绿色发展，“绿色”渗透到企业的全员工、全环节、全业务、全流程、全链条，成为品牌的底色。

其一，“绿色”成为企业员工的价值取向。品牌的生命力来自内部认同。无论什么样的企业，假如不能在内部形成对于品牌核心价值的共识，那么即使品牌运营看上去有声有色，品牌自身也如无源之水、无本之木，难以实质性地支撑企业的发展。未来的品牌会积极推动组织内部的绿色发展观和绿色文化建设，借助树立绿色愿景、完善绿色制度体系、制定绿色行为规范、养成绿色行为模式等手段，使绿色发展理念真正成为全体员工共同拥有的价值取向、内在信念及行为准则，形成全员参与绿色品牌塑造、维护与传播的氛围。

其二，企业发展运营的各个环节均将进行绿色革新。未来的品牌会在发展战略、生产运行、物资采购、资产管理、合规管理、风险管控、业务考核、日常办公等工作中全方位落实绿色发展要求，降低自身运营对生态环境的影响，打造环境友好型企业。目前，国内很多企业已经形成了专门指向节能、低碳、环境管理的规章制度体系或面向生产经营各环节的绿色管理机制，将节能减排、生态友好作为企业各部门或各直属单位经营业绩考核的约束性指标之一。

其三，围绕企业业务布局推动绿色发展目标全覆盖。降低业务运营的碳排放和环境影响是企业绿色低碳转型的重中之重，这不仅针对企业的主营业务，如能源企业的电源开发与电力生产销售业务、工业企业的产品生产和销售业务、交通运输企业的运输配送业务等，也应包括其他辅助性经营业务，以促进企业发展模式的整体绿色低碳转变。由此延伸，为达成各业务减排目标，落实全流程、全要素绿色管理也会成为必需。以国家电网公司的电网业务为例，目前其已建立了覆盖规划设计、建设施工、设备采购、运维检修、技术改造、设备退役、循环利用等项目全流程的环境保护制度标准体系，实施对电磁环境、声环境、水环境、大气环境、废弃物、六氟化硫等环境影响的全面控制，推动实现绿色电网的建设目标。

其四，在全链条协同利益相关方推动绿色发展。当前，一些行业领先企业在专注于减少自身生产经营排放的同时，已开始与上下游供应商合作以减少供应链中的排放，由此引领社会集体性的绿色减排行动。比如，苹果公司以 2030 年实现供应链碳中和为目标，在原材料获取、组件制造、产品总装、产品运输、产品使用、报废回收的全价值链推动净零排放；谷歌、脸书等科技企业，英国石油公司、通用汽车等传统能源和制造业企业也将实现全产业链净零排放的时间设定在2030—2050年之间。在我国，国家电网、中国石油、中国中车、中航集团、南方电网等多家国企目前也在着手推动、支持产业链的减排行动；以远景集团、蚂蚁集团为代表的科技企业也提出了在2028年、2030年实现供应链碳中和的目标。顺应全球建设碳中和产业链的形势，除了打造自身的绿色品牌，未来的品牌一定会通过协同加快绿色低碳转型，进一步将"绿色"变为我国产业体系与国家品牌的鲜明底色。

三、软硬同构，内外统一

品牌通常被理解为企业的管理、服务和业绩表现在利益相关者心智中留下的印象。这一定义强调了两个重点：一是企业应有卓越的管理、服务和业绩，品牌是企业良好表现的传播和展示，即"内质"外化后的"形象"；二是形象作为一种认知、体验和参与体系而存在，利益相关者的感知、介入和建构与企业自身的表现同样重要。这意味着品牌并非单向展示的结果，而是企业与利益相关者互动、互通、互惠的产物。更进一步，品牌根植、生发于硬实力，而呈现和表达软实力——硬实力乃企业的内质，软实力为企业的外形，品牌是企业硬实力与软实力的同构，是内质与外形的统一。

然而长期以来，我国企业在发展中大多存在硬实力与软实力发展不均衡，重内质、轻外形，重展示、轻对话，重输出、轻参与的问题。一些企业认为品牌重在表征企业的管理、服务、业绩等硬实力，将品牌建设视为硬实力的单向展示；或者把品牌看作宣传部门的专属工作；甚至认为无须专门建设品牌，只要管理精益、服务精细、业绩优异，企业的品牌自然而然就会脱颖而出。这种传统的品牌运营观念和实践亟待转型和升级。企业有必要深刻认识到品牌不是自持之物，而是企业与利益相关者共持、共享的软资产或软实力，只有将硬实力与软实力等同视之、协同打造，企业的品牌才能动态夯实自身的合法性。

迈向绿色发展时代，我国企业在产品、资源、技术、运营、管理等各个层面着力推动绿色低碳转型升级，可为将来的品牌发展奠定坚实的硬实力基础。不过，未来的品牌还需与时俱进地呼应社会对美丽中国的期待和对美好生活的向往，以“关切彼此的关切”作为姿态和方式开启与利益相关者的积极对话、互惠交往与价值共享，促进企业与用户、社会、自然和文明共同体的价值纽带形成更深刻、更坚韧的连接，创造和拓展企业的软实力。具体来说，企业可基于如下三个与利益相关者接触的元界面增益未来的品牌建设：一是在沟通层面，通过公开、透明、见证与参与，促进企业与利益相关者的交流、知情和合意，使企业和利益相关者成为一个动态的信息共同体；二是在利益层面，创造平等互惠的利益生产和分配机制，为利益相关者带来实存的增进及主观的获得感，将企业与利益相关者形塑为利益共同体；三是在价值层面，让利益相关者体验、感受到爱、关心、德性、美好、希望乃至人类命运共同体、人与自然和谐共生等超越自我本位和族群中心立场的终极追求，以此为前提与利益相关者构筑价值共同体。

四、内生驱动，共生共创

以积极对话、互惠交往与价值共享为导向推进未来的品牌建设，企业必然要在相当程度上放弃自我本位，将多元利益相关方融入品牌运营工作，打造共生式品牌发展新格局。共生是一种积极的共同体精神，其既表明企业作为社会经济单元对自身生存发展高度依赖社会资源与各方支持的主动承认，也代表了企业愿与多元利益相关者构建互惠共生、协调互适、协同发展、多元包容的共同体关系的积极承诺。拥有共生责任的企业，会始终着眼于未来，以主动创造替代被动应对，用开放协作取代零和博弈，从而真正从内部生发出澎湃的驱动力，从外部获取广泛的助推力。在共生责任的担当过程中，未来的品牌建设应超越单向的信息管理与分散的点对点的关系管理，转向系统性的品牌生态管理，通过提升品牌运营的开放性、参与性与创造性，为多元利益相关者提供充裕的想象空间、表达余地和行动可能性，进而达成企业与利益相关者的价值共创。

采用共生共创的观念和原则推进品牌生态建设，当下虽有零散的探索，但对未来的品牌而言则将成为一种必需。一方面，面对全面绿色转型对产品全供应链、全生命周期提出的碳中和要求，企业与上下游利益相关方的协作、依存关系将变得空前紧密，各主体需通过资源、技术、信息的有效交换与高效配置，实现共同适应、共同激发、共同创新、共同转型，最终共同进化；另一方面，面对以社会公众为代表的外部利益相关者对企业向社会提供更多经济、社会、生态等综合价值的期待，企业推动多元价值创造在过程和结果层面的共享，也是其与利益相关者构建共同体的关键路径。

循此思路，未来的品牌建设即应以前述共同体为核心，将一直以来偏重“投入＋展示”型的品牌运营观念和行动拓展为“平台＋参与”型的品牌运营模式。具体而言，就是把分散的资源、项目和活动聚合为开放的平台，吸纳多方利益相关者共同参与到品牌活动与社会责任行动之中，藉由多元参与构建起表达与行动的社群，在持续的积极对话和有效合作中创造并增益价值。这种模式中，企业不再是唯一的投入者、表演者以及事中、事后的宣传者，而将更多地扮演创意提供者、观念倡导者、行动发起者、活动组织者的角色，作为品牌生态体系的关键节点和协调中心，团结、促进一切可能的正向能量实现协调创新。值得特别强调的是，鉴于跨文化传播的不易，平台开放、多元参与在企业拓展国际品牌和践行海外社会责任时尤其必要。

第三节　遵循规律构建未来品牌的建设体系

一流的品牌需要在正确的方向上日积跬步、久久为功。前文重点提炼了面向绿色未来，企业品牌建设应具备的品牌观和战略原则。以此为基础，未来的品牌的建设还当按照品牌运作规律，目标化、系统化、阶段化地推进，围绕重点工作搭建起互为支撑、运转顺畅的品牌建设体系。

一、按品牌运作规律开展品牌建设

依据市场营销学、公共关系学及广告学的相关理论，我们知道品牌建设是一项复杂的系统工程，“向上”依托于制定品牌战略、明晰品牌定位以及提炼品牌核心价值等企业发展的顶层设计，“向下”则有赖于调整组织架构、再造工作流程、加强品牌管理与创新运营方式等具体实践。企业需充分遵循品牌建设规律，在实现创新引领、管理精益、业绩优异、资产优质的同时，以全局的视角、战略的高度、发展的眼光，明确品牌建设的目标，优化品牌的定位，提炼品牌的价值，建构品牌的话语，设计品牌的传播系统，并加强品牌管理以保障品牌战略的落地。

（一）明确目标，优化定位

品牌建设的战略目标旨在说明“我要做什么”和“我要到哪里去”两个关键问题。若想精确回答，企业可承袭前述提出的品牌核心观念，结合企业总体发展战略、内外资源禀赋、企业文化传承等因素，从如下三个维度展开设计与描述：一是信息传播与形象塑造维度，品牌战略目标应包含促进企业内质与外形、硬实力与软实力均衡发展，塑造管理精益、服务精细、业绩优秀的卓越企业形象；二是关系管理与社群建设维度，品牌战略目标应着眼于构建企业与多元利益相关者之间的信息共同体、利益共同体和价值共同体，用以表征公开、透明、响应、参与、创造、互惠、美与善的企业品格和精神；三是品牌生态建设维度，企业品牌亦需融入和引领公共生活，响应和满足社会期待，助力国家现代化建设，推动构建人类命运共同体，为企业改革和发展创造广阔、开放的合意空间。

品牌定位是企业基于新形势、新战略对自身角色与使命的重构与再定义，重在诠释“我是谁”及“为了谁”，譬如国家电网的“国民经济保障者，能源革命践行者，美好生活服务者”定位，中国石化提出的“美好生活奉献者”，以及华侨城的“优质生活创想家”定位。品牌定位将统摄品牌运营的各项工作，因此确立品牌定位不仅应考察企业属性、战略环境和发展现状，也需对照世界一流企业的角色定位、使命愿景和价值基准加以科学把握。面对当前的绿色发展潮流，国内外的领先者已开始基于绿色发展理念调整与优化自身品牌定位，例如英国石油公司将品牌宗旨更新为“重新构想能源”（Reimagining Energy），电动汽车与能源企业特斯拉将使命目标确立为“加速世界向可持续能源转变”，中国石化提出“打造世界领先洁净能源化工公司”的发展愿景，以及中国华能旨在建设“世界一流现代化清洁能源企业”。

（二）提炼价值，建构话语

品牌价值是从企业所能提供的功能利益和情感利益中提炼出的最核心、最本质的要素，它一般会超越有形、实然的物化存在，指向动机、情感、尊严、伦理、审美、理想和信仰等精神层面。一流品牌的核心价值往往会基于人类命运共同体、人与自然的和谐共生关系、人与天道的感交契应关系等层面进行提炼和表达。中国石化的“为美好生活加油”和南方电网的“万家灯火，南网情深”就是很好的例子。

针对未来的品牌，其价值体系中定然包含尊重自然、顺应自然、保护自然的绿色价值观念。但由于不同利益相关者的关切各异，面向他们进行品牌传播时有必要围绕品牌价值进行差异化的话语建构。比如三峡集团的“为绿色生活赋能”可具体阐释为国家层面的服务“双碳”目标和生态文明建设，社会层面的促进经济社会发展全面绿色转型，以及公众层面的践行绿色低碳生活方式，共建人类美丽家园。同时，为维持与提升传播效果，品牌价值话语亦需在主题设计、修辞创意、呈现方式、传受互动等方面不断推陈出新，以主动适应持续变换的传播语境和受众心理。一套有效的品牌话语体系可帮助企业在利益相关者心目中培育出积极的品牌价值想象和共同体精神，持续凝结、加固对企业品牌价值的认同，也将沉淀为企业和多元利益相关者共享的集体记忆，增益企业的品牌形象。本书第四章将对品牌话语做出详细阐述。

（三）搭建系统，完善元素

品牌是企业承诺和利益相关者认同两厢匹配的产物。企业对自身承诺的兑现度越高，利益相关者对企业表现的认同度越高，则品牌美誉度和忠诚度越高。鉴于企业发展的复杂性和利益相关者认知的不确定性，品牌所搭载的承诺、认同及其构建的合意空间，在实践中是由相对确定、稳定的符号系统表征的，即通过由理念识别、视觉识别和行为识别组成的企业品牌识别系统来固化企业承诺和利益相关者认同。在未来的品牌建设过程中，企业应逐步完善品牌识别系统中的各项元素：品牌观念与核心价值，核心业务与功能话语，表征核心价值、核心业务的专属品牌符号，标志性技术、产品、服务及其革新，标志性个人与团队，经典品牌事件与仪式，品牌一贯的风格与气质，品牌世系，品牌故事、传说与集体记忆，足以辨识的与竞争对手的差异或差距等。

例如，在品牌观念与核心话语方面，中国石化 2021 年提出“能源至净，生活至美”这一全新品牌口号，体现了其与时代共命运，敢于拥抱变革，以自己特有的方式推动世界进步的核心追求。在核心业务与功能话语方面，中核集团以“强核强国，造福人类”，明确了企业发展核能这一核心业务，以确保国家能源安全。在表征核心价值的专属品牌符号方面，英国石油公司通过绿、黄、白三色的“太阳花”（Helios）标志，传达了企业生机勃勃、永不凋谢的活力形象。在经典品牌事件与仪式方面，三峡集团的“中华鲟放流”自 1984 年至今的 38 年间已连续开展 65 次，累计放流数量近 530 万尾，成为知名度和影响力都很高的责任品牌活动。

（四）打造团队，强化管理

针对当前许多企业存在的品牌管理部门缺失或级别不高、品牌核心业务散布于多个部门、品牌运作各自为战、品牌团队不专业等问题，未来的品牌建设需秉持“归口管理，综合协调，专业运营，效果导向”原则，有针对性地优化品牌管理组织结构，有意识地统一品牌建设资源，确保品牌战略管理的分析、制定、实施、评估有人管、管得专、管得好。

事实表明，品牌建设的成效很大程度上依赖于品牌管理部门权责和职能的优化。作为一项涉及企业发展战略的系统性工程，品牌建设需从全局着眼，牵扯大量的资源调配与关系协调工作，因而品牌管理部门的级别设置宜高不宜低，且最好能直接隶属于公司决策层，这种相对独立、地位更突出的设计利于强化该部门的战略设计能力和协调运作能力。对于那些分子公司众多的大型企业，则可首先在各级公司中设立品牌管理委员会及品牌管理中心实现品牌工作的归口管理和权责匹配；其次打造一支专业化的品牌运营管理团队，构建内外联动的资源整合平台；再次建立包括品牌战略管理、架构管理、传播管理、关系管理和危机管理等在内的业务运转流程及规章制度；最后还要推动各地、各级、各领域品牌建设工作的均衡发展。

二、构建面向绿色未来的品牌建设体系

本章针对未来的品牌，先后明确了其核心特征和建设方向。基于品牌运作的一般规律和以国企、央企这些我国“基石”型企业为代表的民族企业品牌建设的特殊性，可将“双碳”战略背景下的企业品牌建设体系做出如下提炼：以绿色发展理念和文化为内核，以业务和产品的绿色创新为基础，以再造绿色品牌话语为连接，通过绿色广告促进消费革命，通过关系管理共建共治共享，通过绿色责任动员社会力量，通过危机管理维护品牌声誉。这一体系亦可被绘制为“一核两驱四轮”结构，即以绿色发展理念为核心、为指引，硬实力和软实力同构为驱动力，绿色广告、关系管理、绿色责任和危机管理为相辅相成、平衡发展的轮子，共同驱动品牌向善向阳向美而行（见图 1—2）。因为接下来的七章将对这一结构的要素逐一详述，故而此处仅简述之。

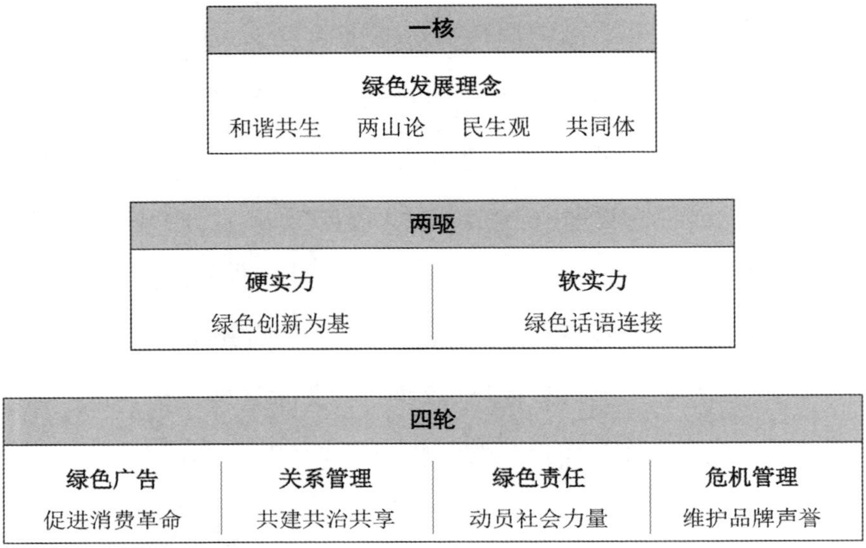

一核			
绿色发展理念			
和谐共生	两山论	民生观	共同体

两驱	
硬实力 绿色创新为基	软实力 绿色话语连接

四轮			
绿色广告 促进消费革命	关系管理 共建共治共享	绿色责任 动员社会力量	危机管理 维护品牌声誉

图 1—2 “一核两驱四轮”品牌建设体系

（一）以绿色发展理念和文化为内核

正所谓“理念决定行动，方向引领出路”。对于企业来说，树立绿色发展理念，不仅是对建设生态文明与美丽中国这一社会主导价值的自觉认同、主动接纳与积极响应，也是应对气候变化与“净零排放”要求、顺应政府对企业的环境规制与发展引导、直面行业绿色竞争、满足社会绿色期待所必须做出的调整与改变。作为企业品牌的核心价值与定位基准，绿色理念只能通过系统的文化建设才能发挥作用。通常，企业的绿色文化首先需要夯实反映企业在低碳可持续发展方面的信念和追求的精神文化，其次完善领导体制、组织机构和管理制度等制度文化，再次加强绿色行为文化的落实，最后创新绿色物质文化的设计。

（二）以业务和产品的绿色创新为基础

正如前面提到的，未来的品牌必须是硬实力与软资产的同构，若无业务和产品的绿色创新作基础，品牌就是花架子，终不坚固与长久。基于绿色创新与传统创新在观照需求、创新环节、创新重点和创新主体等方面的本质区别，以能源、工业、公用事业、信息技术等企业为代表的绿色发展"引领者""推动者"或"先行者"，既可从产品全生命周期视角切入，以过程为抓手改进环境绩效，亦可聚焦重点环境问题，以目标为导向对既有产品加以完善、更新或重构，还可以调动多元利益相关者，创造经济效益和环境效益协同并进的共享价值。有这些实干、实效、实力打底，品牌承诺的真实、卓越、美善就能得到越来越多的社会认同。

（三）以再造绿色品牌话语为连接

鉴于企业发展的复杂性和利益相关者认知的不确定性，企业与利益相关者的互动和对话需要由与日俱新的品牌话语加以连接。品牌话语是企业基于差异化的利益相关者和语境所表达的精炼且相对固定的文本，它以构筑合意空间为指向，以讲好故事为核心，以全媒体叙事为追求，具体由发布在各类媒介上的品牌口号、品牌故事、品牌活动的主题等呈现，既要反映企业和利益相关者共同的追求与向往，也要凸显企业内在的情感、道德、信念和信仰，还要让利益相关者看得到、看得懂、看得进。

（四）通过绿色广告促进消费革命

作为对接企业生产与公众消费、黏合企业理念与社会文化的中介，承载着绿色商品信息和绿色价值观念的绿色广告，不仅肩负着为企业推广绿色产品、打造绿色形象的重要任务，还通过观念输出、行为示范、利益评估等方式，承担着为社会引领绿色消费潮流、推动生产方式和生活方式绿色化转型的时代责任，对“双碳”战略目标的顺利达成起着积极的作用。新时代绿色广告的打造不仅要观照自身的独特性，还要结合新的传播规律，对包括广告观念、目标指向、运作逻辑和传播策略在内的广告策划要点进行优化，亦需不断创新创意表达策略，在信息爆炸的环境中脱颖而出、引人入胜、深入人心。

（五）通过关系管理共建共治共享

品牌建设与品牌传播归根到底是企业与“人”沟通的过程。在移动互联网时代，社群、圈子、意见领袖常常左右着品牌与“人”沟通的可能与成效，企业不主动建设关系网络就意味着切断了自己与利益相关者、与公共空间的对话机制，信息、利益、价值层面的共同体更是无从谈起。因此，“无关系，没品牌”成为业界共识。由于分散的点对点的关系管理已经不能完全胜任品牌建设所面临的日趋复杂的任务，企业当需运用系统的思维、生态的观念，形成综合多种手段、多方合作、积极互动的关系管理策略。一些企业在促进乡村振兴、参与生态治理、破解环境邻避困境等方面的探索为关系管理的进化提供了有益的启示。

（六）通过环境责任动员社会力量

自“双碳”目标设定后，我国企业就迈入了以“碳责任”为代表的绿色低碳环境责任新阶段。企业意识到围绕“双碳”将掀起一场科技创新与产业变革的浪潮，促使其积极投身碳管理，设定碳中和路径。同时，企业在品牌理念中更多地融入可持续发展价值，优化企业管理方法，探索责任品牌建设，挖掘企业在环境履责中的核心竞争力，力求在运用自身专业优势解决社会和环境可持续发展所面临的挑战和问题的同时，取得良好的经济效益。除了在“双碳”赛道争做引领者，企业还将进一步聚焦生物多样性保护等隐性环境问题，以开放格局为全球生态文明建设贡献中国方案，突破履责疆界去撬动更广泛的社会力量。

（七）通过危机管理维护企业声誉

除了在上述领域不断进取，未来的品牌还需要有更强烈的环境危机意识。相较于其他类型的危机，由企业行为与绿色发展理念相悖而导致的环境危机会触及人们生存和生活的根本，违背社会普遍认同的可持续发展观，危害后果更严重、关涉主体更多元、聚焦议题更广泛，因而也更容易引起各利益相关者的警觉、恐慌、愤怒和对抗。对于企业而言，强化环境危机管理，预防环境风险的演化、降低环境危机的影响、变危机为契机实现品牌革新，既是应对危机常态化趋势给企业形象、声誉带来的挑战的关键策略，也是顺应、践行“双碳”战略，打造、维护绿色品牌的必要保障。

第二章

构建绿色发展理念与绿色文化

绿色发展已经成为新时代国家发展的重要理念与战略方向。为了顺应全面绿色转型带来的社会发展与变革大势，作为经济增长和高质量发展的微观基础，企业必须结合现实之需构建自身的绿色发展理念，进而通过精神、制度、行为、物质等方面的绿色文化建设将之内化为企业员工一致认同的思想态度与行为方式，在推动自身系统性变革和跨越式转型的同时，夯实未来的品牌的根基。从本质上看，绿色发展理念既是当代社会对传统工业文明带来的生态环境危机予以深刻反思而形成的理论创新，也是立足于中国国情和长远大计，将马克思主义生态文明思想与中国优秀传统文化基因相融合的战略思想。对其一般与特殊两种层次上的双重内涵加以把握，是企业构建绿色发展理念的应有之义。

第一节　企业构建绿色发展理念的现实之需

21 世纪以来，以气候变化为代表的全球性生态危机显著加剧，令加快推进生态环境治理，促进经济增长方式向更具可持续性的绿色发展模式转型，成为国际社会的共同议程。由此引发的包括全球市场准入机制、国际贸易规则以及各国环境治理、产业发展等政策体系的深度变革，不仅正在重塑企业生存发展所依赖的政治、经济与社会外部环境，同时也为企业赋予了一项全新的发展使命——充分认识国内外、各领域对企业绿色发展的迫切需要与现实要求，以此主动顺应绿色发展的时代潮流，对自身发展理念、发展方向与发展模式进行重新思考与再定位。

一、因应气候变化，国际社会加速推动“净零排放”

由于全球温室气体的无节制排放，气候变化已经成为当前重大的全球性问题，直接威胁人类的安全、生存与发展。世界银行报告指出，到21世纪末，如果再不采取持续的政策行动，全球气温将上升4℃，其后果将是灾难性的：沿海城市被淹没、干旱加剧和洪涝增多、生物多样性丧失、淡水与粮食短缺……[①] 世界经济论坛发布的《2022年全球风险报告》也警示，未来十年全球面临的三项最紧要风险将是气候行动失败、极端天气与生物多样性破坏。[②]

气候变化是人类社会的整体性危机，应对气候变化要求人类社会的共同行动。早在1992年，全球150个国家就在联合国环境与发展大会上签署了《联合国气候变化框架公约》，对控制温室气体排放与可持续

① 解振华：《绿色发展实现“中国梦”的重要保障》，2013年4月15日，见 http://theory.people.com.cn/n/2013/0415/c49150-21136395.html。

② World Economic Forum, The global risks report 2022, 2022.4.21, https://www3.weforum.org/docs/WEF_The_Global_Risks_Report_2022.pdf.

发展问题达成共识，但因缺乏有效的国际机制最终没有能够在实践上形成足以扭转传统发展模式与气候变化趋势的全球行动。21 世纪后，面对持续扩张的温室气体排放规模、屡创新高的地球温度以及愈加频繁的极端天气灾害，国际社会开始逐步加大应对气候变化的行动力度：2009 年哥本哈根气候大会提出了将全球气温升幅控制在 2℃以内的长期目标；2015 年召开的巴黎气候大会中，全球升温限制目标被进一步要求为不超过 2℃并努力限制在 1.5℃以内；到了 2021 年的格拉斯哥气候大会，联合国则强调要将全球变暖控制在 1.5℃以内作为主要奋斗目标。

数据显示，要实现 1.5℃的控温目标，到 2030 年时全球温室气体排放量必须在 2010 年的基础上削减 45%。① 这意味着全世界不得不加快气候治理的步伐。2015 年巴黎气候大会上，近 200 个国家一致通过《巴黎协定》，达成了继《京都议定书》之后第二份具有法律约束力的全球气候协议。该协定敦促世界各国“尽快实现温室气体排放达峰，本世纪下半叶实现温室气体净零排放”，并从“长期目标”“气候资金”“行动力度”“透明度”和“适应（行动）”五方面确立了 2020 年后全球气候治理的格局与方向。2021 年，格拉斯哥气候大会对《巴黎协定》的实施细则达成进一步共识，解决了包括国家自主贡献共同时间框架、碳交易市场机制、加速终结煤炭使用、协助贫弱国家“抗暖”等一系列关键问题，推动全球气候治理继续向前迈进。

可以预期，未来十年甚至更长时间，各个国家及其生产生活部门

① 《寻求宜居气候：净零承诺必须以可信的行动作为支撑》，2022 年 4 月 21 日，见 https://www.un.org/zh/climatechange/net-zero-coalition。

均需进行紧急且深度的减排。2020年，联合国在全世界倡导“奔向零碳”行动。截至2022年5月，有超过150个国家和地区承诺实现净零排放，①1500多家公司制定了符合净零排放的发展目标②。中国作为负责任的大国，在2015年巴黎气候大会上就作出了2030年左右实现碳达峰的承诺，在2021年格拉斯哥气候大会上又进一步宣布力争2060年前实现碳中和。

与发达国家相比，中国的碳减排总量大、碳达峰到碳中和的过渡期短、绿色低碳技术存在短板，同时国内工业化和城市化的历史任务尚未完成，发展不平衡、不充分等问题还亟待解决，在此条件下实现碳达峰碳中和目标异常艰巨。然而中国决心坚定，习近平总书记多次强调：“降低二氧化碳排放、应对气候变化不是别人要我们做，而是我们自己要做。实现碳达峰碳中和是我国向世界作出的庄严承诺。”③对此，中国社会各界，特别是作为减碳任务首要责任方的中国企业应当看到自身的义务与责任，顺应世界绿色、低碳发展大势，以坚定的决心迅速采取行动，建立与落实创新和绿色发展理念，加快推进能源绿色低碳转型，推动形成绿色低碳循环的生产生活方式，走生态优先、绿色低碳的高质量发展道路。

---

① United Nations Environment Programme, *Addendum to the emissions gap report 2021: A preliminary assessment of the impact of new or updated nationally determined contributions, other 2030 pledges and net-zero emissions pledges announced or submitted since the cut-off dates of the emissions gap report 2021*,2022.4.21, https://wedocs.unep.org/bitstream/handle/20.500.11822/37350/AddEGR21.pdf.

② United Nations Global Comapct,*Business Ambition for 1.5℃* ,2022.7.5, https://www.unglobalcompact.org/take-action/events/1827-business-ambition-for-1-5-c-inspiring-industry-action.

③ 《习近平谈治国理政》第四卷，外文出版社2022年版，第363页。

二、建设生态文明，中国强化环境规制与发展引导

国家政府选择与制定的发展战略、方针政策、法律法规是影响企业生存与发展的关键要素。企业的生产经营活动不仅要符合相关法律法规的要求，做到守法、合规；还应以持久发展为目标，将企业发展与国家的发展战略、时代的发展需要紧密结合起来，循着国家战略政策指引的方向，积极优化自身的战略选择与生产经营决策。

党的十八大以来，生态文明被党和国家摆在全局工作的突出位置，形成了一系列重大决策，包括将“生态文明建设”纳入中国特色社会主义事业“五位一体”总体布局，将坚持人与自然和谐共生写入新时代坚持和发展中国特色社会主义的基本方略，将绿色发展提升为五大新发展理念之一，将污染防治纳入“决胜全面小康三大攻坚战”，将“美丽中国”作为社会主义现代化强国目标等。在这些重大决策的指导下，近年来，中央与地方各级政府持续开展生态文明领域立法和行政工作，不断加强对企业落实环境治理主体责任的引导、管理与监督，对企业加快绿色低碳转型、实现高质量发展提出了更多新的要求。

概括来看，当前政府对企业的环境规制与发展引导主要着力在以下四个方面：

一是要求企业提高治污能力和水平，深化环境治理的主体作用。十八大以来，相关政府机构已制定修订《环境保护法》等 30 多部生态环境领域相关法律和行政法规，建立起了覆盖各类环境要素的法律法规体系，对企业负有的环境保护主体责任进行了全方位规定。同时，通过建立排污许可管理制度、中央生态环境保护督察制度、开展企业环境治

理信息公开、完善公众监督和举报反馈机制等促进企业加强环境治理责任制度建设，系统提高治污能力与水平。

二是要求企业推进生产服务绿色化。2020 年 3 月中共中央办公厅、国务院办公厅在《关于构建现代环境治理体系的指导意见》中指出，要推进企业从源头防治污染，优化原料投入，依法依规淘汰落后生产技术；积极践行绿色生产方式，大力开展技术创新，加大清洁生产推行力度，加强全过程管理，减少污染物排放；提供资源节约、环境友好的产品和服务；以及落实生产者责任延伸制度①。

三是推动企业向绿色低碳经济全面转型升级。目前我国生态文明建设已迈入以降碳为重点战略方向的新阶段。2021 年 2 月，国务院发布《关于加快建立健全绿色低碳循环发展经济体系的指导意见》，对生产体系、流通体系、消费体系、基础设施建设、技术创新体系、法律法规政策体系等六个方面的绿色低碳循环发展提出了任务要求。同年 10 月，国务院印发《2030 年前碳达峰行动方案》，对碳达峰碳中和工作进行了系统谋划与总体部署，并要求有关部门、各地区制定能源、工业、城乡建设、交通运输、农业农村等领域及具体行业、地区的碳达峰实施方案。降碳工作紧锣密鼓地加速推进，势必会引发一场广泛的经济社会系统性变革，对我国产业链、供应链、资金链带来深刻影响，也对我国企业加快自身绿色低碳转型发展步伐提出了更紧迫的要求。

四是协同推进能源高质量发展。2014 年 6 月，习近平总书记主持

① 生产者责任延伸制度是一项重要的环境政策，该制度将生产者的责任延伸到其产品的整个生命周期，特别是产品消费后的回收处理和再生利用阶段。

召开中央财经领导小组第六次会议时指出，面对能源供需格局新变化、国际能源发展新趋势，保障国家能源安全，中国必须推动能源生产和消费革命。2015 年党的十八届五中全会首次提出建设清洁低碳、安全高效的现代能源体系。2017 年党的十九大报告提出，要推进能源生产和消费革命，构建清洁低碳、安全高效的能源体系。2022 年，中共中央、国务院在《关于完整准确全面贯彻新发展理念做好碳达峰碳中和工作的意见》中进一步明确要求，到 2060 年全面建立绿色低碳循环发展的经济体系和清洁低碳安全高效的能源体系。能源安全新战略的提出以及包括《关于进一步深化电力体制改革的若干意见》《氢能产业发展中长期规划（2021—2035 年）》《关于促进新时代新能源高质量发展的实施方案》等能源政策的陆续出台传递出国家加大能源结构调整、促进能源高质量发展的强烈信号，这也必然需要作为能源消费大户和落实碳减排目标的重要责任主体的企业负起责任，强化节能、提高能效、降低能耗，为能源清洁低碳发展贡献实质力量。

三、发展绿色经济，企业面临更严峻的绿色竞争挑战

如前文所述，向绿色低碳经济转型已经成为世界经济发展的大趋势，企业作为社会经济主体，实施绿色发展战略，发展绿色低碳经济，将不仅是政治责任、法律责任与社会责任，也是企业发展的内在要求，直接关系企业自身的前途与未来。亦如莱斯特 · R. 布朗在《生态经济》一书中所说：“没有利润，企业无法生存，这是不容否认的事实。”但是，在世界以坚实的步伐迈向可持续发展的目标之际，“能否构建可持续发

展的经济，也攸关企业的命运”①。

在一段时期内，我国企业基于自身的经济利益，往往通过向社会转嫁环境成本以实现盈利最大化，对防治污染、保护环境也普遍采取消极、抵制甚至反对的态度。但跨入绿色发展阶段，这种以牺牲环境和浪费资源为代价换取企业一时经济增长的短视行为不仅无法兑现自身在合规与责任上的承诺，在经济效益方面也将变得难以为继——2017 年以来，随着《环境保护税法》的实施、全国碳排放交易市场的建立以及包括生态补偿、生产者责任延伸制度等环境经济政策的不断完善与深化，企业正在被要求对自身生产经营造成的环境代价支付越来越多的费用。环境成本在政策驱动下已开始进入企业的内部成本之中。在此机制下，高环境成本将直接压缩企业利润，而那些在生产产品的同时兼顾环境保护要求，甚至帮助改善环境的企业则更有可能脱颖而出。

与控制环境成本相比，绿色低碳经济创造的市场机遇对企业发展的全局意义和深远影响将更加重大。一方面，绿色低碳发展已成为当今时代科技革命、产业变革的方向和全球产业竞争的重点。目前，我国已将绿色低碳作为产业发展的主基调，财政补贴、税收优惠、融资支持等资源正大幅向新能源、新材料、绿色环保、节能低碳技术装备、再生资源循环利用等绿色低碳产业倾斜。《“十四五”工业绿色发展规划》也提出到 2025 年我国绿色环保产业产值达到 11 万亿元的目标。面对经济社会全面绿色发展的大势，企业只有搭上再造绿色发展模式这一快班车，才能在未来的经济舞台上获得机会和优势。另一方面，在消费端，随着公

① 刘思华：《企业经济可持续发展论》，中国环境科学出版社 2020 年版，第 40 页。

众环境保护意识的崛起，消费者对产品或服务的“绿色”期望值增加，绿色消费市场正加速开启。《2022全球十大消费者趋势》发现，2021年，消费者普遍意识到个人行动对减缓气候变化的贡献，并开始关注环保行动与购买决策，67%的消费者尝试通过日常活动为环境带来积极影响，1/4的消费者会采用碳抵消补偿方案。① 由生态环境部环境与经济政策研究中心发布的《公民生态环境行为调查报告（2020年）》中的数据也显示，93.3%的中国公众认可绿色消费的重要性，接近半数的受访者表示愿意优先选择较为低碳环保的食品、衣物和电器。② 可见，随着环保理念的深入人心，人们对绿色低碳生活的兴趣和需求也逐渐浓厚与高涨，绿色消费与绿色生活方式已被激活。2022年1月，国家发改委、工业和信息化部、商务部等部门进一步发布《促进绿色消费实施方案》，要求促进消费各领域全周期全链条全体系深度融入绿色理念，提出2025年实现绿色低碳产品市场占有率大幅提升、2030年绿色低碳产品成为市场主流的发展目标。面对如此广阔的市场空间，企业亦应着眼未来、抓住机遇，加速绿色低碳产品布局，抢占绿色消费市场发展先机，为公众提供更加丰富、优质的生态产品与服务。

市场环境的变化已经表明，未来企业的竞争模式将不再是单一的市场竞争，而是市场竞争与绿色竞争的双重竞争，增强绿色竞争力会越来

① Euromonitor International, *Top 10 global consumer trends 2022*, 2022.1.18,https://go.euromonitor.com/white-paper-EC-2022-Top-10-Global-Consumer-Trends.html? utm_source=website&utm_medium=website&utm_campaign=CT_22_01_18_WP_Top_10_GCT_2022_EN.

② 中华人民共和国生态环境部：《公民生态环境行为调查报告（2020年）》发布，2020年7月14日，见 https://www.mee.gov.cn/ywgz/xcjy/gzcy_27007/202007/t20200714_789277.shtml。

越成为企业创造财富的重要来源和提升核心竞争力的必由之路。这一趋势对于那些参与国内外两个市场竞争的企业将更为如此。随着世界经济一体化的发展和世界绿色变革浪潮的加快，生态环境因素对国际经济与国际贸易的影响也在加深。近年来，世界主要经济体都在不断提高环保监管标准，国际贸易的绿色壁垒持续加高。以欧盟为例，2020 年 3 月，欧盟委员会发布《为实现具备全球性竞争力、绿色和数字化欧洲的新工业战略》，提出加强应对“碳泄漏”① 并提高对公共采购的环保标准；2020 年 9 月，欧盟委员会通过《关键原材料行动计划》及其配套文件，强调未来要“通过欧盟的监管体系推广负责任的关键原材料开采行为”；2021 年 7 月，欧盟提出包括建立碳边境调节机制（Council agrees on the Carbon Border Adjustment Mechanism，CBAM）在内的一揽子环保提案，对从碳排放限制相对宽松的国家和地区进口的电力、钢铁、水泥、铝和化肥等商品征税；2022 年 5 月，欧洲环境、公共卫生和食品安全委员会通过了欧盟碳排放交易体系（European Union Emissions Trading System，EU ETS）的修订报告与建立欧盟碳边境调节机制法规的报告，宣布进一步扩大对从欧盟外进口的高碳密集型产品征收碳关税的范围，并加快了欧盟碳市场中配额供给的下降速度，以期实现更高的减排目标。欧盟之外，2021 年以来，美国、英国、加拿大、日本等发达国家也陆续宣布开始“认真考虑”推动碳关税。国际贸易规则中环保标准的日益提高，

---

① 碳泄漏（Carbon Leakage）是指在只有部分成员参与的国际联盟中，承担减排义务的国家采取的减排行动导致不采取减排义务的国家增加排放的现象。碳泄漏不仅会抵消气候政策的减排效果，还会使从气候政策宽容国家进口的高能耗产品对区域内的绿色产品形成不正当竞争。

预示着今后国际市场准入的条件将愈来愈严，只有绿色生产经营的企业方能拿到进入国际市场的通行证。对于我国企业来说，想要继续在国际市场中立于不败之地，加快自身“绿色转型”就成为必然选择——唯有在国际经营中注重绿色管理手段的运用与环境友好型产品的开发，才可以顺利跨越绿色壁垒，保持与提高企业的国际竞争力。

四、共担环境责任，社会对企业的环境监督益趋严格

“任何一个团体组织要取得恒久的成功，良好的声誉是至关重要的。”① 美国声誉管理学者戴维斯·扬的这一观点代表了学界和业界的普遍认知。就环境问题的生成机制而论，企业是污染物排放的主要来源这一点无可争议。相应地，企业是否履行了减少环境污染与生态破坏的法律义务，以及有无对自身造成的环境损害承担相应责任，也一直是社会对企业生产经营行为进行舆论监督的重点方面。随着国家经济发展和人民生活水平的进一步提高，优美的生态环境开始成为公众追求美好生活的关键内容，社会各界对环境污染、生态破坏行为的容忍程度也发生了本质变化，公众环境权利不得损害成为社会共识。这让企业在环境保护方面面临的社会监督与舆论压力较之以往更多、更强。根据生态环境部提供的数据，2018—2020 年三年间，公众通过全国生态环境信访投诉举报管理平台举报的环境违法、环境纠纷的案件数量分别达到了 71 万、53.1 万与 44.1 万件，其中的绝大部分都与企业的环境违法违规行为相关。

---

① ［美］戴维斯·扬：《创建和维护企业的良好声誉》，赖月珍译，上海人民出版社 1997 年版，第 1 页。

除了环境意识的加速觉醒，社会对企业环境行为监督力度的强化还有多重促进因素。其一，进入新时代，我国公众的法律意识、监督意识和参与意识等公民意识得到了大幅提升，使其作为环境治理参与主体的认知和参与环境治理的意愿持续提高，这也令其对维护个体环境权利与环境公共利益的价值认同与实践动机不断增强。其二，以微博、微信、抖音等为代表的新媒体平台的蓬勃发展为社会主体开展舆论监督提供了更加充分的公共舞台与社会资源——在“人人皆可发声”的新媒体时代，公众内部可以更加自主地广泛交换意见、进行社会互动、开展自我动员，从而对环境问题及涉事企业加以曝光、批判、围观或者“围猎”，通过制造舆论压力推动解决问题、实现群体诉求。其三，我国法律体系正不断为社会力量参与环境治理、践行环境监督提供更为有力的支持和保障。2020 年，中共中央办公厅、国务院办公厅发布的《关于构建现代环境治理体系的指导意见》就提出健全环境治理全民行动体系，强化社会监督，明确要求完善公众监督和举报反馈机制，鼓励公众积极举报生态环境违法行为，并强调要加强舆论监督，鼓励新闻媒体对各类破坏生态环境问题、突发环境事件、环境违法行为进行曝光，引导环保组织依法开展生态环境公益诉讼等。可见，来自社会多元力量日益严格的环境监督将成为企业未来经济发展与建立良好企业形象的重要挑战。

应当承认，企业作为社会生产的基本单位，其运转无法脱离社会发展的整体现实。面对新时代全新的发展矛盾、发展要求、发展理念与发展方式，企业不论是从自身的经济利益与长远发展考量，还是出于身为社会治理主体的公共责任与社会使命的考虑，都应主动顺应绿色发展的时代潮流，全面树立绿色发展理念，加速推动生产方式绿色转型，在寻求自身竞争优势和前进动能的同时，服务并促进国家生态环境的实质改善和社会福祉的全面进步。

第二节　企业构建绿色发展理念的应有之义

发展理念是社会对发展的目的、动力、方式、路径等基本问题的认识。正如习近平总书记指出的：“理念是行动的先导，一定的发展实践都是由一定的发展理念来引领的。发展理念是否对头，从根本上决定着发展成效乃至成败。”①走向绿色发展之路，企业应首先构建起绿色发展理念，并藉由绿色文化建设将之内化为企业员工一致认同、信奉的思想态度与行为方式。

当然，企业构建绿色发展理念的基础是充分认识与理解绿色发展理念的丰富内涵。应当看到，自工业革命以来，人类社会在不同发展阶段形成了不同的发展理念，绿色发展理念既是当代社会对传统工业文明带来的生态环境危机予以深刻反思而形成的理论创新，也是立足于中国国情和长远大计，将马克思主义生态文明思想与中国优秀传统文化基因相融合的战略思想。这意味着企业对绿色发展理念的认识与理解，需要同时把握住其所具备的一般与特殊两种层次上的双重内涵。

① 《习近平谈治国理政》第二卷，外文出版社 2017 年版，第 197 页。

一、绿色发展理念的一般观点

如果仅从词源上考据，绿色发展一词一般被认为衍生自1989年英国环境经济学家大卫·皮尔斯在其《绿色经济蓝皮书》中提出的“绿色经济”概念，绿色经济主张从社会及其生态条件出发，通过绿色增长方式实现人类的可持续发展[①]。作为一种发展理念，绿色发展中的“绿色”是一种象征，是相对于增长至上的传统发展观及其带来的高消耗、高排放、高污染的“黑色发展模式”提出的，倡导采取节约资源、保护环境、平衡生态的“绿色”生产生活方式以实现经济、社会与生态的协调发展思路。换言之，绿色发展不仅是一种经济增长方式，更是一种社会发展方式，涵盖人类社会的政治、经济、文化发展的各领域与全过程。

绿色发展理念与广为人知的可持续发展观一脉相承。1987年，联合国提出可持续发展理念，把可持续发展定义为“既满足当代人的需要，又不对后代人满足其需要的能力构成危害的发展”，主张经济发展应当充分考虑资源环境的承载能力。这一理念在1992年联合国环境与发展大会上取得了世界共识。与不顾生态边界条件的传统发展观相比，可持续发展理念具有划时代的进步性，但也存有明显局限：首先，它仍然是一种属于一种人类中心主义的发展观，[②]强调修正人类控制自然的模式，对传统发展观而言更多是被动、修正式的调整；其次，可持续发展理念只明确了可持续发展的目标，却未能给出实现可持续发展的路径，这令

① PEARCE D, “Green Economics”, *Environmental Values*, 1992 (1), pp.3-13.

② 庄庆信：《当代西方人类中心主义的环保哲学》，《哲学论集》1998年第4期。

其在面对诸如如何为资源和环境成本定价才能兼顾效率与公平、如何在代内与代际之间进行资源配置才符合道德原则等经济与伦理问题时陷入了实践困境而难有作为。

进入21世纪，随着国际社会对全球气候变化的关注持续增长，绿色发展逐步成为新的共识。2008年，联合国环境规划署提出“全球绿色新政”理念，倡导各国在制订应对金融危机的经济刺激计划时应着眼长远，构建绿色化制度体系，促进可持续发展，进而推动世界范围内的绿色变革。2012年，联合国可持续发展大会将绿色发展作为未来可持续发展的新主题，肯定“绿色经济是实现可持续发展的重要手段”，鼓励各国推广可持续生产和消费模式，推动整个世界走上低碳发展道路。虽然目前国际社会尚未对“绿色发展”形成一个明确的共同界定，但其理念范畴已基本清晰。与可持续发展理念相比，绿色发展理念具有以下几方面的鲜明特点：

第一，绿色发展理念彻底决裂于传统发展观及其黑色发展模式，主张跳出将人与自然作为对立两级的二元思维方式，强调将人和自然看作是不可分割的系统，要求用一种整体、系统的思维来考察人类发展与生态环境的关系。

第二，绿色发展理念强调经济系统、社会系统与自然系统的共生性和发展目标的多元化，①即注重提升整体发展模式的科学性，来实现经济、社会和生态各维度的全面发展与协调发展。

第三，绿色经济是绿色发展的基础。这种经济模式的显著特征是以

① 胡鞍钢、周绍杰：《绿色发展：功能界定、机制分析与发展战略》，《中国人口·资源与环境》2014年第1期。

绿色科技、绿色能源和绿色资本带动的低投入、低消耗、低污染、高效益的绿色产业在 GDP 中的比重不断提高，从而实现经济增长与对资源使用、碳排放和环境破坏的严重依赖脱钩。①

第四，绿色发展强调全球行动。鉴于气候变化是人类社会面临的整体性威胁，应对气候变化的绿色发展亦当成为国际社会的共同行动。这包括发达国家应切实承担起引领全球绿色发展的国际责任，为发展中国家实施绿色发展提供技术与资金援助；发展中国家也应建立基于本国国情的绿色发展战略，并通过有效的政策工具加以落实。

二、绿色发展理念的中国话语

在全球绿色发展潮流中，中国是绿色发展理念和实践的积极参与者、重大贡献者和前沿引领者。2011 年 3 月，全国人大通过《中华人民共和国国民经济和社会发展第十二个五年规划纲要》，提出中国“十二五”期间坚持绿色、低碳发展的政策导向，绿色发展理念由此得到社会各界的广泛认同。2012 年，“绿色发展”正式出现在党的十八大报告中，并于 2015 年进一步成为国家“五大发展理念”之一，坚持绿色发展转变为全国共识。概括来看，中国的绿色发展理念重点围绕人与自然、发展与保护、民生与生态、国内与国际等几大核心关系问题，形成了极具特色、内涵丰富的思想与理论论述。其不仅为中国的经济社会

① World Bank & Development Research Center of the State Council of the People's Republic of China, *China 2030: Building a modern, harmonious, and creative high-income society,* Washington DC: The World Bank, 2013,p.233.

发展指明了方向，也向全球绿色发展贡献了中国方案，更为中国企业树立绿色发展理念提供了丰富的思想资源。

（一）面向人与自然的关系——“人与自然和谐共生”

人与自然的关系是人类社会最基本的关系。中国的绿色发展理念对人与自然关系的论断，彻底突破了长期将人与自然区分为主体、客体的二元对立思维，从一种整体论、系统论的视角，明确提出了“人与自然和谐共生”的全新理念。这一理念既是对马克思主义生态观中“人与自然辩证统一”思想的继承与创新，也是几千年来中华文明发展史中一直蕴含的“天人合一”“道法自然”“众生平等”“万物一体”等哲理思想的延续与发展，可作为当代中国社会重新思考人与自然关系的根本价值取向。

在中国绿色发展的理论体系中，坚持人与自然和谐共生，基础是树立起“人与自然是生命共同体”的生态整体观，认识到“人因自然而生”，“大自然是包括人在内一切生物的摇篮，是人类赖以生存发展的基本条件”；人类的一切活动都应尊重自然，顺应自然，因为一旦“自然遭到系统性破坏，人类生存发展也就成了无源之水、无本之木”，故而要“像保护眼睛一样保护生态环境，像对待生命一样对待生态环境”。正如习近平总书记所指出的“生态环境没有替代品，用之不觉，失之难存”。[①] 企业需依此树立起大局观、长远观、整体观，站在“人与自然和谐共生”的高度谋划自身发展及与自然生态环境间的关系。

① 习近平：《论坚持人与自然和谐共生》，中央文献出版社 2022 年版，第 135 页。

（二）面向发展与保护的关系——“绿水青山就是金山银山”

经济发展和生态环境保护的关系是人与自然关系的典型体现。中国的绿色发展理念对正确处理经济发展与生态环境保护的关系、促进人与自然和谐共生作出了系统性的说明，核心代表就是习近平总书记关于“绿水青山”与“金山银山”关系的三个重要论断。其中，“绿水青山就是金山银山”的理论观点强调优美的生态环境就是生产力与社会财富，明确了生态环境在经济社会发展中的重要价值；“既要金山银山，又要绿水青山”的论断点明生态环境和经济社会发展相辅相成，不可偏废，要把生态优美与经济增长“双赢”作为绿色发展的价值标准；“宁要绿水青山，不要金山银山”的要求则指出绿水青山是比金山银山更基础、更宝贵的社会财富，当生态环境保护与经济社会发展发生冲突时，必须把保护生态环境作为优先选择。

“两山论”作为中国绿色发展理念创新的主要标志，是中国社会调整与修正自身生态实践观的重要导向。特别是对于企业，身处绿色发展时代必须摒弃将自然、环境、生态视作无足轻重或认为财富增长与环境保护“不可兼得”的单纯的增长主义思维，认识到自然本身即价值，生态本身即资本，保护自然价值、增值自然资本是提高自身生态竞争力的重要路径。企业应树立起保护生态环境就是保护生产力、改善生态环境就是发展生产力的理念，自觉促进发展模式从低成本要素投入、高生态环境代价的粗放模式向创新发展、绿色发展驱动的高质量发展模式转变，通过走绿色发展、低碳发展、循环发展之路，实现经济发展与生态环境保护的内在统一、相互促进与协同共生。

（三）面向民生与生态的关系——“良好生态是最普惠的民生”

绿色发展的目标指向不仅在富国强国，也在惠民利民。2013 年 4 月，习近平总书记在海南考察时指出：“良好生态环境是最公平的公共产品，是最普惠的民生福祉。”①这一论断完成了对过去仅将脱贫致富、拉动就业、改善教育医疗条件等视作民生问题的狭隘民生观念的纠正。特别是伴随我国经济社会发展和公众生活水平的提高，社会公众对优美生态环境的要求变得越来越迫切，生态环境在生活幸福指数中的地位不断凸显。为人民提供干净的水、清新的空气、安全的食品、优美的环境，不断满足人民日益增长的对优美生态环境的需要成为绿色发展的重要出发点。

在此背景下，中国企业亦应顺应社会公众对良好生态环境的新期待，将绿色发展作为企业回馈社会、服务公众的重要方式，主动树立身为企业公民的生态责任观。这将包括：真正建立起对人民负责的精神，以实际行动降低因自身生产、消费导致却由社会共同承担的外部环境成本，自觉承担解决这些不良环境问题的责任，成为保护环境的主引擎和修复生态的主力军；不断强化绿色生产的理念，着眼于公众对生态产品需求的增长，加快发展绿色产业，不断为其提供更多、更优质的生态物质产品、生态调节服务、生态文化服务等生态产品；面向社会公众积极宣传倡导绿色发展理念，正确引领公众的环境意识与行为，促进其形成节约适度、绿色低碳、文明健康的生活方式和消费模式，推动全民参与绿色行动这一良好社会风尚的实现。

---

① 习近平：《论坚持人与自然和谐共生》，中央文献出版社 2022 年版，第 26 页。

（四）面向国内与国际的关系——“共建人与自然生命共同体”

如前文所言，环境问题不仅是一国的国内问题，也是一个全球性问题。中国作为全球环境治理中日益重要的参与者、贡献者和引领者，除了积极向世界各国提供环境治理的中国经验与中国力量，还在不断为推动全球环境治理贡献着中国智慧与中国方案。2017 年，党的十九大发出了“建设持久和平、普遍安全、共同繁荣、开放包容、清洁美丽的世界”的重大倡议。2021 年，习近平主席在领导人气候峰会上进一步提出“共同构建人与自然生命共同体”理念，并用坚持人与自然和谐共生、坚持绿色发展、坚持系统治理、坚持以人为本、坚持多边主义、坚持共同但有区别的责任原则等“六个坚持”全面阐述了“共建人与自然生命共同体”理念的核心要义与实践路径①，以一个饱含中国智慧的全球绿色发展观为各国携手应对环境挑战、打造清洁美丽世界指明了合作之道。

在“共建人与自然生命共同体”理念指引下，绿色、高质量、可持续也会成为中国企业“走出去”进行海外投资建设的鲜明主题与基调。2022 年 1 月，生态环境部与商务部联合印发了《对外投资合作建设项目生态环境保护指南》，对中国企业进一步提出了在开展对外投资合作建设项目时积极履行环境保护责任、提高对外投资合作建设项目环境管理水平、积极参与东道国（地区）应对气候变化和生物多样性保护的项目或行动计划等的要求。这意味着中国企业不仅要在国内经营活动中贯彻绿色发展理念，也应遵循“负责任投资原则”，在跨国投资经营中建

① 习近平：《论坚持人与自然和谐共生》，中央文献出版社 2022 年版，第 274—276 页。

立、践行“共建人与自然生命共同体”的全球绿色发展观。以此作为行动指针，企业需更加重视对外投资开发过程中的环境保护问题，处理好项目经济效益与环境保护的合理平衡，坚决摒弃先污染后治理或通过承担其他社会责任消除环境问题消极影响的思路，以及通过绿色国际合作，共享绿色技术，积极参与和推动当地环境治理与保护，为其提供更多优质的生态产品，与其一道共同构建更清洁美丽的绿色发展之路，从而更好地融入当地社会，打造负责任的中国企业与国家形象。

综上所述，在绿色发展的时代背景下，企业应当创新其发展理念，将绿色发展落实到生产经营的各个环节，以满足新的发展要求，实现经济效益、社会效益与生态效益共赢。当然我们也要承认，作为一种新的观念，将绿色发展理念注入企业的价值体系之中并令其发挥实践指导作用，将是一个长期、系统且全局性的工程。其首要任务应由企业内部发端，促进绿色发展理念真正成为全体员工共同拥有的价值取向、内在信念及行为准则。这要求企业从文化建设入手，将绿色发展理念深度融入企业的文化系统之中，战胜陈旧、错误的传统发展观念，重塑企业成员的思想认识与行动方向。

第三节　绿色企业文化的建设路径

经过多年的实践和研究，企业文化的建设已有章可循。目前，业界和学界普遍认为企业文化可分为精神层、制度层、行为层和物质层①。其中，由愿景、价值观、伦理观、经营哲学、战略思想等组成的精神文化是企业发展的精神基础和核心动力；适时调整、不断完善的制度体系是贯彻发展理念、实现发展战略的保障；精神和制度文化会通过企业员工生产经营各环节的行为规范及行为习惯展现；而这一系列行为最终又可形成企业的产品、建筑、设施、视觉形象等物质表现形式，使得企业文化被公众和消费者可感可知。依据这样的结构，绿色企业文化建设也应涵盖从企业绿色理念认同，到制度体系绿色化，再到绿色行为模式的养成和绿色行为规范的制定，直到外部绿色效果实现的整个过程（见图 2—1）。

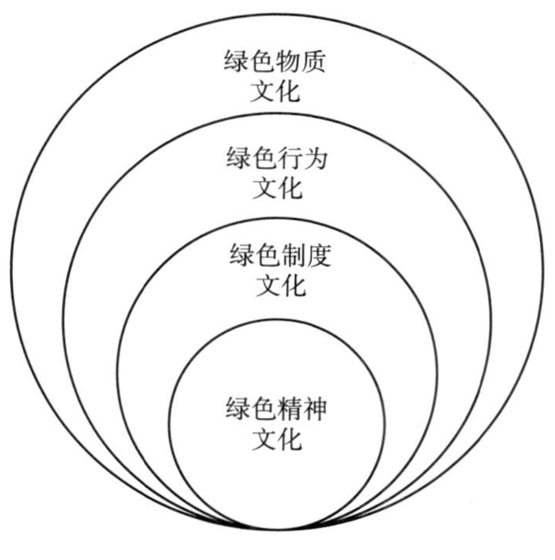

图 2—1 绿色企业文化的四个层次

一、夯实绿色精神文化根基

企业的绿色精神文化是绿色发展理念的延展，一方面反映企业在低

① 辛本禄：《现代组织文化的产生、层级及其特征》，《社会科学战线》2009 年第 4 期。

碳可持续发展方面的信念和追求，另一方面能更具体地用以指导企业的生产经营活动。绿色精神文化主要由绿色愿景、绿色价值观、绿色伦理观、绿色经营哲学、绿色战略思想等体现。其中：

绿色愿景是企业对希望达成的未来情景的意象描绘，对于各类利益相关者而言均可能产生激励作用，比如伊利的“零碳未来”，可口可乐的“天下无废”（World Without Waste），bp 的“净零”（Net zero）①。

绿色价值观是指导所有员工共同行为的根本原则和处事信条，是做人做事的最高标准，是引导企业上下形成共同行为模式的精神元素，例如 bp 的“创新思维，性能保证，锐意进取，环保先锋”，国家能源集团的“绿色发展，追求卓越”。

绿色伦理观强调了企业和环境之间的关系，比如“人与自然和谐共生”“地球生命共同体”“尊重自然，顺应自然，保护自然”；再如三峡集团提出的“人水和谐，绿色发展”。还如中广核秉持的“共生、互生、再生”理念：“共生”即做“友善者”，实现与原生态的共生融合；“互生”即做“参与者”，实现与环境的互生共享和新的更好的生态平衡；“再生”即做“贡献者”，构建绿色、和谐、繁荣的核电产业链生态圈。

绿色经营哲学是关于企业生产经营基本逻辑的思想，譬如“绿水青山就是金山银山”，又如中国华能的“践行能源革命，助力生态文明，为满足人民美好生活需要提供清洁能源电力”，中广核的“安全第一，质量第一，追求卓越”，卡特彼勒（Caterpillar，CAT）的“以环境可持续的方式满足世界”。

---

① 本节中的案例若无专门说明，均来自各企业的官方网站和社会责任报告。

绿色战略思想是企业全局性、长远性、统摄性的方向性观念体系，例如三峡集团的“创新引领发展，零碳共赢未来”，国家电网的“建设具有中国特色国际领先的能源互联网企业”，宝武集团的“驱动绿色钢铁产业生态圈发展”，法国电力（eDF）的“共同改变能源结构”。

绿色精神文化通常会由极其精炼的文字来表达。对此，企业一般会遵循三个原则①：一是简练，相关文字应做到简短、凝练、生动，易于传播、理解和记忆；二是传达，相关文字需准确体现企业绿色发展理念且能提供价值层面的指引；三是激励，相关文字要为企业利益相关者描绘美好绿色发展愿景，从而激发其贯彻绿色发展理念的积极性与主动性。

在绿色精神文化的建设上，企业自上而下、自内而外的各项行动都非常重要。

首先，企业高层管理者对于生态文明建设的认识、绿色发展的认可、“双碳”战略的贯彻，是凝练绿色精神文化的根本，其自身的绿色行为所起到的榜样作用也非常有助于企业在潜移默化中显著提升员工的文化认同②。

其次，企业中层管理者对于企业文化的透彻理解和落实，决定着绿色精神文化的应用成效。在这一层面，法国电力的做法值得借鉴。为了鼓励每个员工在环保方面的自觉性，除了要求员工必须了解社会和环境责任的条例，法国电力还特别强化对企业经理们的培训——与大学教育

---

① ［美］菲利普·科特勒、［美］凯文·莱恩·凯勒、［美］亚历山大·切尔内夫：《营销管理》，陆雄文、蒋青云、赵伟韬等译，中信出版社 2022 年版，第 285 页。

② 董念念、王雪莉：《管理者榜样作用与文化类型的交互对员工企业文化认同的影响研究》，《管理学报》2018 年第 8 期。

机构联合，在学校设立多种企业文化学习培训班，让经理们交流管理经验、学习企业文化，并将清楚地认识和熟悉企业文化作为各位经理上任的基本条件。

再次，员工的教育和培训也是塑造和传承绿色企业文化的重要手段。有业界人士基于实践经验提出，可运用受员工欢迎的培训和宣传活动，逐步灌输和培育员工的绿色可持续发展意识；还可以通过塑造先进的环保典型或者展现严峻的环境问题等案例，加强与员工的情感交流与沟通，使绿色文化逐步深入人心。①

最后，那些领行业之先的企业，还会向价值链上的其他企业、客户、消费者乃至更广泛的公众提供绿色转型发展方案或传播绿色发展理念，以使自身的绿色精神文化辐射更大范围，并从此种互动中对绿色精神文化加以检验、优化。例如，联想为帮助上游供应商达成降碳目标，自 2021 年开始就向供应商发放科学减排的问卷调查，旨在了解供应商在设立目标方面的挑战和困难，并根据调查反馈的需求举办对应的培训课程，鼓励其依据科学碳目标倡议标准（Science Based Targets initiative，SBTi）制订减排计划。截至 2021 年 4 月，这一举措取得了良好成效，成功推动几家采购支出高达 3.6 亿美元的关键供应商已经或准备做出科学减排的承诺。② 又比如法国电力提出了“公共服务 20 项承诺”，通过多种形式树立企业的责任意识，宣传企业理念，积极参与环保事业

① 李顺祥：《论绿色企业文化的内涵及构建策略》，《山东社会科学》2021 年第 6 期。

② 联合国契约组织、波士顿咨询公司：《企业碳中和路径图——落实巴黎协定和联合国可持续发展目标之路》，2021 年 7 月 27 日，见 https://www.bcg.com/zh-cn/corporate-net-zero-pathway-cn。

与相关研发工作，并拍摄了大量的环保公益广告，向外传播自身的品牌价值。法国电力还注重行业交流，积极向合作伙伴提供在发电和输配电领域里的经验，包括其作为一个公共服务企业把对社会和环境的责任置于首要位置的经验。再如，华侨城将“生态环保大于天”的理念贯穿企业发展，持续探索“人与自然、人与城市、城市与自然和谐共生的可持续发展道路”。为了帮助更多的人了解自然、体验自然，种下“守护生态，保护环境”的种子，华侨城特别成立了全国第一所自然学校——华侨城湿地自然学校，以华侨城湿地的自然资源和设施为基础，组建环保志愿教师队伍，通过开设公益自然教育课程、促进环保理念传播以影响公众。截至 2020 年底，该自然学校已针对不同年龄段受众、不同季节研发了 33 套多元化课程，常年举办湿地日、世界环境日、地球日等重要环境纪念日活动，6 年来共开展环保教育活动 5000 余场次，参与公众超千万人次。

二、完善绿色制度文化保障

企业制度文化一般涵盖企业领导体制、企业组织机构和企业管理制度①，绿色制度文化也可由这三方面具体呈现。

在领导体制上，有的企业已经做到针对绿色发展进行常态化的系统决策、指挥和监督。例如，伊利集团建立了可持续发展委员会，由董事长直接领导，集团分管领导担任副主席。委员会分设决策层、组织层和

① 白靖宇、万威武：《试论企业文化建设与现代企业制度之间的双向效应》，《中国软科学》2003 年第 4 期。

执行层。组织层推进日常可持续发展工作，每年定期组织召开会议；执行层设立事业部和职能部门，每个事业部和职能部门各设立 1 名可持续发展联络员，通过上传下达推进与实施具体工作。① 又比如，华润集团建立了生态环保长效机制，借鉴 ISO 14001 认证 ② 和国内外优秀企业能源节约与生态环境保护管理的做法，创建、完善了由领导作用、组织机构、目标和责任、能源管理、生态保护、考核评价等 28 个要素构成的能源节约与生态环保管理体系。

在组织机构上，如今对关涉绿色、生态、环境或可持续发展的各项业务、事务进行归口管理是很多企业的通用做法。中国石化于 2013 年就在总部设立能源管理与环境保护部，这是中央企业成立的首个专门负责绿色低碳、能源与环境一体化管理的部门。与此类似，中国宝武集团设立了生态环境保护归口管理部门能源环保部。在民营企业领域，代表性的例子如腾讯于 2021 年进行战略升级，设立可持续社会价值事业部（Sustainable Social Value Organization，SSV），成立碳中和实验室，以此探索低碳产品和模式的创新。③

在企业管理制度上，越来越多的企业不仅有专门指向节能、低碳、环保的规章制度，还构建了全面覆盖企业的业务及生产经营各环节的

---

① 联合国契约组织、波士顿咨询公司：《企业碳中和路径图——落实巴黎协定和联合国可持续发展目标之路》，2021 年 7 月 27 日，见 https://www.bcg.com/zh-cn/corporate-net-zero-pathway-cn。

② 全称为 ISO 14001 环境管理体系认证。该认证适用于包括企业、事业及相关政府单位在内的组织，通过认证后可证明该组织在环境管理水平方面达到了国际水平，能够确保对企业生产发展中的各类污染物控制达到相关要求，有助于企业树立良好的社会形象。

③ 《腾讯碳中和目标及行动路线报告》，2022 年 5 月 19 日，见 https://www.tencent.com/attachments/carbon-neutrality/tencent-carbon-neutrality-report.pdf。

绿色管理机制和制度体系。专项规章制度方面，中远海运集团就制定了《节能减排管理规定》等制度，将节能减排、生态环境保护绩效作为各直属单位经营业绩考核约束性指标之一，以完善环境管理绩效评估机制，保障环境管理绩效长效运行。此外，中远海运还通过编制《生态环境保护检查标准》和《生态环境保护企业资料清单》，围绕突发环境事件应急管理、环境污染防治现场管理以及生态环境隐患排查治理等方面对下属单位开展环保督察，将多层级、全覆盖的环境影响管理落到实处。在全业务、全过程管理方面，三峡集团建立了“三标一体”（质量、环境、职业健康安全）管理体系；国家电网也将环境保护核心价值观注入公司发展运营的各个环节，以全业务覆盖为基础，以全过程监督为手段，以全员参与为保障，通过发展战略、设计施工、生产运行、资产管理、合规管理、风险管控、业绩考核等全方位推进公司环境保护工作。表 2—1 列出了国家电网有关环境保护的制度文件。

表 2—1　国家电网有关环境保护的制度文件

基本制度	《国家电网有限公司环境保护管理办法》（国家电网企管［2019］429 号）
	《国家电网公司环境保护监督规定》（国家电网企管［2014］455 号）
	《国家电网有限公司环境保护工作考评办法》（国家电网企管［2020］334 号）
专项制度	《国家电网公司环保技术监督规定》（国家电网企管［2014］1465 号）
	《国家电网有限公司电网建设项目水土保持管理办法》（国家电网科［2019］550 号）
	《国家电网有限公司电网建设项目环境影响评价管理办法》（国家电网科［2020］345 号）
	《国家电网有限公司电网建设项目竣工环境保护验收管理办法》（国家电网企管［2019］429 号）

续表

专项制度	《国家电网有限公司电网建设项目水土保持设施验收管理办法》（国家电网科［2019］550号）
	《国家电网公司六氟化硫气体回收处理和循环再利用监督管理办法》（国家电网企管［2017］1066号）
	《国家电网有限公司电网废弃物环境无害化处置监督管理办法》（国家电网企管［2019］557号）
	《国家电网有限公司突发环境事件应急预案（第3次修订）》（国家电网科［2021］39号）
工作规范	《电网环境保护责任清单（通用）》（国家电网科［2020］224号）
	《国家电网公司电网建设项目环境影响报告书编制工作规范（试行）》（国家电网科［2017］590号）
	《电网建设项目水土保持方案报告书编制工作规范（试行）》（国家电网科［2019］92号）
	《电网建设项目环境影响报告书内审要点》（科环［2019］2号）
	《电网建设项目水土保持方案报告书内审要点》（科环［2019］2号）
	《重点输变电工程设计阶段环境保护技术监督工作方案》（科环［2016］71号）
	《重点输变电工程环境保护和水土保持专项检查工作大纲》（科环［2015］32号）
	《重点输变电工程竣工环境保护验收工作大纲》（国家电网科［2018］536号）
	《重点输变电工程水土保持设施验收工作大纲》（国家电网科［2018］536号）
	《电网建设项目环境保护和水土保持事中事后监督检查迎检工作规范》（科环［2020］26号）
	《国家电网公司变电站（换流站）噪声防治技术指导意见》（科环［2013］85号）
	《国家电网有限公司六氟化硫气体回收处理和循环再利用统计数据核查规定》（科环［2020］12号）
	《国家电网有限公司输变电环境保护纠纷处理工作规范》（科环［2019］23号）
	《国网科技部、基建部关于加强跨省非特高压交流电网建设项目环境保护、水土保持重大变动（变更）及验收准备管控的通知》（科环［2020］27号）
	《国网科技部、设备部关于进一步加强六氟化硫气体回收处理和循环再利用工作的通知》（科环［2019］39号）

三、加强绿色行为文化落实

企业绿色行为文化指的是员工在企业的绿色生产、管理和营销等活动中的行为规范、行为方式与行为习惯，是企业绿色精神文化与绿色制度文化的重要表征，也是检验企业绿色文化建设成效的关键。

绿色行为文化具体可体现为：在产品研发环节，考虑产品对环境的影响，设计环境友好型产品，提高产品寿命或可循环性；在产品生产环节尽量减少资源损耗，使用可再生能源，力求实现清洁生产；在产品营销环节，将环保理念应用于营销全过程，重视减碳或零碳产品的宣传及回收利用，积极履行绿色社会责任，倡导绿色生活方式；在人力资源管理方面，激发并培养员工绿色行为习惯，减少生产服务环节及员工日常生活中的资源损耗和碳排放，充分利用在线办公软件和企业数字化管理系统开展业务协作，全面提升数字化减碳能力；在财务管理方面，重视内化环境外部成本，抵消企业对环境造成的负外部性；在投资管理方面，实施碳补偿，推动循环经济，如对当地环境项目进行投资，或开设绿色基金为节能减排和新能源企业项目提供直接投融资服务。

为推进绿色行为文化的建设，许多企业还在自身编制的《企业行为准则》或《企业行为手册》中作出明文规定。如《壳牌行为准则》中承诺，壳牌（Shell Group of Companies）要在所有业务活动中实现卓越，包括健康、安全与环保的表现；壳牌各公司的首要目标，是以对环境和社会负责任的方式开展经营，从而做到对人类无伤害，保护环境，以及遵守所有健康、安全、安保与环保（HSSE）法律法规。

至于具体的实践，这方面的案例不胜枚举，较有代表性的比如：

中国华能在保证能源安全的前提下大力发展清洁能源；美国禧贝（HAPPY BABY）有机最新婴儿食品系列优选以再生种植方式（比如使用从大气中吸收碳的土壤）生产出来的原料助力减缓气候变化；伊利研发零碳牛奶；可口可乐设计可回收纸瓶（见图2—2）等。

图2—2 可口可乐设计研发的可回收纸瓶

中国石油制定《绿色发展行动计划2.0》，致力于继续提高清洁低碳能源在能源结构中的比例，采取更为积极的应对气候变化的行动措施。

三峡集团通过“三水共治”和“五大平台”共抓长江大保护，借助减少水库排放、控制生产排放、开展碳市场交易应对气候变化，连续多年保护陆生、水生珍稀植物，不断加强污水治理、废弃防治、噪声控制、废弃物处置。

华侨城积极倡导员工绿色办公，具体举措包括：办公室采用LED节能灯具，加强对员工的环保理念宣贯，促进办公室节水、节电；大力发展线上办公，提倡双面打印，推行无纸化办公；鼓励使用清洁能源，提倡绿色低碳出行；在员工中宣传垃圾分类知识，推行废弃物分类管理。

bp 专门设立了“太阳神奖”，用来奖励那些把企业文化付诸实践表现卓越的员工。在许多日常的细节上，bp 也不忘提醒员工牢记品牌理念——“我们是一家绿色能源公司，我们要超越石油”，如公司内部使用的所有铅笔都是由可再生利用的塑料咖啡杯（清楚地标记在每支铅笔上）制成；公司在每间办公室都一定会摆放芦荟，因为它产氧量很高（见图 2—3）。①

图 2—3　bp 在办公室里摆放产氧量高的芦荟

英特尔（Intel）不断增加可再生能源的供应和采购；践行循环经济战略，重复利用、修复、回收废弃物；将部分高管和员工的薪酬与环境绩效相关联；持续投资水资源修复项目，2020 年共修复了 13 亿加仑水资源，此外还投资了能够节约大约 1.61 亿千瓦时能源的项目。

苹果公司（Apple）对于因为非电力造成的直接排放，采用基于自

① 朗涛：《英国石油公司：品牌引航变革》，2022 年 5 月 19 日，见 https://landor.com/zh-hans/work/ bp。

然的解决方案（Nature-based Solution），如投资保护哥伦比亚红树林和肯尼亚热带稀树草原的项目，实现了每年超过 100 万吨的碳移除量。①

四、创新绿色物质文化设计

企业绿色物质文化由企业的绿色产品等生产经营成果，以及包括绿色生产环境、绿色办公环境、绿色包装和宣传物料、绿色展览和演出、绿色公益设施或空间等在内的有助于彰显企业文化内核的员工创造的实体共同构成。

绿色产品是在生产、消费或处置过程中能够减少环境污染、实现环境保护效果的产品，其应至少同时具备三种特征：一是质量合格，满足用户的基本使用需求；二是符合标准，产品的全生命周期皆符合环境保护的要求；三是创造环境效益，通过产品原料、生产工艺、使用方式、处置手段等的创新，较同类产品能够实现更高的环境效益。目前，除了遵守国际公约，国内的绿色产品生产还较为重视废物回收与再生产、改善区域环境质量、改善居室环境质量、保护人类健康、提高资源能源利用等环境效益。②因为本书有专门一章探讨绿色产品，此处不做赘述。

生产环境是企业生产制造的场地空间、生产设施等对生产过程产生

---

① 汪军：《国外先进企业的碳中和目标制定有何启示?》，《可持续发展经济导刊》2021 年第 3 期。

② 中华人民共和国生态环境部：《中国环境标志制度与政府绿色采购》，2006 年 3 月 24 日，见 https://www.mee.gov.cn/home/ztbd/qt/cgpn/200603/t20060324_76104.shtml。

直接或间接影响的诸多要素或条件的集合。绿色生产环境一般具有节能、降耗、减污等特性，因此其在洁化、绿化、美化上也追求高标准。例如位于上海市东北角的中国宝武宝钢股份直属厂部，就致力于打造减排大气污染物的“超净工厂”、不让一滴废水流出厂区的“零排基地”、消纳都市各种固废的“海绵钢厂”、景色优美宜人的“美丽花园”。这座面积达 31 万平方米的“花园式工厂”造就了上海的钢铁“绿肺”，呈现了“钢铁与城市共融共生”的和谐图景（见图 2—4）。

图 2—4　中国宝武宝钢股份直属厂部打造城市“绿肺”

办公环境集合了办公室所在地、建筑、室内布局、声光气、绿化等要素，与自然有机融合、充分体现环境友好的办公环境同样是企业向外界彰显自身绿色发展理念和实践的窗口。例如，法国电力在法国本地的研发中心就有效运用自然风代替了空调系统；南方电网广东电网公司则是努力推进“超静音”配电房的全面应用，打造更加绿色、环保、友好的“无声”环境；国家电网在城市人口密集区的变电站多采用户内型布置与电缆进出线，使其建筑风格与周围环境协调，实现“环境友好，公众接受”。

绿色包装和宣传物料是企业向广大消费者和公众传递绿色文化最常见的载体，具体形式包括适度包装、利于重复利用和回收再生的包装、对人和其他生物无毒无害的包装，以及绿色标签或标识、环境科普材料、绿色广告物料、其他环保宣传印刷物或出版物等。以下是一些这方面的例子。

设计公司 PROMOT DESIGN 为泰国高质量稻米 SRISANGDAO RICE 设计了可以体现水稻有机特性和环保初衷的包装①。设计师使用的是来自于稻米去壳过程的废弃物——糠皮，包装模压成型，盒盖顶部为稻形压花，盒子里装着米袋；将米袋拿出来后包装盒还可以再利用为纸巾盒（见图 2—5）。

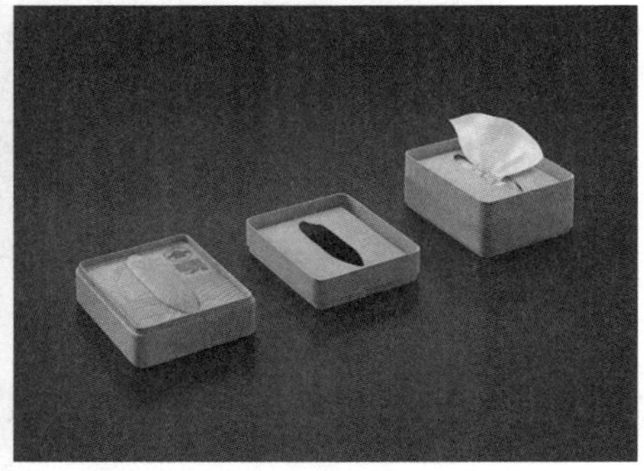

图 2—5　由糠皮做成的大米包装可以用作纸巾盒

此外，有的企业还会在标签上将产品在采集原料、运输储存、生产加工、废弃回收等全周期中排放的碳量标识出来，或将上述周期中企业

① Prompt Design, *Srisangdao rice*, 2022.5.19, http://www.prompt-design.com/ srisangdaorice.

为减碳所做出的努力以碳足迹的方式简要绘制。

bp 为强调其环保价值观，将先前的盾形品牌标识重新设计为太阳花形状，并以希腊太阳神赫利俄斯（Helios）命名，其色彩代表光、热和大自然，连锁形状的图案表明 bp 是由多个不同相关方组成的实体，整个设计彰显了 bp 成为领先的能源方案供应商的决心（见图 2—6）。

图 2—6　带有太阳花标识的 bp 广告

在优化公众环境科学素养的过程中，中广核不仅编制了覆盖从幼儿园到高中的系列核电科普教材，形成《走进核电站》精品教材，还拍摄了《大头儿子走进中广核核电基地》等科普动画，用青少年喜欢的形象通俗易懂地阐释核能、非动力核技术等科普知识，以帮助他们拓宽视野、激发好奇心和想象力，引导青少年从小争当创新发展探索者和科学素质提升推动者。

绿色展览和演出包括各类绿色科普展厅、创新性的环保视觉或互动展示、讲解环保的文艺表演活动等。通过这些形式，公众可以更深入地与企业进行互动交流，更沉浸地体验企业的绿色理念、绿色运作机理和绿色责任贡献。这方面可参考下述公司的实践。

华侨城将环保与城市文化发展相结合，开展“余物变身计划”OCT—LOFT 公共艺术展，邀请参与者收集和记录自己每周产生的垃圾量，意图以直观呈现个人生活对环境产生影响的方式来引发人们对日常消费行为与余物处理的深入思考。

在伦敦奥运会举办期间，法国电力在奥运村内设立了电力展厅，利用不同的区块和功能展现电力供应新技术，并通过互动体验的方式，让到访者感受到人们最习以为常的电力供应实际上在可持续方面有着巨大的潜力。例如，展厅内设置了一个动态的灯光装置和特殊舞池，参观者只要在舞池上进行简单的跳跃动作就可以产生能量，为展馆运转提供电力。另外，法国电力还与通用电气公司（General Electric Company）合作改造伦敦塔桥，为其安装最先进的 LED 节能照明系统。奥运会闭幕后，新的照明系统还将继续服务 25 年，预计削减 40% 的能源消耗。

2018 年，三峡巴西公司将“长期合作，融入当地，平衡兼顾，互利共赢”理念与“送科普、送文化”主旨相结合，围绕生态保护、文化教育、环境保护教育、电站科普以及志愿活动等领域进行创新策划，积极履行社会责任，倡导可持续生产生活方式。社会责任项目覆盖三峡巴西公司所在地圣保罗市及其建造的 14 座水电站周边城市。其中，公益戏剧《乌里和魔法罐头》（UliLui and the Magic Cans）共在 125 个城市巡回演出，通过生动形象的表演解释垃圾回收原理和方法，向公众宣传了资源回收和保护环境的重要性（见图 2—7）。

图 2—7　公益戏剧《乌里和魔法罐头》剧照

绿色公益设施或空间主要是企业在践行环境责任的过程中形成的公共性设施或公共空间。例如，国家电网将传统电网维护中的防鸟、驱鸟转变为引鸟、留鸟，通过研究分析被称为“中华水塔”的三江源地区的鸟类习性，在提升输电线路外绝缘水平的基础上，于鸟类生存栖息较多的供电线路沿途搭建招鹰架和人工鸟窝，并为每个鸟窝提供了“门牌号”以供监测管理，有效解决了鸟类在电力设备上停歇、筑巢引发电击等问题。在六年的时间内，国家电网累计安装人工鸟窝 4220 个、招鹰架 16 只，这些鸟类的存活使草原鼠兔数量减少，保护了草原植被和土壤。又如，华侨城一直加强多个地方的湿地建设，建成了武汉东湖湿地、南昌象湖湿地、顺德桂畔湖湿地等多个生态公共空间。

综上所述，企业绿色物质文化的具体载体可大可小、可繁可简、可静可动，不过若想增强绿色物质文化被利益相关者感知、认同的程度，企业既需要主动公开、持续披露，通过媒体发布、公众开放日、云直播等方式让社会各界更全面立体地了解自身的绿色理念和绿色作为，也应当不断创新物质文化的表达界面，变展示为互动，变宣介为对话，变数据为故事，变概念为体验。

第三章

加强绿色创新推动可持续发展

作为推动经济绩效和环境绩效并驾齐驱的重要战略，绿色创新不仅能够赋予企业“先发优势”，在夯实自身绿色硬实力的同时提高市场竞争力，还能够在根源和实质上减少生产及消费活动给环境带来的压力，创造积极环境效益，促进“双碳”目标的实现。绿色创新的成果主要体现为打造出契合环境需求和市场需求的绿色产品，企业一方面需要掌握开展绿色创新的新视角、新路径与新策略，以过程为抓手、以目标为导向、以合作为保障，完善既有产品或创造新产品；另一方面需熟悉评估绿色产品的工具和方法，借助消费者采纳因素分析、产品生命周期评价和绿色创新仪表盘分析，提炼产品竞争优势、识别改进环境绩效的机会和总结创新成功因素，创建可以良性运转、防错纠错、不断进化的企业绿色创新生态。

第一节　以创造共享价值为原则的绿色创新

绿色创新是企业为降低自身生产经营活动造成的负面环境影响、创造积极环境效益，而对技术、产品、制度等多个层面加以完善、更新甚至重新设计的活动，可根据创新对象、新颖程度和发展过程的不同加以细分。企业的绿色创新活动需以创造共享价值为基本原则，经由重构产品和市场、重新定义价值链中的生产力和促进产业集群发展三条路径为绿色发展提供助益。

一、绿色创新的定义、类型与特征

绿色创新（green innovation），也可称为环境创新（environmental innovation）、生态创新（eco/ecological innovation）或者可持续创新（sustainable innovation），在多数情况下聚焦的是技术领域，即关涉能源节约、污染防治、废弃物回收利用、绿色产品设计和企业环境管理的技术创新；① 从更广的视角去看，除了技术层面，绿色创新还可包括以环境友好为特征的服务创新、组织创新、制度创新等，② 也即只要是能改进企业环境绩效的变革，皆为绿色创新。③ 作为绿色发展的核心动力，绿色创新不仅可以助益企业实现可持续发展目标，推动供给侧生产方式的转型，其创新成果——绿色产品也能刺激市场绿色需求的增长，引领绿色消费风潮，并进一步加快生活方式绿色化的进程。

绿色创新并非简单、线性的活动，其涵盖对象丰富、切入视角多元、创造的环境绩效也各不相同，难以准确划定其边界。我们可借助国

---

① CHEN Y S, LAI S B, WEN C T, "The influence of green innovation performance on corporate advantage in Taiwan", *Journal of business ethics*, 2006, 67（4）, pp.331-339.

② 戴鸿轶、柳卸林：《对环境创新研究的一些评论》，《科学学研究》2009 年第 11 期。

③ CARRILLO-HERMOSILLA J, DEL RÍO P& KÖNNÖLÄ T, "Diversity of eco-innovations: Reflections from selected case studies", *Journal of cleaner production*, 2010, 18（10-11）, pp.1073-1083.

内外文献梳理出包括创新对象、新颖程度、发展过程在内的三条线索，以此为依据对既有绿色创新活动进行分类并描摹其特征与作用，初步搭建绿色创新框架，为识别、理解、开展、管理绿色创新提供参考。

从创新对象看，绿色创新可分为绿色产品创新（green product innovation）和绿色工艺创新（green process innovation），① 前者是指将绿色环保理念融入产品原材料选择、产品设计、产品包装等各环节，减少其生命周期内对环境的负面影响。后者则是对清洁生产技术和末端治理技术的创新，通过减少有害物质产生、降低污染物排放以及提高能源利用率实现环境保护。相较而言，绿色产品创新能够为企业获得更有竞争力的产品溢价和更多“绿色投资”，提高企业的财务绩效；而绿色工艺创新能够帮助企业有效突破资源约束以达到政府和社会的节能减排期待，对环境社会责任绩效增益更显著。②

以新颖程度为依据，绿色创新可细化为渐进式绿色创新和突破式绿色创新。渐进式绿色创新是对既有产品、工艺、服务或者方法的改进与完善，往往伴随着绿色产品和服务的升级、绿色开发成本的降低等，其改变的过程是渐进而持续的；突破式绿色创新是对既有轨道的颠覆和重构，往往会产生新产品、新工艺、新服务甚至新系统，这一过程是突变且不连贯的。③ 尽管温和的渐进式绿色创新较容易实现，但其已经不足

---

① CHEN Y S, LAI S B, WEN C T, “The influence of green innovation performance on corporate advantage in Taiwan”, *Journal of business ethics*, 2006, 67 (4), pp.331-339.

② 解学梅、朱琪玮：《企业绿色创新实践如何破解“和谐共生”难题?》，《管理世界》2021年第1期。

③ 曾经纬、李柏洲：《组态视角下企业绿色双元创新驱动路径》，《中国人口·资源与环境》2022年第2期。

以应对日趋严重的环境威胁，更为系统、全面、颠覆的突破性绿色创新成为实现可持续发展的重要路径。①

将新颖程度与绿色创新对环境的影响程度——包括降低负面影响和产生积极影响两极——相结合，可归纳出第三个视角，即发展过程。以此为切入点，绿色创新共包括组件增加（component addition）、子系统变革（sub—system change）和系统变革（system change）三种类型（见图 3—1）。组件增加不改变产生环境影响的过程和系统，而是通过增加其他因素来处理已产生的问题，例如末端治理技术；子系统变革强调生态效率（eco-efficiency），即在生产更多产品和服务的同时使用更少的能源和产生更少的污染与废弃物；系统变革则强调生态效益（eco-effec-

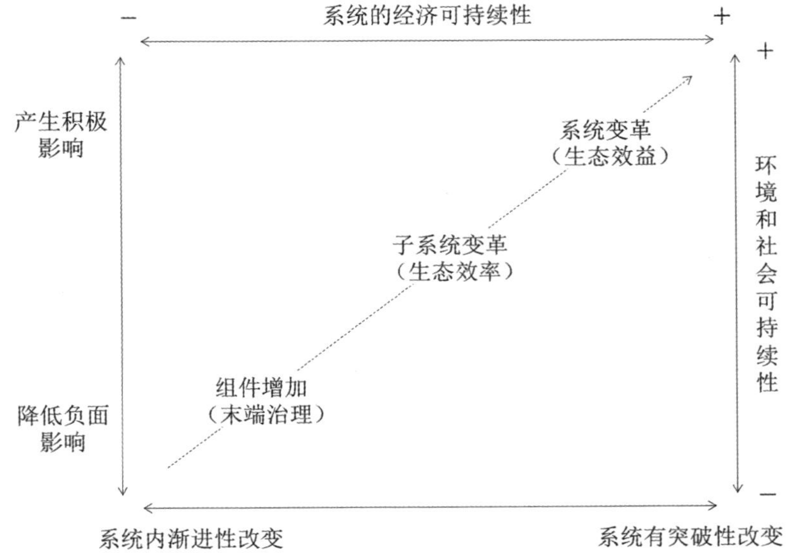

图 3—1 发展过程视角下绿色创新的类型及其特征

① NILL J, KEMP R, "Evolutionary approaches for sustainable innovation policies: From niche to paradigm?", *Research policy*, 2009, 38（4）, pp.668-680.

tiveness），通过系统、组件和子系统的重新设计，为生态环境创造积极贡献。在系统变革型的绿色创新中，资源的循环使用是一大要点，即资源流动到系统末端时并不成为废弃物处理，而是重新回归系统并生产出等值或更高价值的产品，抑或是进入生态系统并被降解为养分。① 不同类型的绿色创新皆可完善企业的环境绩效，但作用方式和所需时间长度各异。组件增加能够产生短期、直接的环境绩效，但系统变革是保证环境可持续发展更为有效、根本的解决办法，企业需要前者为后者赢得时间，也需要借助后者巩固前者的成果。②

二、绿色创新推动可持续发展的三条路径

鼓励开展绿色创新活动并非要求企业为环境保护牺牲自身的经济增长。在传统经济学的静态视角中，环境保护必然地会增加企业的经营成本，但若从动态、长期的视角看，参与解决环境问题其实是企业实现自身可持续发展的机会——在致力于降低对环境负面影响的同时，企业也赋予了产品更契合市场需求的特征，例如高质量、低成本、高回收价值等；或创新了资源利用率更高的工艺，使其更省材料、更低能耗、更易循环使用。这些绿色创新不仅能够在经济层面带来补偿（innovation offset），创造利润，而且其本身具有的“先发优势”也能帮助企业在激

① KIEFER C P, CARRILLO-HERMOSILLA J, DEL RÍO P, et al., “Diversity of eco-innovations: A quantitative approach”, *Journal of cleaner production, 2017*, 166, pp.1494-1506.

② CARRILLO-HERMOSILLA J, DEL RÍO P, KÖNNÖLÄ T, “Diversity of eco-innovations: Reflections from selected case studies”, *Journal of cleaner production*, 2010, 18 (10-11), pp.1073-1083.

励的市场竞争中脱颖而出，保障其行业领先地位。①

这种在增强竞争力的同时改善企业运营所在地的经济与环境条件的策略或实践被认为具有“共享价值”，② 其关注的不是企业已有价值的重新分配，而是经济价值和社会价值总量的增加。将创造共享价值作为开展绿色创新的基本原则，企业就无须在经济效益和环境效益之间衡量取舍，而是聚焦建立社会问题、社会需要（本文主要关注环境问题与环境保护需要）和商业机会之间的强连接关系，③ 一并增益环境可持续发展和企业、行业乃至社会的经济发展。参考波特（Porter）和克雷默（Kramer）的“共享价值”理论，以共享价值为原则的绿色创新能够经由以下三种方式在“双碳”战略中发挥作用，推动绿色发展。

其一，重构产品与市场。波特和克雷默认为，与政府、非营利组织相比，企业更能激励消费者接受创造社会效益的产品和服务，比如健康食品和环保产品。企业基于环境问题和环境保护需求完善或开发的绿色产品和服务，不仅能够提供契合消费者期待、具有环境价值的替代品，还能够在一定程度上提高整个市场的绿色标准和绿色水平，引领绿色消费和绿色生活方式。2016 年开始在中国各大城市普及的共享单车，就重构了人们出行可借助的交通工具格局，经由增强与公共交通的连通性和取代短途机动车出行两种路径培养了公众低碳出行的新习惯。有调查

---

① PORTER M E, VAN DER LINDE C, “Toward a new conception of the environment-competitiveness relationship”, *Journal of economic perspectives*, 1995, 9 (4), pp.97-118.

② PORTER M E, KRAMER M R, Creating shared value, LENSSEN G G, SMITH N C, *Managing sustainable business: An executive education case and textbook*, Dordrecht: Springer, 2019, pp.323-346.

③ 肖红军：《共享价值式企业社会责任范式的反思与超越》，《管理世界》2020 年第 5 期。

显示，在中国的12个城市中，有超过一半的用户使用共享单车连接公共交通，有12%—45%的人用以代替原先的小汽车、出租车、网约车和摩托车等私人机动车出行，后者的替代作用每年可以减少约480万吨二氧化碳排放，相当于680万英亩森林一年对二氧化碳的吸收总量。①

其二，重新定义价值链中的生产力。企业的价值链由相互联结的价值活动构成，包括基本活动和辅助活动两种类别，前者直接创造价值，可进一步划分为内部后勤、生产经营、外部后勤、市场营销和服务，后者为前者提供支撑，涵盖采购、技术开发、人力资源管理及企业基础设施建设。②从根本上说，污染实际上是企业在这些活动中对作为生产力要素的资源不必要、不完全、不高效或不恰当使用的表现，③提高价值链中的资源利用效率并进一步正向增益于环境保护是目前多数绿色创新活动的主要切入点。例如，中国电信京津冀智能算力中心通过改造散热系统降低运营过程中为服务器散热的能源损耗；④又如，爱奇艺借助升级视频交付环节的格式，即由MOV格式改为IMF格式，提升工作效率和能源使用率；⑤再如，阿迪达斯对生产环节中的使用原料加以拓展，

---

① 蒋慧、宋苏、邹萱等：《共享单车如何影响城市》，2020年9月1日，见https://wri.org.cn/sites/default/files/2021-11/how-dockless-bike-sharing-changes-lives-analysis-chinese-cities-CN.pdf。

② PORTER M E, The value chain and competitive advantage, Barnes D, *Understanding Business Processes,* London: Routledge, 2001, pp.50-66.

③ PORTER M E, VAN DER LINDE C, “Toward a new conception of the environment-competitiveness relationship”, *Journal of economic perspectives*, 1995, 9 (4), pp.97-118.

④ 央视新闻记者探访：《绿色中国“加减法”，中国电信京津冀智能算力中心如何实现“绿色”》，2022年6月15日，见https://www.thepaper.cn/newsDetail_forward_18580870。

⑤ 《世界环境日，爱奇艺为地球加点绿》，2022年6月5日，见https://mp.weixin.qq.com/s/G9SnsRlCt-ZZsFIOvBfO-A。

使海洋塑胶废弃物重获价值，成为运动鞋制作的重要材料，在清除环境污染的同时实现废弃资源的再次循环利用。①

其三，促进当地产业集群发展。没有任何一家企业是一座孤岛，其不可避免地会受到由利益链条上下游企业及周围基础设施条件构成的产业集群的影响，反过来也可以呼吁、推动甚至引领产业集群的发展。尤其是以解决环境污染这一公共问题为目标的绿色创新，其效益自然而然地会外溢，释放出整个产业集群的绿色潜力——这既可以经由彼此之间的合作增强相关企业、供应商、服务商、社会组织等集群成员的绿色发展能力，也可以通过改善某一领域的后勤基础设施、集群周边的系统环境等，为企业核心业务活动提供更有效率、更低成本的配套支撑。② 例如，国家电网杭州供电公司为顺应"十四五"阶段杭州市"数智杭州·宜居天堂"的发展方向创新推出的大数据服务项目"低碳入住计划"，即是将企业自身服务的创新惠及整个产业集群的典型做法。这一服务项目共有 500 多家星级酒店和民宿加入，其通过能耗监测提高酒店能耗管理能力，并为入住酒店的旅客发送能看见自身能耗和排名的"电子碳单"，能耗较少的旅客可以获得一定优惠，以引导旅客节能减碳和责任消费。"电子碳单"打通了政府、企业、酒店、旅客、餐饮及娱乐商家共赢的低碳生态圈，可降低近 10%的能耗（见图 3—2）。③

① 【视频】《阿迪达斯和耐克拿海洋垃圾做成量产鞋，你穿吗》，2018 年 3 月 20 日，见 https://www.jiemian.com/article/2002329.html。

② 肖红军：《共享价值式企业社会责任范式的反思与超越》，《管理世界》2020 年第 5 期。

③ 国网杭州供电公司：《以电赋能让共同富裕看得见、摸得着》，2022 年 1 月 28 日，见 https://www.zj.gov.cn/art/2022/1/28/art_1229559825_59663310.html。

图 3—2　国家电网杭州供电公司推出的“低碳入住计划”

第二节　产品绿色创新的视角、路径与策略

绿色产品[①]是绿色创新的直接成果，也是企业向消费者传递自身环境绩效的第一界面。本书第二章曾提及，绿色产品应至少同时具备三个特征：一是质量合格，满足消费者对产品功能和性能的基本需求；二是遵守环境规制，符合政府规定的环境保护标准；三是创造环境效益，较同类产品能够实现更积极的环境保护效果，例如更高的资源利用率等。最后一个特征是绿色产品得以在市场竞争中脱颖而出的优势，也是企业绿色创新的主要着力点。

相较于传统的产品创新，以可持续发展为导向的产品绿色创新在观照需求、创新环节、创新重点和创新主体四个方面有着显著的不同——

① 包括绿色产品和绿色服务，为表述统一和方便，下文皆简称“绿色产品”。

产品关注的消费者需求在传统的性能、质量、价格之上增加了环境友好属性，创新的环节从生产过程扩展至整个生命周期，创新重点逐渐聚焦于产品使用后的处置，而创新主体则延长至整个供应链。① 本节将介绍三个较为常见的产品绿色创新视角，并结合案例进一步阐释与之相对应的创新路径与策略。

一、聚焦产品生命周期，以过程为抓手开展创新活动

“产品生命周期”是指产品从设计到生产、使用、维修直至最终处置的各个阶段。这一概念与营销学中的生命周期有所区别，前者以产品的物理发展过程为划分依据，后者则根据市场发展阶段加以划分；② 同时该概念也不同于“产品寿命”，即产品出厂或者投入使用至报废后的一段区间，“产品生命周期”的定义较“产品寿命”所经历的时间跨度更长，③ 向前可延伸至产品设计和原料选取，向后则扩展至产品回收后的再处置和再利用。

以生命周期为视角的绿色创新就是致力于降低产品全生命周期内对环境的负面影响或创造积极环境效益的创新实践，其既可以经由对既有产品某些环节的完善提升环境绩效，也可以从产品概念着手，在设计开

---

① PUJARI D, WRIGHT G, PEATTIE K, “Green and competitive: Influences on environmental new product development performance”, *Journal of business research,* 2003, 56 (8), pp.657-671.

② 刘岩、顾培亮：《基于产品生命周期的企业可持续发展战略》，《中国软科学》2000 年第 9 期。

③ 顾新建、顾复：《产品生命周期设计：中国制造绿色发展的必由之路》，机械工业出版社 2017 年版，第 1—2 页。

发阶段就系统考虑产品生命周期中各个环节可能产生的环境影响并加以优化、预防和解决，创造出高质高效、健康安全、环境友好、资源节约的全新绿色产品。

无论是对既有产品的完善还是创造新产品，要开展绿色创新活动皆需先明确产品生命周期的阶段划分。产品的生命周期大致包括制造（manufacturing）、使用（use）和处置（disposal）三大环节，① 其中，制造还可以进一步细化为前制造（pre-manufacture）和制造（manufacture），即原材料设计挑选和生产过程；② 此外，有学者认为，产品包装也应纳入生命周期的考虑范围，因为多数包装的材料会给环境带来较大的压力，且包装本身的体积、重量、材质等也会影响到连接“制造”和“使用”的物流运输，而这一过程往往也是产生环境污染的重要环节。③ 综合而言，企业若要创新绿色产品，可着重关注材料选用、生产过程、产品包装、产品使用和产品处置五个环节，经由对各环节的完善或变革降低对环境造成的负面影响，实现产品的“绿色化”。

（一）材料选用

材料选用是产品生命周期伊始与环境绩效相关的重要环节，在保障技术性能（例如强度可满足零部件的机械性能）和经济性（例如成本）

---

① DANGELICO R M, PUJARI D, “Mainstreaming green product innovation: Why and how companies integrate environmental sustainability”, *Journal of business ethics*, 2010, 95 (3), pp.471-486.

② ALTING L, “Life cycle engineering and design”, *Annals of the ClRP*, 1995, 44 (2), pp.569-580.

③ 汪波、杨尊森、刘凌云：《基于生命周期的绿色产品开发设计及绿色性评价》，《中国软科学》2000 年第 10 期。

的基础上，打造、完善、选择能够增益环境友好、资源节约的绿色材料是创新这一环节的主要策略。从材料自身的生命周期来看，绿色材料应是原材料易获取、加工过程中少污染低能耗、作为零件被使用时安全宜人、作为产品结构的一部分报废后易拆解可回收的材料（见图 3—3）；①若是基于材料属性，绿色材料应具有可再生、可回收、可降解、易加工、无污染、轻量化等特征。②

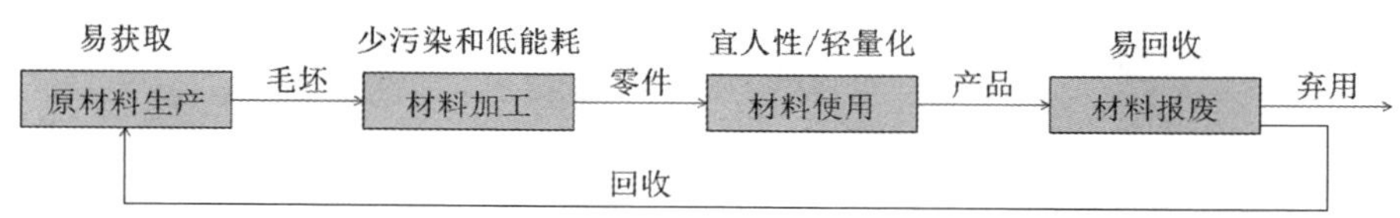

图 3—3　材料生命周期中的环境友好性

运动品牌阿迪达斯（Adidas）在 2020 年 7 月推出的可持续发展产品创新“三环战略”，就始终贯穿着材料绿色化的理念。“三环战略”包括回收环（recycled loop）、再造环（circular loop）和再生环（regenerative loop），分别对应使用可回收原料、可循环原料和可再生原料进行生产，典型的产品如完全以海洋塑料垃圾为原材料的 adidas x Parley 运动鞋，使废弃材料焕发新生；又如 2021 年发布的 UltraBOOST Made to be Remade 跑鞋，其使用的材质可以在跑鞋穿旧后被回收并重新制成新的产品，延长材料的生命周期；③还有 Stan Smith Mylo 系列，采用由菌丝体

① 顾新建、顾复：《产品生命周期设计：中国制造绿色发展的必由之路》，机械工业出版社 2017 年版，第 158 页。

② 蒋洪伟、韩文秀：《绿色供应链管理：企业经营管理的趋势》，《中国人口・资源与环境》2000 年第 4 期。

③ 整理自 adidas 官方网站，见 https://www.adidas-group.com/en/sustainability/ environmental-impacts/more-sustainable-materials-and-circular-services/。

(蘑菇的根部)合成的纯生物材料“Mylo”作为皮革的替代品，不仅有更高效的获取过程(几周内即可长成Mylo材料所需的菌丝体)和更简洁的加工工艺，还为生物多样性保护提供了绿色解决方案(见图3—4)。①

图3—4　Mylo材料介绍、加工过程及由其制成的Stan Smith Mylo系列运动鞋

(二)生产过程

生产过程中的环境负面影响既来自与产品生产直接相关的加工制作过程，也与生产环境的维持(例如散热系统)息息相关，前者常通过生产工艺或制造技术的创新减少有害物质产生、降低污染物排放以及提高能源使用效率，②后者则可经由管理制度、流程设备、员工意识的革新

---

① Bolt Threads, *Shoes made from mushrooms? Dive into a world of innovative materials*, 2021.4.22, https://www.gameplan-a.com/ 2021/04/shoes-made-from-mushrooms-welcome-to-a-world-of-innovative-materials/.

② XIE X, HUO J&ZOU H, “Green process innovation, green product innovation, and corporate financial performance: A content analysis method”, *Journal of business research*, 2019, 101, pp. 697-706.

加以优化。此外，通过生产过程的革新以缩短制作流程和减少材料使用也是改善产品环境影响的策略，流程越简洁、材料越节约，给自然资源和环境带来的压力就越小。①

借助 3D 打印技术在简化筑造工序、节省建筑材料以及减少污染物排放方面的优势，MC A 建筑事务所和 3D 打印公司 WASP 合作制作了生态住宅 TECLA（见图 3—5）。一方面，3D 打印技术赋予建筑形态更多的灵活性，TECLA 因此得以借鉴蜂巢结构，在提供更强承受力和通风保温性能的同时使用更少的耗材；另一方面，这一技术可同时运作打印区域达 50 平方米的同步臂，每一栋独立住宅的建造周期只需要 200 个小时，平均消耗能源 6 千瓦，建造效率和能源使用率较传统工艺有了极大的提升。②

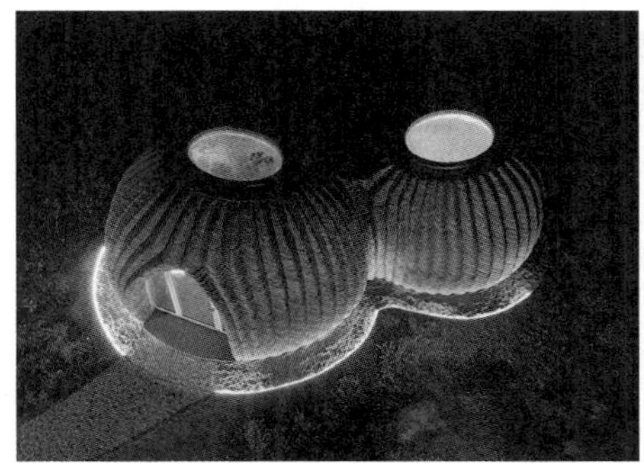

图 3—5　TECLA 生态住宅项目

① ALTING L, "Life cycle engineering and design", *Annals of the ClRP*, 1995, 44 (2),pp.569-580.

② MC A 建筑事务所：《全球首个全生土 3D 打印可持续住宅竣工》，2021 年 6 月 3 日，见 http://www.archcollege.com/archcollege/2021/06/49407.html。

（三）产品包装

包装既是产品运输和存放的关键保障，也是产品推广和销售的展示界面。国际上对于发展绿色包装的原则已经有了较为统一的认识，包括减量化（reduce）、易于重复利用（reuse）或易于回收再生（recycle）、可降解腐化（degradable）、对人和生物无毒无害以及在全生命周期内不对环境造成公害5个要点。①从技术层面看，绿色包装技术的创新可遵循设计技术、材料选择技术以及回收处理技术三条路径，见表3—1②。

表3—1　绿色包装技术体系

绿色包装技术类型	范围
设计技术	“减量化”包装设计；“化整为零”包装设计；可循环重用包装设计、易拆卸性包装设计等
材料选择技术	轻量化、薄型化、无毒性、无氟化包装材料选择；可重复再用和再生包装材料选择；可食用包装材料选择；可降解包装材料选择
回收处理技术	包装回收；包装整体重用；包装零部件重用；包装零部件再制造；包装材料再生；包装材料降解

欧莱雅集团通过与致力于在PET塑料回收利用领域提供生物技术解决方案的酶工程公司Carbios合作，将酶解循环技术引入自身产品的包装瓶中，在材料选择与回收处理技术上实现了较大的创新——在材料选择上，二者合作开发的包装瓶以在生物酶解循环技术中回收的塑料为原料制成，是对废弃物的再利用；在回收处理技术上，Carbios提供的酶解循环技术可将所有类型的PET塑料100%回收并用于制造新产品，

① 朱庆华、赵清华：《绿色供应链管理及其绩效评价研究述评》，《科研管理》2005年第4期。
② 王立端等：《产品绿色设计》，西南师范大学出版社2020年版，第119页。

实现 PET 塑料的无限循环使用。通过包装技术的革新，欧莱雅集团践行着其面向 2030 年的“欧莱雅，为明天”全新可持续发展承诺，降低了自身产品给环境带来的压力。[①]

（四）产品使用

尽管在产品使用过程中环境友好和资源节约行为在一定程度上取决于用户的环境意识，但企业为此提供的条件保障必不可少，如何减少产品在发挥功能时对环境的负面影响也应是企业开展绿色创新的重点。目前较为常见的策略有两种：一是直接提高产品的环境绩效，例如生产节能产品，以更少的能源消耗提供更多的服务；二是延长产品的使用寿命，[②] 减少前述三个过程的资源投入和能源损耗，这就涉及产品模块化设计、产品可拆卸设计、产品维修性设计等。

华为在 2020 年推出的星光智能光猫系列产品（Huawei OptiXstar），就致力于解决用户在日常使用 Wi-Fi 过程中的能耗问题。长期以来，很多家庭中的光猫产品和路由器产品各司其职，各自发挥着信号转换和信号分发的作用，所需能源总量较大。针对这一问题，华为将两种产品合并，并进一步经由两种方式减少能耗：一是通过算法级、模块级和结构级三级节能措施实现内在软件、硬件和外在整机的全面节能；二是打造智能休眠机制，实现忙时、闲时、睡眠模式分场景智能节能，在保证

---

① 福布斯中国：《欧莱雅集团宣布推出第一个采用生物酶解循环技术回收塑料制成的化妆品包装瓶》，2021 年 7 月 7 日，见 https://www.forbeschina.com/life/56191。

② ALTING L, “Life cycle engineering and design”, *Annals of the CIRP*, 1995, 44（2）, pp.569-580.

产品体验的基础上最大限度减少能源使用。据统计，这一系列产品在2020年已经服务了全球4000多万家庭用户，累计节省了15亿多度电，相当于减少二氧化碳排放超73万吨。①

（五）产品处置

传统意义上的生命周期是产品从“摇篮”到“坟墓”的过程，产品报废后就成为该被丢弃的无价值之物，这一理念在可持续发展的背景下被替代为从“摇篮”到“再生”，产品处置即是“再生”的重要环节——通过让使用寿命将尽的产品可重新投入生产过程或可降解进入自然界成为养分两种路径，赋予“废弃物”全新的价值。②前者为“闭环式循环”，可进一步细化为直接再利用、翻新升级、维修后再用、再制造、异化再使用、循环再生、热能利用等7种方式（见表3—2）；③后者是“开环式循环”，2022年iF设计新秀奖（iF DESIGN TALENT AWARD 2022）的获奖作品之一“有保质期的鞋子”（Shoe with Expiration Date）就是借助开放式循环加以创新的典型案例。这一款鞋子由蒲公英和麻类植物为原料制作而成，有着可以预见的使用寿命，当“保质期”结束后，便可以用作堆肥重新回归土壤，是零环境负担的产品处置

① 华为：《华为投资控股有限公司2020年可持续发展报告》，2022年8月6日，见https://www-file.huawei.com/-/media/corp2020/pdf/sustainability/sustainability-report-2020-cn.pdf。

② CARRILLO-HERMOSILLA J, DEL RÍO P, KÖNNÖLÄ T, “Diversity of eco-innovations: Reflections from selected case studies”, *Journal of cleaner production,* 2010, 18 (10-11), pp.1073-1083.

③ 顾新建、顾复：《产品生命周期设计：中国制造绿色发展的必由之路》，机械工业出版社2017年版，第201页。

方式（见图 3—6）。①

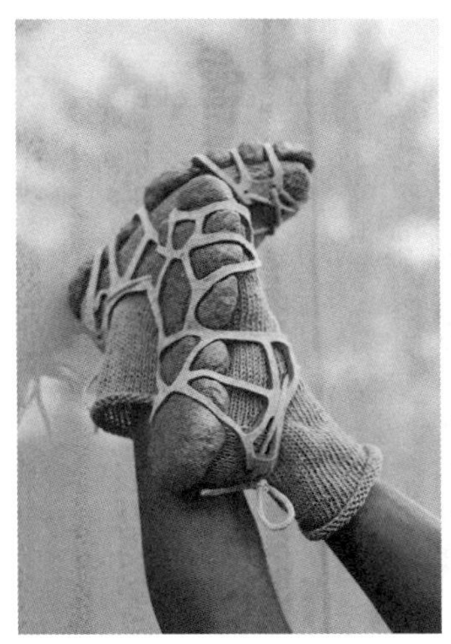

图 3—6　2022 年 iF 设计新秀奖的获奖作品之一——有保质期的鞋子

表 3—2　回收产品的可重用方式、定义及特征

方式	定义及特征
直接再利用	无需经过任何事先的修理操作，只是通过清洗或是最低限度的维护即可将产品直接投入使用的方式，例如二手车
翻新升级	客户和制造商达成协议，如果遇到技术更新，顾客可以要求进行相应的技术升级，例如价值高、技术更新快、重新购置在经济上不合理的军用装备
维修后再用	通过维修，恢复产品失效的功能使之正常工作，例如家用电器
再制造	保留产品的特征，将旧产品恢复如新的过程，经过再制造的产品一般具有与原产品一样的使用性能和使用寿命
异化再使用	通过维修或再制造原产品淘汰的零部件，使其形成其他结构的零部件，或者降级在其他产品中应用，例如汽车音响转用为家用音响
循环再生	在不保留产品原始形态的前提下进行材料提取，随后和其他原材料一样进入全新的产品制作过程，例如金属、玻璃、塑料和废纸等的回收
热能利用	通过对含有热能又难以回收的材料进行焚烧获取热能，但需注意防止二噁英

① 北京当代艺术基金会：《2022iF 设计新秀奖颁给这些环保创意，年轻设计师如何平衡永续生活与消费文化》，2022 年 8 月 6 日，见 https://bcaf.org.cn/BCAF-2022-iF-copy。

二、借助绿色选择矩阵，以目标为导向改进环境绩效

绿色选择矩阵（Green Option Matric，GOM）①是用以描述绿色产品特征的三维度分析法，可指导企业系统、规范地分析既有市场中的绿色产品并从中寻找、定位自身开展绿色产品创新的空间。这一模型根据“绿色”属性体现的阶段（when）、层面（why）及程度（how much）三个维度对绿色产品进行分类和描述。

具体而言，阶段对应的是整个产品生命周期，GOM依据较为通行的划分方法将其简化为使用前（before usage）、使用时（during usage）和使用后（after usage），其中，使用前即产品在进入消费环节之前的所有过程，包括原材料获取、生产、运输等。层面指的是产品被视为“绿色”的原因，或者说是产品可改善的环境影响的类型，主要包括材料投入（material）、能源消耗（energy）和环境污染（pollution）。程度关涉产品“绿色”效果，由低到高分别为减少负面影响、零影响和产生积极影响，在实践中，第一类效果具有相对性，即产品带来的环境压力较同类产品而言更小，第三类效果指向“绿色”的溢出效应，产品不仅本身不会损害环境，而且还能帮助减少由其他产品造成的环境影响，由此成为环境卫士（environmental helper）（见表3—3）。当然，不是所有的绿色产品都能够在其产品生命周期的每个阶段、对每个环境问题的层面都有明显的改善，只要是在某一环节至少减少了其对环境的负面影响的产

① 本部分关于GOM的资料主要来源于：DANGELICO R M, PONTRANDOLFO P, “From green product definitions and classifications to the Green Option Matrix”, *Journal of cleaner production,* 2010, 18（16-17）,pp.1608-1628。

品，我们皆可将其称为“绿色”产品。①

表 3—3　绿色选择矩阵的三个维度、阐释及范围

绿色选择矩阵维度	阐释	范围
阶段	产品的“绿色”属性体现在全生命周期的哪个阶段	使用前；使用时；使用后
层面	产品改善了既有环境问题的哪个层面	材料；能源；污染
程度	产品能在多大程度上改善环境问题或产生环境效益	减少负面影响；零影响；产生积极影响

有研究者指出，借助 GOM 对既有绿色产品开展描述与分析应遵循三个步骤：第一，确定绿色产品聚焦的环境问题层面（why）；第二，厘清环境绩效主要生发于其生命周期中哪些环节的创新（when）；第三，判断产品能够完善环境问题的程度（how much）。参考这一模型的思路和可得出的结论，企业的绿色创新活动即可以目标为导向开展：（1）以 GOM 为工具分析市场或竞争对手的既有绿色产品，明确其在环境绩效方面的成就和缺陷。（2）将有待提高的环境绩效转化为自身开展产品创新的目标，根据 GOM 模型，这一目标应包括改善问题层面和改善程度两个维度，即在材料投入、能源使用或环境污染问题上实现减少负面影响、零影响或产生积极影响的效果。（3）寻找完成目标的切入点，分析自有产品生命周期中阻碍目标实现的阶段，或新产品设计中可能存在的不利于目标实现的环节并以此作为创新的着力点，修缮产品环境绩效的

① DANGELICO R M, PUJARI D, “Mainstreaming green product innovation: Why and how companies integrate environmental sustainability”, *Journal of business ethics*, 2010, 95 (3), pp.471-486.

“短板”。

如何借助产品生命周期视角开展绿色创新活动在上一部分有较为详细的阐释，在此不再赘述。随后的分析将主要基于 GOM 模型提供的企业绿色产品创新多元目标，结合业界典型实践，阐释绿色产品在不同环境问题层面可制定的目标及可实现的绿色效果。

（一）聚焦材料问题的绿色产品

聚焦材料问题的绿色产品以节省材料在产品全生命周期内的投入为目标，可完成的“绿色效果”由“材料消耗”至“材料回收”递进。具体表现为：使用比同类产品更少的材料，减少对环境的压力；使用可再生、可降解的材料，保证对环境零影响；使用从其他生产过程或产品回收而来的材料，或者是报废拆解后可回收再利用的材料，赋予走到使用寿命尽头的材料以全新价值，产生积极的环境效益。

以减少影响公众餐桌卫生的地沟油、打造航空运输业绿色燃料、创造航空用煤的积极环境效益为目标，中国石化镇海炼化公司（以下简称“镇海炼化”）自行研发出了生物航煤。传统的航空运输采用的是石油基航空煤油，不仅原料难以再生，还面临着严重的碳排放问题，对生态环境造成了极大的负担。为此，镇海炼化将研发重点转移至生物质燃料领域，以回收的地沟油为原料，在克服难闻臭味、杂质繁多、酸值高、盐含量高等问题之后成功将其转化为生物航煤，不仅各项性能皆优于普通航煤，还能够有效地降低其生命周期中的碳排放量。若将我国目前约 3000 万吨的航煤消费量全部以生物航煤替代，一年可减排二氧化碳约 5500 万吨。通过原材料的创新，镇海炼化实现了减少餐桌废弃物、降低燃料碳排放量、提高能源供给多样性的“三赢”。

（二）聚焦能源问题的绿色产品

聚焦能源问题的绿色产品重在提高能源的利用效率、减少能源的投入总量，可完成的“绿色效果”由“能源消耗”至“能源供应”递进，大致包括以下三种表现：第一，较同类产品具有更高的能源使用效率，或者是部分地使用可再生能源；第二，全部使用可再生能源，实现对环境零影响；第三，使用由废弃物再利用生产的能源，或者在其生命周期内还能生产可再生能源、帮助其他产品提高能源利用率，创造积极贡献。

为减少发电过程中的能源损耗，提高能源利用率，中国华能集团创新研发了以二氧化碳代替传统的水蒸气为工质的发电技术，制造出国内首座大型二氧化碳循环发电试验机组（见图 3—7）。这一机组将收集来的二氧化碳通过压缩机升压到 20MPa 以上，再通过热源加热到 600 摄氏度形成高温高压气体，推动汽轮机旋转，将热能转化为机械能，进而带动发动机发电。除了动力设备和系统体积小、灵活性好等功能优势

图 3—7　中国华能集团超临界二氧化碳循环发电试验机组

外，以二氧化碳为工质的技术对能源的利用率也更高，在主气温度600摄氏度的条件下，热电转换效率较蒸汽机组提升3—5个百分点，是热力发电领域的一项颠覆性的创新，可为高效光热、电热储能、先进核电和灵活火电等能源领域提供有效增益。①

（三）聚焦污染问题的绿色产品

聚焦污染问题的绿色产品与污染物的排放总量直接关联，可改善环境问题的程度由低到高表现为较同类产品产生更少的污染、不产生任何污染和可降低其他产品产生的污染三种。中国石化集团建设的齐鲁石化—胜利油田项目，就是致力于减少其他生产过程排放的二氧化碳总量，并借助对这一污染物的再利用实现“变废为宝”的项目。“碳捕集”CCUS创新技术——将二氧化碳从工业或其他碳排放源中捕集，并运输到特定地点加以利用或封存的技术——在其中起到了关键作用。总体看来，这一项目由两部分组成，齐鲁石化负责二氧化碳捕集，胜利油田负责二氧化碳驱油与封存；前者通过深冷和压缩技术回收化石能源消耗过程中排放的二氧化碳并将其运往胜利油田，后者则将这些二氧化碳注入油层，增加原油流动性并将岩层缝隙中的原油“驱赶出来”，在大幅提高石油采收率的同时通过置换油气、溶解与矿化作用，将注入的二氧化碳封存于地下。经由二者的配合，这一项目在减少二氧化碳排放量

① 《华能自主研发的超临界二氧化碳发电试验机组成功投运》，2021年12月9日，见http://www.news.cn/power/2021-12/09/c_1211480268.htm；刘云飞LYF：《工业之美 | 二氧化碳也能发电，中国首座机组投运了》，2021年12月10日，见https://www.jiemian.com/article/ 6898106.html。

的同时还提高了石油产量，兼具生态效益与经济效益。①

三、调动多元利益相关者，以合作为保障创造共享价值

尽管对产品加以改进或重新设计是开展绿色创新的核心要点，但企业的最终目标并非仅仅是创造出一个新产品，而是实现自身乃至社会经济效益和环境效益的双重促进，也即前文提及的创造共享价值。要实现这一目标，除了产品层面的创新设计，不同利益相关者的参与和互动也必不可少。②用户、供应商和更广泛的利益相关方在增强绿色产品的市场竞争力、拓展绿色创新知识和技术的广度以及整体提高社会的绿色水平方面发挥着重要作用。

（一）与用户合作：增强绿色产品的市场竞争力

获得市场的认可是企业开展绿色创新的动力，也是绿色产品经由生命周期的流转发挥其环境效益的基础。研究表明，作为期待从产品使用中获益的个体或企业的用户，③在创新过程中的参与度与其对产品的接受程度高度关联。④换言之，企业的绿色创新需将传统的以生产商为中

---

① 韩维正：《中国“碳捕手”来了》，《人民日报海外版》2022 年 7 月 29 日。

② CARRILLO-HERMOSILLA J, DEL RÍO P&KÖNNÖLÄ T, “Diversity of eco-innovations: Reflections from selected case studies”, *Journal of cleaner production*, 2010, 18 (10-11), pp.1073-1083.

③ VON HIPPEL E, *Democratizing innovation* ,Cambridge: The MIT Press, 2005,p.3.

④ KIEFER C P, CARRILLO-HERMOSILLA J&DEL RÍO P, et al, “Diversity of eco-innovations: A quantitative approach”, *Journal of cleaner production*, 2017, 166, pp.1494-1506.

心的模式转化为生产商—用户共创的模式，引导、鼓励、吸引用户提出自己的新想法与新观点，并将其融入绿色产品的开发过程中，提高用户采纳度并进一步增强其市场竞争力。①

不过，受到认知惯性、知识水平等的限制，大部分用户难以参与到具有较高知识和技术壁垒的产品开发活动中，故而识别出具有较强创新潜力和能力的人群是企业激发用户绿色创造力的前提。目前，多数企业将注意力集中于拥有多学科背景、较长可自由支配时间和天马行空想象力的在校大学生团队，通过校企合作、发起竞赛等方式打造可供其参与创新的平台与机制。例如，施耐德电气和工程软件开发商 AVEVA 共同发起了“2022 绿色能效全球创新案例挑战赛”（Schneider Go Green 2022）。这一项延续了 11 年的赛事依据能源管理领域的门类设置参赛选题，面向全世界在校本科生、硕士和博士研究生开放，旨在寻求应对未来智能能源挑战（包括能源效率和环境绩效）的创新想法、技术和解决方法。2022 年的中国区挑战赛还与清华四川能源互联网研究院联合新增了“双碳挑战赛”赛道，包括绿氢制备及应用技术、零碳城市与零碳园区、功率半导体相关技术三个类别，在这一赛道中脱颖而出的方案将获得孵化支持，使来自青年学子的绿色创意能够被充分挖掘与有效落地，创造出兼具颠覆性绿色价值和广阔市场价值的绿色产品，助力“双碳”目标的实现。②

① ［西］贾维尔·卡里略–赫莫斯拉、［西］巴勃罗·戴尔里冈萨雷斯、［西］托蒂·康诺拉：《生态创新——社会可持续发展和企业竞争力提高的双赢》，闻朝君译，上海世纪出版集团 2014 年版，第 112—113 页。

② 整理自 Schneider Go Green 2022 中国区官方网站，见 https://gogreen.schneider-electric.cn/zh/challenges/2022-greater-china?lang=zh。

当然，建立产品环保属性与其关键特征如风格、设计之间的联系，或者使其契合公众的日常行为和生活轨迹，也能够增强产品的用户接受度。① 上线三年就拥有 5 亿用户 ② 的蚂蚁森林即以绿色能量为中介，将人们的出行、购物、生活缴费等日常生活与植树造林的环保贡献相关联，只要人们在自己触手可及的小事中践行绿色出行、减少出行、循环利用、减纸减塑、节能节约，即可获取绿色能量；在攒够一定数量的绿色能量后就能够兑换一颗真实树种，由蚂蚁森林的合作者种植在沙漠中，实现绿色行为到绿色贡献的显性转化（见图 3—8），其中凸显的使用便捷性与获得感正是这一产品聚集大批用户的关键原因。

图 3—8　蚂蚁森林界面设计（左）及可用绿色能量兑换的部分树种（右）

---

① KIEFER C P, CARRILLO-HERMOSILLA J&DEL RÍO P, et al., “Diversity of eco-innovations: A quantitative approach”, *Journal of cleaner production*, 2017, 166, pp.1494-1506.

② 李文瑶：《蚂蚁森林 3 年 5 亿用户 1 亿棵树：科技推动人人公益》，2019 年 4 月 24 日，见 https://m.huanqiu.com/article/9CaKrnKk0IH。

（二）与供应商合作：拓展绿色创新知识与技术的广度

供应商是产品生产价值链上游的企业，由他们之间的交换关系组成的网络可称为供应商网络。① 与供应商合作以同步、革新绿色产品主要是出于两个考虑：其一，外部利益相关者无法准确辨别产品产生的负面环境影响究竟是来源于企业自身还是供应商，要提升企业的环境绩效就必不可少地需将供应商考虑在内；其二，绿色创新是知识密集型活动，供应商作为与企业产品紧密关联却又掌握着超出企业能力范围知识的主体，能够为企业的绿色创新提供新的思考角度和技术保障。从后者出发，有研究者将企业与供应商之间的协作网络进一步细化为三种②。

一是紧密协作网络（tight supply networks），通过与关键供应商建立紧密合作关系促进知识和技术的获取和转移，从而协调、整合并创新绿色解决方法；二是松散协作网络（loose supply networks），即与供应商的供应商建立弱联系，打破强关系网络中同质化知识和信息的束缚，获取新颖的、独特的、时新的信息和外部视角，为绿色创新带来更多机会；三是桥梁协作网络（briging supply networks），即与那些跨越不同供应链网络的供应商建立弱关系，这些供应商作为多个独立网络的桥梁，能够汇总、整合更多的新信息、新技术和新想法，提供更多的灵感与活力。其中，紧密协作网络更容易带来渐进式绿色创新，而松散协作网络

---

① CHOI T Y, KRAUSE D R, “The supply base and its complexity: Implications for transaction costs, risks, responsiveness, and innovation”, *Journal of operations management,* 2006, 24 (5), pp.637-652.

② ROSCOE S, COUSINS P D,LAMMING R C, “Developing eco-innovations: A three-stage typology of supply networks”, *Journal of cleaner production*, 2016, 112, pp.1948-1959.

和桥梁协作网络往往能够驱动突变式绿色创新。

为减少产品制造过程中的碳排放量，实现企业的可持续发展承诺，苹果公司主动发起供应商清洁能源项目（Supplier Clean Energy Program），推动包括原料获取、零部件制造和产品组装在内的所有供应商向使用 100%可再生电力过渡。这一计划通过多种路径驱动供应商的转型，包括激活内部员工活力、提升供应商的能力、扩大可再生电力的获取渠道以及倡导政策变革。其中，提升供应商的能力主要通过既有经验分享、专家培训、行业协会发展等为其补充创新知识，而扩大可再生电力的获取渠道则依靠投资完成，即经由组建清洁能源基金会使供应商和苹果公司一起，投资可再生能源项目或直接购买可再生能源。随着项目的推进，苹果公司正逐步向全产业链的绿色化迈进，截至 2022 年 3 月，已经有 213 家供应商承诺为苹果相关业务使用 100%可再生能源，使用总量较前一年增加了一倍多。①

福特则通过与其他协作网络中的关键节点——惠普展开合作，创新性地将 3D 打印废弃物引入自身的生产流程中，使其重生为汽车零件原料，在不影响零件功能的基础上，减轻零件重量，降低生产成本。在这一跨行业的协作网络中，首先由惠普 3D 打印系统设施的经营者 Smile Direct Club 牙齿矫正公司收集自身生产过程中的废旧 3D 打印部件；随后，惠普的长期回收合作伙伴，树脂生产商 Lavergne 负责将这些回收的模具和废弃粉末转化为适合注塑成型的塑料颗粒；接着，这些塑料颗粒将进入福特的供应网络，由福特供应商 ARaymond 接收并塑造成燃

---

① Apple,*Supplier Clean Energy 2022 Program Update*,2022.8.6, https://www.apple.com/environment/pdf/Apple_Supplier_Clean_Energy_Program_Update_2022.pdf.

油管管夹，成为汽车的零部件。[①] 这一模式通过两家企业的合作联结了两个供应网络，并经由跨行业的互补实现废弃物的再利用与再生产，使绿色创新技术能够惠及更多企业，创造更大范围的环境效益。

（三）与更广泛的利益相关方合作：整体提高社会的绿色水平

从社会系统层面看，绿色创新若想充分发挥其在增益环境效益方面的优势，就势必需要更广泛地运用和持续地推陈出新。这也意味着企业应具有超越单个产品、单个生产工艺乃至单个企业的视野，将企业功能嵌入社会运转体系中，通过与这一体系的各利益相关者的合作推动绿色技术的扩展与颠覆式创新，实现企业私人利益与社会可持续发展公共利益的共同促进。总体而言，这些利益相关者可大致分为两类，其一是以政府为代表的推动者，它们可经由直接参与创新、提供政策支持以及挖掘市场需求等方式降低企业绿色创新技术推广的阻碍，激发创新活力；[②] 其二是以其他企业、民间组织等为代表的创新者，在建立以绿色创新助益社会可持续发展的共识前提下，共享彼此的绿色技术与创新知识、发挥各自的优势以推动绿色进程，[③] 逐步提高整体的绿色创新水平，最终实现突破性的、系统性的绿色革新。

---

① 《福特惠普合作 3D 打印废弃物制造卡车的零件》，2021 年 3 月 29 日，见 https://www.163.com/dy/article/G68NKC07051189P5.html。

② CARRILLO-HERMOSILLA J, DEL RÍO P&KÖNNÖLÄ T, “Diversity of eco-innovations: Reflections from selected case studies”, *Journal of cleaner production*, 2010, 18（10-11）, pp.1073-1083.

③ PFITZER M, BOCKSTETTE V&STAMP M, “Innovating for shared value”, *Harvard business review*, 2013, 91（9）, pp.100-107.

2021年5月，经国家发展改革委员会同意设立的以国家电网浙江省电力有限公司双创中心为主体的国家绿色技术交易中心，就是激活不同主体的创新活力、促进创新成果转化的有效实践。国家绿色技术交易中心聚拢了包括浙江大学、上海大数据交易中心等数十家高校院所、龙头企业、金融机构等，覆盖了广泛且多元的社会创新主体，力求解决绿色技术拥有者缺少途径转化成果，而需求者难以找到契合需要的绿色技术这一买卖双方的困局。在支持存储、共享和检索绿色技术资源的全球智能检索系统，以及可提供技术受理、公开交易、交易鉴证等服务的绿色技术专家经纪人团队的辅助下，国家绿色技术交易中心汇集绿色技术资源与绿色技术需求，既为不同的绿色技术寻找落地转化的买家，也为有需求的企业匹配、筛选、募集成熟技术或研发团队，推动绿色技术在我国的创新发展与高效转化。截至2022年8月，国家绿色技术交易中心已促成236项绿色技术成果交易，交易金额突破3.8亿元，撬动超百亿绿色产业投资。①

第三节　开展绿色产品综合评估

对绿色产品开展综合评估是企业桥接创新活动与绿色市场的关键步骤，也是打造可以良性运转、防错纠错、不断进化的创新生态的根本保

① 徐梓沐：《国网浙江电力：深化校企合作　促进绿色技术成果转化》，2022年8月2日，见 http://zj.news.cn/2022-08/02/c_1128884161.htm。

障。经由绿色产品的追踪评估，企业既可把握产品的竞争优势，精细化制定营销策略以提高市场采纳度；亦可识别可改进环境绩效的机会，持续开展绿色创新活动以保持自身的领先优势；还可总结此次创新的关键助力，不断丰富特有经验以完善企业的绿色创新生态。

一、明确产品竞争优势的消费者采纳因素分析

采纳（adoption）是使用一项创新的个人决定[①]，相较于“购买”（purchase），消费者的“使用”才是绿色产品发挥其环境保护作用的直接过程。换言之，企业要想让创新的绿色产品真正释放其对环境和社会的价值，就必须把握影响消费者采纳绿色创新的多元要素，经由对驱动要素的满足和对阻碍要素的规避，建立消费者使用绿色创新产品的意愿和信心。在绿色创新阶段，这一目标往往经由提高消费者的参与程度实现，[②]而一旦完成创新，进入产品的规模化生产和推广阶段，则更多地借助绿色广告、绿色营销等与消费者开展沟通，达成“说服”效果。

有研究表明，当一个新产品要进入市场时，详尽阐释其特征的功能性广告比描绘象征利益的情感性广告的“劝服”效果更好，[③]其提供的产品信息越契合消费者的需求和期待，就越容易受到市场的认可。从是否愿意采纳绿色创新的视角出发，消费者关注的产品特征大致包括六个

---

① ROGERS E M, *Diffusion of innovations,* 5th ed, New York: The Free Press, 2003, p.21.

② 详细阐释见本章第二节。

③ LEE B C Y, “Critical decisions in new product launch: Pricing and advertising strategies on consumer adoption of green product innovation”, *Asian journal of technology innovation,* 2014, 22 (1), pp.16-32.

维度。①

第一，相对优势（relative advantage）。消费者会倾向于接受较其他替代品而言更具优势的绿色产品，这种优势既可以体现在价格、质量、易用性、耐用性等实用层面，也可以由自我形象的呈现、道德规范的满足等实现。在绿色生活方式转型成为整个社会基调的当下，绿色产品天然地比非绿色产品在践行环保理念、体现低碳意识方面拥有着更多的优势。

第二，兼容性（compatibility）。这一特征是指绿色创新产品与既有需求、技术特性、生活习惯、价值理念等相兼容的程度。兼容性较低的产品，例如遭遇充电桩难题的新能源汽车，就会给用户的采纳带来较大的阻力，而兼容性高的产品，尤其是能够契合消费者行为模式和推崇理念的产品，例如前述提及的蚂蚁森林与绿色生活方式，则能够得到迅速的推广。

第三，可测试性（triability）。可测试性指的是绿色创新产品在一定范围内可以被试用且产生的积极效果能被明显感知的程度。可测试性越高，消费者的采纳度就越高。这一特征对于那些具有高不确定性和环境绩效高能见度的产品格外重要。

第四，可观察性（observability）。该特征强调绿色创新产品所产生的环境效益能够被他人感知的程度。若一项绿色产品能够与既有产品有着可见的明显区别，则更容易被消费者采纳。

第五，不确定性（uncertainty），这是与消费者采纳度相关的负面因

① DRIESSEN P H, HILLEBRAND B, “Adoption and diffusion of green innovations”, *Marketing for sustainability: Towards transactional policy-Making*, 2002, pp.343-355.

素，绿色创新产品的不确定性越高，公众的采纳意向就越低。常见的三种不确定性包括技术不确定性、经济不确定性和社会不确定性，即无法确定产品工艺的可靠性和满足需求的能力、无法准确预测此次投资（购买）的回报率、无法肯定产品的使用不会引起社会层面的冲突。

第六，复杂性（complexity）。这指的是创新产品看起来难以理解和使用的程度。当绿色创新产品被消费者认为比其他产品在操作、功能或结构上更复杂时，他们可能会因为自身管理和使用这一产品的能力有限，或者需要额外的时间、精力和金钱投入来学习而拒绝采纳。①

除了产品层面的特征，一些与消费者行为相关联的个人特征与环境因素也会影响消费者对绿色创新产品的采纳度。有人将这些因素划分成五个层面：②第一层为环境态度和感知有效性，是个人对于环境问题及解决办法的态度和信念；第二层为优惠政策、环境标签、同辈压力和文化观念，即帮助培养前述态度和信念的工具；第三层为环境意识，这是消费者采纳绿色创新行为的自驱力；第四层为法律强制力和绿色广告，是外部动力；第五层为教育水平，是所有层面的根本基础，③只有更高的教育水平才有可能接收并且理解所有与可持续发展相关的信息并形成自己的认知、判断与态度，也才更有可能采纳绿色创新产品。

① LIN C J, CHEN H Y, “User expectancies for green products: A case study on the internal customers of a social enterprise”, *Social enterprise journal*, 2016,12 (3), pp.281-301.

② NATH V, KUMAR R, AGRAWAL R, et al, “Consumer adoption of green products: Modeling the enablers”, *Global business review*, 2013, 14 (3), pp.453-470.

③ WAN L L, HA H Y, “Sustainable green product adoption test using logistic regression: Comparison of glass and electronic products”, *Sustainability,* 2021, 13 (9), article. 5084,2022.9.6, https://www.mdpi.com/2071-1050/13/9/5084/htm.

基于上述判断，企业在完成绿色创新过程、进入产品生产与推广阶段时，应参考影响消费者采纳度的六个维度评估产品特征，挑选出最契合用户期待的产品信息并加以强调，为其得到用户的购买、使用及至认可提供驱动力。同时，企业仍需观照消费者群体的个人特征与所处环境因素，准确定位目标人群，借助绿色广告等外部动力和环境标签等基本工具，唤醒消费者的环境意识，从而更好地提高产品的采纳度，推动绿色创新产品实现其经济价值和环境价值。

二、识别改进环境绩效机会的产品生命周期评价

生命周期评价（life cycle assessment）是用来评估产品或服务在整个生命周期中的输入、输出及潜在环境影响的工具，其中，输入和输出即进入或离开一个单元过程的产品、物质或能量流。① 借助这一工具，企业可获知三方面的信息：其一，清楚概括自身绿色产品中能源与材料的投入及排放情况；其二，在已确认的能源与材料的投入及排放前提下，评估可能存在的环境影响；其三，综合前两项结果，精准阐释绿色产品的环保属性，并进一步识别改进产品生命周期各个阶段环境绩效的潜力和机会。② 由于评估的范围涵盖了原材料获取、生产、使用到废弃物管理的所有过程，用以分析的环境影响类型也细化至生态环境、人类健康和自然资源等多个层面，经由生命周期评价得到的结论也就更兼具全局性和针对性，由此做出的改进决策可防止负面环境影响在不同区

① 参考国际标准化组织官方网站，见 https://www.iso.org/obp/ui/#iso:std:iso:14040:ed-2:v1:en。

② 王立端等：《产品绿色设计》，西南师范大学出版社 2020 年版，第 223 页。

域、不同阶段、不同问题间的转移。①

生命周期评价的基本思路是通过对产品全生命周期的定量调查，作出环境负荷分析，以此为依据描述产品的绿色属性，或制定出可提高“绿色性能”的改善措施。②这一过程大致包括四个步骤：首先，确定目的和范围，包括开展评价的目标及原因、所评价的产品系统、系统边界、功能单位等；其次，清单分析，根据确定的系统边界和功能单位，通过测量、计算或估算等方式收集数据、建立清单，用以量化单元过程的输入和输出；再次，影响评价，以清单分析为基础描述和评价产品各生命周期阶段潜在环境影响的类型和程度；最后，解释，根据规定的目的和范围对第二和第三步骤的结果开展进一步的评估、阐释以形成最终结论和改进建议，其中的要点之一即识别产品在环境绩效方面的重大问题。③

不同产品经历的生命周期和产生的环境影响侧重点存在着差异，由此带来的评价过程和结论也不尽相同。有学者在综合分析了各种产品生命周期评价标准的基础上，提出了产品生命周期设计评价指标体系，即企业在开发和设计绿色产品阶段可用以参考的评价指标。除了传统的成本、质量和用户响应评价之外，这一体系还新增了环境要素评价，并进一步细分为环境友好和资源节约两个指标。其中，环境友好指标主要评

① FINNVEDEN G, HAUSCHILD M Z&EKVALL T, et al, “Recent developments in life cycle assessment”, *Journal of environmental management*, 2009, 91 (1), pp.1-21.

② 汪波、杨尊淼、刘凌云：《基于生命周期的绿色产品开发设计及绿色性评价》，《中国软科学》2000 年第 10 期。

③ 中华人民共和国国家质量监督检验检疫总局、中国国家标准化管理委员会：《环境管理　生命周期评价　要求与指南：GB/T 24044-2008》，中国标准出版社 2008 年版。

估的是污染物排放情况，包括大气污染、水体污染、固态废物污染和噪声污染；资源节约指标下设两个二级指标，即材料节约和能源节约，前者测量的是产品生命周期中材料流的有效利用程度，后者则关涉能源的节约使用和优化利用（见表 3—4）。① 企业在识别绿色产品可改进环境绩效的机会、开展产品设计时，可以上述环境要素各指标为基本参考。

表 3—4　产品生命周期设计评价指标体系中环境要素评价指标类型及细分二级指标

环境要素评价指标	二级指标	涵盖范围
环境友好评价指标	环境友好	大气污染指标、水体污染指标、固态废弃物污染指标、噪声污染指标
资源节约评价指标	材料节约	材料种类、材料利用率、零部件重用率、材料回收率、有毒 / 有害材料使用率、材料可处理率
	能源节约	清洁能源使用比例、再生能源使用比例、能源利用率、使用能耗、回收处理能耗

三、总结创新成功因素的绿色创新 ② 仪表盘分析

一个绿色创新产品之所以能够成功，除了在设计层面的优势之外，还可能来源于其他多重因素的影响。基于这一前提，卡里略 – 赫莫斯拉等学者开发出了用来分析绿色产品何以成功创新的绿色创新仪表盘，借助产品在仪表盘各维度的得分情况，剖析其脱颖而出的真正助力，为后

① 顾新建、顾复：《产品生命周期设计：中国制造绿色发展的必由之路》，机械工业出版社 2017 年版，第 108—112 页。

② 绿色创新仪表盘分析中的“绿色创新”也被研究者表述为生态创新（eco-innovation），因其内涵与绿色创新（green innovation）相同，为统一表述，在本文中皆将其改为绿色创新。

续绿色创新提供经验参考和借鉴。

绿色创新仪表盘的基本思想是，绿色产品获得商业成功及促进社会可持续发展的能力由产品设计（design）、用户（user）、产品服务模式（product service）和管控（governance）四个维度的交互作用共同决定，①每个维度的正向改变对于产品竞争力的增强和环境可持续发展都具有特殊意义（见表 3—5）。②

表 3—5　绿色创新各层面的正向改变对企业竞争力和环境可持续发展的意义

绿色创新层面	对企业竞争力的意义	对环境可持续性的意义
设计层面	· 提高能效 · 成本管理 · 提高销售量（收入）	· 降低有害影响，减少废弃物排放和资源消耗 · 向可持续生活方式转变
用户层面	· 促进创新贴近市场 · 开辟新市场，成为企业先锋	· 推动可持续生活方式成为主流
产品服务层面	· 提升企业理念 · 提高知识含量 · 获得更大的附加值	· 非物质化 · 去物质化
管控层面	· 政策领域的统一协调 · 鼓励环境政策中的参与性做法 · 促进创新系统的应用	· 推动部门政策和企业内部对环境问题的关注

具体而言，设计层面衡量的是产品创新及改善环境影响的程度，共包括组件增加、子系统变革和系统变革三个指标，分别对应额外增加组件以减少和修复负面影响、部分创新子系统提高环境效率、重新设计系

① CARRILLO-HERMOSILLA J, DEL RÍO P&KÖNNÖLÄ T, “Diversity of eco-innovations: Reflections from selected case studies”, *Journal of cleaner production*, 2010, 18 (10-11), pp.1073-1083.

② 卡里略 - 赫莫斯拉、冈萨雷斯、康诺拉：《生态创新——社会可持续发展和企业竞争力提高的双赢》，闻朝君译，上海世纪出版集团 2014 年版，第 202 页。

统创造环境效益三种绿色创新的方式。用户层面由用户参与度和用户接受度两个指标组成，前者是指用户参与到创新过程的程度，后者是指产品的推广情况。产品服务模式关涉两个指标：一是可交付产品服务的改变，即对产品的概念以及如何将其提供给用户的重新定义；二是价值网络的改变，即基于产品服务的变革对供应链网络的调整。管控层面强调的是与政府或监管部门的合作情况。①

企业可参照上述标准，评价绿色产品在各个维度的表现并赋分，1分表示创新/改变的程度非常小，5分表示变革具有颠覆性（见图3—9）。将所有的得分相连，即可获得生态创新雷达图，直观地识别出该产品绿色创新的显著特征与促进其成功的重要因素，将其总结、归纳、抽象后即可成为企业后续开展绿色创新活动的宝贵经验。

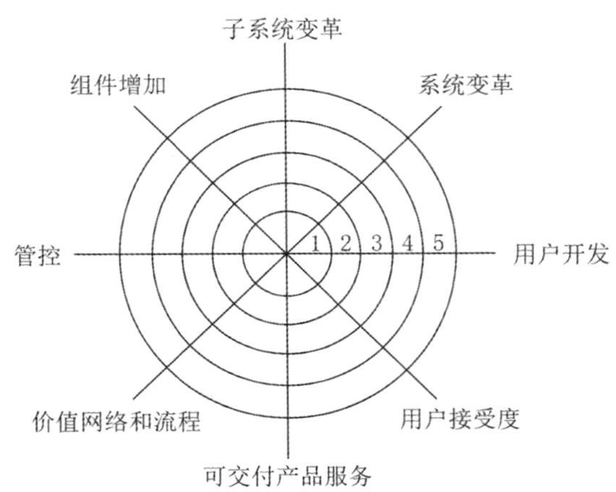

图3—9　绿色/生态创新仪表盘

① CARRILLO-HERMOSILLA J, DEL RÍO P&KÖNNÖLÄ T, “Diversity of eco-innovations: Reflections from selected case studies”, *Journal of cleaner production*, 2010, 18 (10-11), pp.1073-1083.

第四章
以绿色品牌话语连接承诺与认同

企业藉由绿色发展理念与低碳转型行动展现的绿色发展承诺，在实践中主要由与日俱新的品牌话语加以表征。品牌话语是企业基于差异化的利益相关者和语境所表达的精练且相对固定的文本，主要由发布在各类媒介平台的品牌口号、新闻报道、品牌故事、品牌活动的主题等构成与呈现。企业需充分运用品牌话语这一中介和桥梁，与利益相关者展开互动和对话，开创、加固企业承诺和利益相关者认同的合意空间。面对日益深化的绿色转型发展以及日新月异的媒介传播环境，推进未来的品牌建设，企业应以优化品牌话语策略为基础、以讲好品牌故事为核心、以增强跨媒介叙事能力为保障。

第一节　优化品牌话语策略

品牌话语一般以品牌理念为核心，通过对一系列品牌事件的“格式化”讲述，将与品牌相关的时代背景、文化内涵、核心业务、专属符号以及企业经营管理的理念进行综合展示，从而服务于品牌的创建、巩固和拓展。绿色品牌话语的构建首先要理清“对谁传播”与“传播什么”

两大关键问题，继而基于差异化的受众特点、需求和期待，优化表达策略。

一、针对不同受众设计多样品牌话语

企业品牌话语面向的受众并非笼统、抽象的一群人，而是有着各自独特关切与利益关联的多元群体。准确识别、洞察自身的关键受众，并据此围绕品牌核心价值设计他们听得到、听得懂、听得进的品牌话语，往往是品牌传播的起点与中心。如果对自己的传播对象不调查、不分类、不了解，轻则会使企业遭遇无人倾听的“信息飞沫化”困境，重则会让受众在“话不投机半句多”的反感抵触情绪中渐行渐远，品牌变成无源之水、无本之木。

综观如今的品牌建设实践，越来越多的企业认识到了上述问题的重要性和必要性，更有一些企业在国内外的品牌传播活动中探索出有效路径，提供了良好的参考范本。例如南方电网立足“万家灯火、南网情深”，面向用户输出温暖守候、深情无扰的“陪伴者”话语，面向政府输出制度创新典范、技术创新先锋、体验式服务提供商的“改革者”话语，面向社会输出践行价值共创、弘扬公共精神、倡导人天和谐的“引领者”话语。又如当认识到“走出去”过程中企业面临的文化背景、利益诉求等方面的巨大的差异之后，中国铁建自觉转换话语体系，坚持“内外有别”，对外传播能做到少讲业绩、多讲责任，少讲单方发展、多讲合作共赢。

接下来我们再以能源企业为例，进一步阐述如何将企业的品牌承诺

（例如“赋能”）与多元受众的认同加以连接。

从国内大型能源企业目前的转型战略与发展模式创新出发，结合我国社会转型中的主要矛盾，考虑现阶段关系管理的重点和难点，我们认为，政府、合作方、员工、社会公众、海外受众是能源企业开展品牌建设应重点关注的五类受众。具体而言：其一，很多能源企业的国企属性决定了各级政府是最重要的利益相关方；其二，作为能源行业中的市场竞争主体和价值链条上必不可少的环节，各合作方对能源企业的认可程度影响着其品牌形象及经营发展的可持续能力；其三，员工是能源企业持续发展的内在驱动力，员工的观念与态度关系着企业的业绩、改革、战略落地；其四，能源企业的生产和经营、提供的产品和服务、承担的社会责任会直接或间接地与当地居民、广泛的消费者乃至整个社会的公众发生关联，而得到公众的信赖和赞誉是企业做强、做优，成为“受人尊敬的企业”的根本所在；其五，面对“走出去”过程中所遇到的商业政治化危机和跨文化冲突危机，以及海外媒体、受众针对中资企业所持有的负面刻板印象，能源企业亟须尽快扭转此种形势，打造“中国品牌”的同时促进国家形象的良好塑造。

在政府认知中，以国企为代表的能源企业应与政府同呼吸、共命运，强调企业积极响应国家宏观政策导向，恪尽职守、不折不扣地贯彻执行中央精神、政策和任务，担负起自身的政治责任。同时，作为市场竞争的主体，这些企业也应不断提升自身业绩，确保国有资产增值保值，带动地区经济增长，履行国家赋予它们的经济责任。此外，作为社会发展的动力系统、保障系统和有担当的大国重企，能源企业还应增加人民的共同利益，并提供附加的民生保障、公共与公益服务，履行社会责任。相应地，在面向政府进行品牌传播时，能源企业应塑造自身在政府领导下严于律己、积极进取且有作为的国企形象，立足企业特色为经济社会发展作出积极贡献。

对于合作方而言，能源企业应争做行业创新的引领者与诚信负责的合作者。在能源发展新时代，优化能源结构，实现清洁的低碳发展，是促进我国能源革命的本质要求，是我国经济社会转型发展的迫切需要。而推动我国能源事业高质量发展离不开能源行业的技术创新与合作共赢。与这样的情形呼应，在面向合作方进行传播时，能源企业应树立创新进取、追求卓越的行业领先形象，强调科技创新这一重要的引领竞争力，传递合作共赢的理念，展现自身一以贯之、诚实可靠的形象，并围绕这一形象与合作方进行双向对话，丰富品牌内涵。

在互联网分享、共创精神的催化下，价值共创、彼此成就已成为当前企业与员工关系的基本准则。对员工来说，企业不仅是工作单位，更是有归属感的大家庭和成就自身的大舞台。同时，企业文化固然可以讲求奉献，却不可沦为公司对员工的单向感召，也不应以轻忽员工的利益、尊严和命运感为代价，而是应该倡导在相互成就中实现利益共享与价值共创。故而，在对员工进行品牌传播时，能源企业应超越“员工奉献—企业回报”的物化交换体系，建立企业与员工“价值共创、相互成就、全面发展”的共同体观念和机制，强调企业与员工一起成长的“同在感”。

社会公众是能源企业各个项目的生存空间与服务对象，虽然很多能源企业的项目并不直接面对公众，公众却承担了项目实施过程中带来的损失与风险，如环境改变、对正常生活秩序的冲击等。因此，如果能源企业不能真正了解公众的需求、顾虑、关切，便容易与之产生矛盾，妨碍项目正常运作，对品牌形象造成损害。此外，作为动力保障系统，能源企业助力生态文明建设，为满足人民美好生活需要提供清洁能源，理应与公众保持密切、亲近、融洽的关系，从而将自己变成受人尊敬的企业。在面向社会公众时，能源企业应塑造自身绿色能源的提供者与美好生活的守护者形象，持续传递提供清洁能源、开展生态保护、承担社会责任的信息，体现企业科技创新对大众生活的积极改变。

针对海外受众对于中资能源企业"潜在威胁"的担忧，在经济入侵、资源掠夺、危害安全等方面存在的误解和指责，以及互利共赢的期待，能源企业首先需要构建一个合法的经济组织形象，强调自身的市场主体身份和自由经济行为。在建立企业组织的合法形象基础上，能源企业应进一步融入东道国，成为深耕在地的建设者。这意味着在海外品牌传播中，能源企业不能纯粹以"赚钱机器"的形象出现，还应为当地各方利益相关者创造价值，与他们一道解决当地问题，成为担负社会功能的责任主体。

通过上述多样话语的设计，能源企业得以观照差异化关键受众的特殊性，将自身关于发展与赋能的承诺，分别对接了各类受众期待的安心、信心、暖心、用心和同心，企业的品牌真正成为企业与利益相关方共持共构之物。

二、聚焦六类主题优化品牌话语策略

按照差异化受众的需求和期待、信息获取习惯、对话沟通喜好进行多样的品牌传播设计，当然是最理想化的状态。然而在现实中，由于受到资源、能力、时间等因素的局限，表现品牌话语的特定信息文本（包括视频、图像、音乐、言语、文字等）常被寄予影响广泛受众的厚望，而全媒体环境又为企业跨越不同受众的“破圈”传播提供了条件，这均要求企业不断创新、优化品牌话语策略，既让传播内容于受众而言入耳入脑入心，又能使其跨越受众的区隔形成联动传播、同频共振的效果。

（一）按主题划分的六类品牌话语

多年以来，企业的常规品牌话语（有时表现为宣传话语）多会在某一主题的框定下组合、展示。我们在对多个国企近些年的品牌话语进行研究的过程中发现，这些主题主要有六类，每类主题话语的既有话语策略也呈现出高度一致的特征。

一是政治政策类。国企作为关系国民经济命脉的“国之重器”，与国家意志及政府决策联系紧密，其对外表达必然会受到意识形态的直接影响。这类话语着重描述企业对上级政策如“双碳”战略的积极响应，彰显自身优秀的政治责任担当。在话语策略上，通过“学习、贯彻、落实”等表述体现与党和政府保持高度一致性，并以罗列措施纲要、关键数据等形式突出权威话语，体现企业在拥护中央政治决策方面发挥的“带动作用”。

二是经济经营类。企业通过公开生产经营状况体现自身经济实力和竞争力，积极响应国家政策改革主动向“市场竞争主体”转变。其常用的话语策略是通过罗列相关数据和对比手法，凸显企业的经营成效。由于国企多兼具公共事业性质，因而在该类话语建构中企业会淡化对盈利能力的描述，将社会效益而非经济效益作为发展的首要目标，突出“发展为人民”的经营理念。

三是社会服务类。企业以社会服务提供者及社会责任承担者的角色出现在此类话语中，传达出不仅要促进社会发展，还要增益社会福利的愿景，如宣传企业投身脱贫攻坚、乡村振兴、生态复绿的有益实践。其话语策略主要是通过阐述代表性事件，以“实例 + 深度报道”的形式呈现，传播重点落在构建企业与各利益相关者的正面关系上。

四是科技创新类。科技创新又可细分为知识创新、技术创新和现代科技引领的管理创新。这类话语的内在逻辑是通过数量与水平展现科技创新成效，藉此突出企业创新能力与核心竞争力的增强。话语策略为通过罗列数据、实力对比、具体事例突出企业科技创新的不懈努力和成就，为可持续发展献智献策。

五是典型人物类。人是一切组织活动的中心，也是话语建构中的叙事主体。典型人物类话语主要包含企业领袖、普通员工、受益公众这三类主体。从话语策略上看，企业领袖的相关内容以领导讲话、视察、参加社会活动为主，凸显领导身体力行，深入参与企业发展与思想政治建设；对普通员工的报道聚焦劳动模范与先进团队，展现他们突破创新、敬业奉献的精神风貌；对受益公众的刻画则通过前后对比的手法突出企业对其生存境遇的改善。

六是文化价值类。价值传递是企业品牌塑造的深层次要求，该类话语主要通过社会服务和主题文化活动宣传品牌理念。例如，中广核推行的安邻、友邻、暖邻“3N”和谐社区文化；中国三峡集团开展的以“护鲟”为代表的“长江大保护”行动。具体的话语策略是宣传融合主流价值观、社会责任、行业情怀的社会文化活动，向外输出统一且独具特色的企业文化价值观。

从效果来看，国企的上述品牌话语传播工作有重点、有亮点，无论是对企业改革、成就的积极宣传，还是对品牌故事、企业文化的主动讲述都可圈可点。但必须承认的是，虽然话语主题丰富、传播数量可观，这些更多仰仗自身成就、强调自我发展、屡屡“内衣外穿”、长期宏大叙事、总是数据轰炸的话语却难以有效沟通目标受众，说了无人听、听了也不信的现象普遍存在，对企业与利益相关者构建合意空间的促进作用微乎其微。

（二）优化未来品牌话语策略

我们可以把品牌话语策略视作实现品牌话语沟通目标的方式或方案的集合。在未来的品牌建设过程中，以国有企业为代表的民族企业需进一步把握绿色发展的大趋势和信息传播的新规律，对各类主题的品牌话语加以创新，不断优化品牌话语策略。

1. 政治政策话语的主动引领

鉴于我国企业特别是国有企业的特殊属性，其在政治话语中不可避免地需要反复强调企业对国家政策的贯彻落实、与党和政府的密切关联，但长期固化的话语结构令此类话语的传播缺乏新意。面对全新的社会文化环境，企业有必要“变被动为主动”，更多地表达自身的主动行动契合党和政府的改革方向，而非始终是隶属和管理下的被动响应者和执行者。比如中国广核集团在联合国《生物多样性公约》第十五次缔约方大会开幕之际，通过发布《中国广核集团生物多样性保护报告》主动向社会各界公开企业的生物多样性保护方案、分享生物多样性保护实践经验，并开创性地运用自然资本核算方法评估清洁能源生物多样性保护价值，为促进生物多样性价值主流化提供了良好的社会示范。

2. 经济经营话语的高效互惠

在经济经营话语方面，企业需跳出长期以来对突显业务和业绩的绩优话语的过度倚重与迷恋，通过进一步强化自身的效率话语和互惠话语，在丰富商业表达的同时，全面、均衡地构建企业的绩效合法性。这不仅有助于企业逐步淡化可能存在的“垄断”“扩张”“独利”等负面形象，亦可在增长放缓、盈利减少乃至复苏乏力等不利状况中帮助企业维持良好的绩效评价。具体而言，在效率话语层面，企业可向管理界、商业界输出科学生产、科学管理的创新模式与思想，或积极参加国内外高端论坛、行业年会，提出对行业发展、绿色转型等重大发展问题的独到观点，树立具有先进绿色理念的卓越企业形象，为企业未来在绿色市场中赢得更多主动权。在互惠话语方面，企业应更注重呈现自身经济收益与社会公益、绿色收益之间的关联，更充分地披露自身对绿色运营、零碳目标、环保社区、生态城市、新能源开发等业务领域的侧重和支撑，构建业绩与环境同步发展的共赢关系。

3. 社会服务话语的共担共创

针对类似“我做好事给你看”等陈旧话语已然失效的局面，在社会服务话语方面，企业应当结合社会责任的最新发展动向和社会发展前沿，努力打造“与公众共同解决社会问题”的行动倡导者和命运共担者形象。而这需要企业树立平等意识、对话观念，关切彼此的关切，积极塑造与利益相关者的“同在”关系。例如，为了延续“余物”（生活中被舍弃、被遗忘和被闲置的剩余物品）的价值及生命力，使公众见证“垃圾”重获新生并产生思考，华侨城发起的“余物新秩序”公共艺术展展出多种经策展团队、美术指导、艺术家、公众共同参与制作的创意展品，如“旧椅新生”的全过程影像，由各种看似无用的小物件蜕变成的创意戒指等。通过这种别开生面的信息传递，该展览带动公众更深入地反思日益高涨的消费文化、不计后果的消费模式、消费驱动的丢弃文化和污染后果，审视余物的宝藏价值和每一个人的环境责任。从长远看，企业又当构建平台型、参与型企业社会责任体系，在乡村振兴、零碳城市、国际生态保护等领域促进共建共治共享，打造责任品牌。这方面的案例详见本书第六章和第七章。

4. 科技创新话语的柔化表达

在传递科技创新话语时，大量使用生涩的专业术语无疑会使公众敬而远之，阻碍文本在公共话语空间的流通与传播。科技创新话语应在核心技术主张统摄下，一方面提升科技传播的量与质，强调科技创新驱动企业发展，将自身塑造为一家高科技企业，以技术标签替代诸如垄断企业、低端公共服务机构等带有成见的品牌标签；另一方面柔化技术表达，改善科技传播修辞，建立企业技术创新同公众生活场景改善之间的深度关联，如用“技术 + 绿色关键词”“技术 + 网络流行语”或“技术 + 具体绿色行为”代替过去传统的技术科普模式，对与时俱进的环保创新性成果进行生活细节转化和价值观赋加，解读技术创新的社会化意义。例如，华为在向社会推介其与雨林保护组织 RFCx（Rainforest

Connection）合作的“自然守卫者”项目时，并非一味地宣扬自身 AI 声学监测系统的行业领先地位，而是强调如何将 AI 人格化，让废弃的华为手机变成雨林的“耳朵”，实时监控盗伐者的电锯声和盗猎者的枪声，为生态学家提供数据支撑，深化品牌“让科技与自然共生”的守护者形象。

5. 典型人物话语的形象焕新

受到传统宣传思维惯性的影响，企业在人物的传播上，对于企业领袖的宣传“多且及时”，普通员工或受益公众的宣传则“少且模糊，形象单一”。在未来的品牌建设中，企业需平衡普通人物与领袖人物的报道比重，一方面着手打造多元领袖形象（包括企业的专业领袖、创新领袖、意见领袖）和标志性团队；另一方面对普通员工的描绘不仅仅局限在“爱岗”“敬业”“奉献”，或以居高临下的视角宣传对受益公众的救助这类单一的叙事线索之中。以科技人员的塑造为例，很多企业一度热衷的话语是“科研人员在极为艰苦的工作条件下抛妻弃子，排除万难取得科技创新”。这一模式使得故事中的人物不是缺少“人性”就是有些不通“人情”，受众看到的只是活化了的时代精神、社会规范或政治主张。近年来，公众更热衷看到“90 后教授”“斜杠青年”等极具话题性的人物形象，企业亦可考虑将内部研发人员打造成时尚品味不凡、具有人格魅力的“科技 KOL”。

6. 文化价值话语的温润启迪

企业的成绩、重大事件、业务创新等信息属事实性信息，关乎信念、道德、礼法、正义和公平的信息为价值信息。价值是企业的灵魂，优秀的企业会利用各种机会传播和凝聚自己的文化价值，并以此统摄面向不同利益相关者输出的差异化内容。如宝洁自成立以来，就将“向善”刻入自己的品牌基因，无论是为促进平等与包容而屡屡为性别议题、种族议题、边缘群体发声的公益广告，还是为应对气候变化开启的“净零2040”行动、“尽责尽美”环保公益计划，都是宝洁承诺践行“始于爱，向前行”，成为“向善向上的企业公民”行动的一部分。企业的文化价值话语理应有厚度、有温度、有亮度。这三个标准分别指向价值理念具有可延展的表达空间；通过诉诸感性的话语表达彰显人文关怀；避免直白讲述口号条文或空洞罗列理念设想，创新修辞方式和呈现手段吸引利益相关者的关注度与卷入度。在 2022 年世界地球日之际，美团化身让地球好好呼吸的“小帮手”——美团单车的车座酷似地球的鼻子，而骑行正是一种为地球减压的低碳行为，美团借“让地球好好呼吸”的创意倡导低碳出行，也让成就美好生活、爱护美好地球的“科技帮手”形象更加深入人心（见图 4—1）。

图 4—1　美团的“让地球好好呼吸”创意海报

第二节 讲好绿色品牌故事

对于企业而言，讲好品牌故事既与“讲好中国故事”“建设品牌强国”等国家战略相契合，又与自身加快做强做优做大，在日益激烈复杂的国内外竞争中成就世界一流企业的目标和使命密切关联，是构建企业形象、积累品牌资产，进而提升企业软实力的关键所在。所谓一语化千虑、一事胜万言，那些引人入胜、意象丰富、发人深省的故事，不仅利于企业品牌脱颖而出、深入人心，还能帮助企业收获广泛的美誉和持久的忠诚。本节将综合梳理品牌故事的构成要素及“好故事”的特征，结合“双碳”背景为企业讲好品牌故事提供指引。

一、故事之于品牌话语的价值

故事是对生活的隐喻，人们无须负担太多成本就能从中获得社会生活的替代性经验，享受知识与情感的双重满足；故事也是令人不设防的说服杠杆，故事传达的意义往往披着情感的外衣，令人们卸下理性盔甲沉浸其中与之共情；故事更是凝聚社会认同的黏着剂，通过一套共同的价值观加强文化联结、减少社会摩擦。① 诚如历史学家尤瓦尔·赫拉利（Yuval Noah Harari）所言，就算是大批互不相识的人，只要同样相信

① 歌德夏：《讲故事的动物：故事造就人类社会》，许雅淑、李宗义译，中信出版社 2017 年版，第 79、204 页。

某个故事就能共同合作，这是人类之所以能创造出数万居民的城市、上亿人口的帝国的关键。[①] 故事在品牌传播领域也同样彰显出卓越的劝服效果和舆论引导潜能。

第一，故事能更生动形象地传递信息，激发利益相关者的兴趣与关注，深化其对品牌属性的认知。例如，通用电气（GE）通过让雪球在 1000 度高温中保持完整无损、用瓶子捕捉闪电驱动汽车等挑战传统认知的实验故事，彰显其品牌突破常规、不懈创新的精神。又如，瑞士环保包袋品牌 FREITAG 取材于从世界各地回收的旧卡车皮和安全带，为了证明其包袋的耐用性，该品牌讲述了一个“地狱级”的质检故事：用各种匪夷所思的方式蹂躏、撕扯包袋，但其依然完好无损，以此传达 FREITAG 提升产品耐用性来降低包袋更新频率、减少浪费的可持续理念。

第二，故事赋予品牌超越功能利益的象征价值，更易创造联想、营造好感。中国台湾地区 7—Eleven 旗下的 CITY CAFÉ 长年致力于用一杯咖啡向都市上班族讲述“我懂你”的故事。在微电影广告《一分钟探索影展城市之间》中，CITY CAFÉ 把时间拟人化为一个小男孩，他总爱胡闹，让人措手不及，很形象地表现出大城市白领们疲于奔命的日常；但当你选择跟他说“暂停一下”，他会在这一刻和你好好相处，此时你停下来喝一杯咖啡，城市的一切都不再迫在眉睫。影片呈现的故事及其“从时间，偷一杯时间”的文案让人产生听从内心召唤、享受片刻放松的美好意象。

---

① 赫拉利：《人类简史：从动物到上帝》，林俊宏译，中信出版社 2017 年版，第 40 页。

第三，故事有利于塑造有血有肉、个性十足的人格化品牌，与利益相关者构建价值共同体。户外品牌Timberland（添柏岚）来自常年雨雪交加的美国新罕布什尔州，防水、防滑、保暖一直是该品牌皮靴的核心卖点。进入中国市场后，Timberland发现中国消费者会用“踢不烂”一词代指其品牌，这既源于品牌名称的谐音，也因为产品足够耐穿的特点。据此，Timberland顺势而为，推出了《真，是踢不烂的》《未完成》《没有穿不坏的鞋，只有踢不烂的你》品牌故事三部曲，向用户传达追求自我、坚持梦想、敢想敢做的“踢不烂”精神。在这里，“踢不烂”既是品牌名称，又是产品特点，更是品牌与用户的共同追求——穿上“Timberland”就意味着你也能成为“踢不烂”的人。

故事拥有号召人们加入品牌活动、参与改变世界的力量。当故事技巧性地把意义包裹在戏剧中，受众非但不会感受到说教，还会在他们发现故事意义的顿悟时刻激发出强烈的情感、共鸣与行动。因此，好的品牌故事不仅对企业有益，也可以同时创造出广泛的社会价值，形成推动社会进步的强大动力。美国公益组织Sandy Hook Promise在2016年发布的一则呼吁预防校园枪支暴力的故事即是一个代表性案例。该故事的前半部分讲述了高中生男孩Evan通过各种努力寻找与他借助图书馆座位留言交谈的女孩的青春校园故事，然而就在两位年轻人终于得以相见的美好时刻，一个持枪少年的“突然”出现让一切化为了泡影。事实上，这位持枪少年在故事中有着多次现身：他因遭受校园暴力而心理扭曲，常常在图书馆翻阅枪支杂志、在视听室观看射击视频、在社交平台晒出持枪自拍、在课堂上模拟开枪动作……但故事内外的所有人却都没有注意到这些细节，也因此没能阻止悲剧的发生。通过这则故事，

Sandy Hook Promise 提醒人们留意身边的人与事，提前预防和阻止校园枪支暴力。这方面的例子还比如英国百货公司约翰·路易斯发布圣诞广告片《月球上的孤独老人》呼吁人们关爱孤寡老人；中国银联设计“诗歌 POS 机”，在把孩子们写诗的故事讲给人听的同时，让人们更多地关注那些山村里的留守儿童，等等。

二、品牌故事的构思及评价

在商业语境中，生动有趣、真实可信且能引人参与的品牌故事，可用于传递或支持战略信息，也可以用来阐明或增强品牌愿景、客户关系、组织价值观和经营战略。① 为了打造优秀的品牌故事，企业需掌握品牌故事的构思路径及要素，明确好故事应该达到的标准。

（一）品牌故事的构思路径及要素

虽然故事有诸多变体，但其创意设计大致可以总结为以下三个阶段。②

1. 洞察目标受众

洞察不仅指借助调查手段获取目标受众的年龄、性别、收入、教育水平等人口统计学信息，更需要故事讲述者实时捕捉社会情绪，倾听多

① ［美］戴维·阿克：《品牌标签故事：用故事打造企业竞争力》，高小辉译，机械工业出版社 2020 年版，第 13 页。

② ［美］罗伯特·麦基、［美］托马斯·格雷斯：《故事经济学》，陶曚译，天津人民出版社 2018 年版，第 90—103 页。

元诉求，探测出隐匿于目标受众内心深处未与外人道的问题或是尚不自知的需求，如此品牌故事才能直抵人心。个人护理品牌多芬（Dove）就长期围绕女性群体日益严重的外貌焦虑问题讲述品牌故事，并从2004年开始用十余年的时间坚持推动“真美运动”（The Campaign for Real Beauty），通过多种讲述形式，向社会呼吁打破对女性的刻板印象和对“美”的局限性定义，鼓励更多女性认识自己的美丽而非变得更美，帮助她们提高自尊和自信。这一主张不仅切中当代女性的心声，更向外界传递出一种“自信美”的价值，因而赢得了社会赞誉。

2. 明确故事主题

故事主题一般由社会背景、主要人物、核心价值这三大要素构成，是整个故事的叙事框架。

背景指故事中发生的事件以及人物行为所背靠的环境集合，可划分为时代、期限、地点和冲突四个维度[①]：（1）时代，即故事在时间中的位置，如故事是发生在当下抑或是某个特定的历史时期；（2）期限，指故事本身的时间跨度；（3）地点，指故事在空间中的位置，这既包括故事发生的物理位置，也包括故事发生的社会位置，如故事人物所处的社会阶层；（4）冲突，指向故事涉及的“斗争”层级，比如是聚焦人物内心的冲突，还是人际间的冲突，又或是与环境力量的对抗等。设定合理的故事背景有助于受众确认故事所描绘的宏观世界，为事件的演变和人物的行为提供条件及理由，还可帮助渲染故事的叙事基调，从而服务于故事意义的建构。

① ［美］罗伯特·麦基：《故事——材质·结构·风格和银幕剧作的原理》，周铁东译，天津人民出版社2014年版，第71—76页。

人物是故事情节的“行动元”及“施动者”。在以情节为中心的故事中，人物多作为事件的参与者或行为的行动者存在，其心理、行为、情感与道德观念（即他们是谁）通常是第二位的，其在推进情节过程中的“角色”和“功能”（即他们做了什么）才是第一位的，因此无需对人物本身进行过多刻画。而在人物中心的故事中，人物居于情节之上，行动更多是为了例证人物本身的特性。对于这类故事，人物的塑造涉及所有使其独一无二且能够令人信服的特性，既包括外表特征，如外貌、年龄、性别、行为；也包括其深层性格，诸如诚实或虚伪、勇敢或懦弱、慷慨或自私；能否深刻而真实地揭示人物的深层性格，在很大程度上决定了故事能否成功。

核心价值是故事想要建构、阐发与分享的意义，是故事的灵魂与脉搏，统摄故事的所有人物与情节。故事之所以能够牵动人心，是因为故事的进路总是在人类经验的普遍特征——生 / 死、勇敢 / 怯懦、勤奋 / 懒惰、成熟 / 幼稚、智慧 / 愚昧、自由 / 暴政、成功 / 失败、真理 / 谎言、兴奋 / 无聊、爱 / 恨等一个至多个二元对立的价值观里反复跳转。换言之，只有表达具有普遍性的人性体验的价值主题，才能够在与受众的沟通中找到一种“背景”，将故事和他们的生活联系起来，激发受众的同感与共情。

3. 设计博弈事件

事件是故事必不可缺的构成要素。事件创造出人物生活情境中富有意味的变化。这种变化通过上述价值观的正负转换来表达和经历，并通过一系列的冲突事件完成。① 一个故事会包含多个事件，事件的组织结

① ［美］罗伯特·麦基：《故事——材质·结构·风格和银幕剧作的原理》，周铁东译，天津人民出版社 2014 年版，第 32 页。

构可表现为由激励事件、欲望对象、策略选择、悖反期望、危机洞察、高潮反馈组成的求索过程①，以增加故事的跌宕性和吸引力。这里以支付宝 2019 年发布的 15 周年品牌微电影《奇点》为例对此进行具体说明。

借用指代宇宙演化起点的“奇点”之名，影片《奇点》追溯了支付宝的第一笔交易。2003 年 10 月 12 日，支付宝的前身“交易担保”收到了第一笔订单（激励事件）：远在日本留学的叶保平打算卖掉手上的旧相机，来自陕西西安的大二学生赵振华成为了它的买家。然而出于对网购的陌生和不信任，赵振华很快后悔并申请了退款。为了促成平台建立以来的第一笔交易（欲望对象），支付宝的初创员工们向赵振华提供了公司营业执照、卖方银行账户等信息（策略选择），希望打消他的疑虑，却都没有见效（悖反期望）。此时，员工陈晨意识到问题的症结在于很难让消费者无故相信一个素未谋面的卖家（危机洞察）。于是在与赵振华的持续沟通中，她提出愿以一个月的工资为这笔交易进行担保。最终，陈晨的执著与诚恳赢得了赵振华的信任，这笔交易也使支付宝完成了从 0 到 1 的蜕变，确立了中国网络交易的信任机制。这一起点，也是支付宝如今发展为全球超 10 亿人使用的金融及生活服务类电子商务平台的那个最初的“奇点”（高潮反馈）。

（二）什么样的故事是好故事

故事是一个包含复杂结构的叙事文本，背景、人物、价值诸要素构成了故事的基本样貌。不过，好故事并非这些要素的组合堆砌，而是在

---

① ［美］罗伯特·麦基、［美］托马斯·格雷斯：《故事经济学》，陶曚译，天津人民出版社 2018 年版，第 98—99 页。

主题、人物、情节、细节等方面独具匠心。

1. 善用价值主题延展故事生命力

好故事如同一座生生不息的精神堡垒，这种生命力来源于输出一个值得反复讲且能不断延伸演化、让用户始终听得进的价值主题。价值主题除了如前文所述具有人类普遍的共同经验这一特征，往往还具备一定的教育感化意义。如保拉·拉罗克所言，原型故事都有道德原则和警示世人的作用①。好故事产生的教益是其能够引起用户共鸣的关键之一。教益越重要，故事的附加值就越大。但这并不意味着故事要注重说教，所谓的教育意义，是让用户通过阅读、观看、倾听去体验故事中的人与事，从而重新发现自己、发现生活，去欣赏、去学习，去增加生活的深度，去照亮自己的日常现实。

2019 年以来，中国银联接连推出《让山里的才华被看见》《大山里的小诗人》《三千尺》《普杰的冬天》《6000 公里的诗集》《诗歌长城》等公益影片，讲述了一群远离父母偷偷长大，把心事写在山风、林间、溪流、土地和夜空里，与诗歌相伴的留守儿童的故事。在我国农村留守儿童已达 600 万的社会背景下，这些故事把孩子们的天真质朴、自然可爱、孤独坚强和创意才华通过唯美的视觉语言传递给社会公众，不仅唤起了人们对留守儿童的关注，也破除了很多人对他们的刻板印象。后来，中国银联推出了“诗歌 POS 机”活动，将中国银联的支付终端产品 POS 机改造成“会吐诗的 POS 机”（见图 4—2），人们只需在 POS 机上使用手机闪付支付 1 元，就可获得一张印有孩子们诗歌的 POS 单，

① ［美］保拉·拉罗克：《写作之书》，张铮译，江西人民出版社 2019 年版，第 121 页。

这些虽然只有三言两语却能直抵人心的内容引发广泛共鸣，“诗歌 POS 机”活动由此获得了强烈的社会反响：活动相继在上海、厦门、深圳、广州、成都、北京等多个城市开展，超百万人参与；微博线上话题 # 中国银联诗歌 POS 机 # # 让山里孩子的才华被看见 # 阅读量均突破 2 亿；其还带动了农夫山泉、央视新闻、人民日报等企业和媒体机构进行跨界联动，将“让山里的才华被看见”延展为一个可持续的公益 IP。中国银联作为会讲故事的“银联影业”形象也伴随着系列传播活动而更加深入人心。

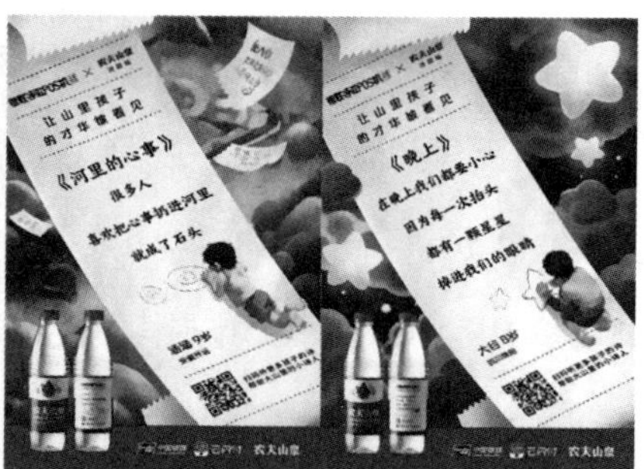

图 4—2　中国银联“诗歌 POS 机”让山里的才华被看见

2. 塑造令受众移情的“圆形”人物

故事想要实现其劝服的目标，一个重要的前提和途径是能够让受众与故事中的人物感同身受，产生一起感受痛苦、挫败、希望与喜悦，最终发现生活的意义，实现共同成长的“移情”体验。而只有当观众下意识地分辨出角色自内而外流露的人性光辉时，才会基于移情作用和核心人物产生心理连接。①

① ［美］罗伯特·麦基、［美］托马斯·格雷斯：《故事经济学》，陶曚译，天津人民出版社 2018 年版，第 65 页。

经典叙事学将故事人物分为扁平人物（flat characters）和圆形人物（round characters）两类。[①] 圆形人物的性格往往更加丰满立体，一般不遵循好与坏这一简单的分类方法，而是呈现出人性的复杂性和多面性，能够随着情节的发展不断学习和成长，如自私的人也会舍己救人，英雄人物也有胆小怯懦的一面。相反，扁平人物在故事中采取一以贯之的叙述方式，常表现为：（1）雕像化，塑造的人物高高在上，空洞说教，没有亲切感；（2）画像化，人物的形象千人一面，毫无特色；（3）神像话，故意回避人物缺点，营造光环效应，缺乏可信度；（4）蜡像化，看似栩栩如生，实则毫无情感和生命力[②]。显而易见，只有多维的圆形人物性格或行为中的矛盾折射出的复杂人性才更迷人。例如中国台湾地区大众银行在《梦骑士》微电影中呈现的五位平均年龄 81 岁的老人，尽管他们分别患有癌症、心脏病、退化性关节炎等疾病，但却毅然地在人生的末尾选择再“年轻”一次。经过 6 个月的艰苦准备，他们拔掉吊针、丢掉拐杖，考出摩托车驾照，换上机车服装，带着故去爱人与老友的照片，踏上了 1139 公里的环岛旅程。影片发布后，这五位驰骋人生的耄耋老人令无数人动容，也让大众银行的品牌价值理念“不平凡的平凡大众”深入人心。

3. 设计容易唤起受众共鸣的情节

好故事会将不同事件组合成一个具有战略意义的序列，构筑场景转折，提升叙事悬念，让读者看到从故事的“此岸”历尽千帆到“彼岸”的变化和升华。英国作家克里斯托弗·布克（Christopher Booker）通过

① ［英］E.M. 福斯特：《小说面面观》，冯涛译，人民文学出版社 2009 年版，第 37—72 页。

② 程家驹、曹星光：《突破典型报道的传统模式》，《军事记者》2003 年第 5 期。

对文学作品、电影和电视节目的分析，提炼出七种最易与受众产生共鸣的情节，分别是征服怪物（overcoming monsters）、白手起家（rags to riches）、不懈追寻（quest）、旅程（voyage and return）、喜剧（comedy）、悲剧（tragedy）与涅槃重生（rebirth）。① 结合本章讲好绿色品牌故事的目标和需求，在此着重介绍以下四类情节：

（1）征服怪物。怪物既包括人物内心或机构内部的邪恶与缺陷，也包括外部环境的阻碍与威胁。征服怪物的基本情节是“英雄”发现“怪物”威胁到目标实现，历经困难并最终战胜怪物，诸如个体克服弱点、自我救赎的蜕变故事；奋勇抗争、保卫家园的战争故事；治理污染、保护环境的生态故事。

（2）白手起家。即一位普通人从底层起步，最终实现惊人的成功。这一情节之所以备受欢迎，在于它能给人们以希望，令人们在敬仰这类人物的同时感觉自己也有可能获得成功。典型的例子如创业故事、平民英雄故事。

（3）不懈追寻。指“英雄”为了寻找对自己或整个社群的未来至关重要的一样东西、一个人或是某种信息，不得不离开日常生活而展开的求索过程。老一辈中国共产党人探索救国真理、当代国人艰苦奋斗建设祖国家乡、科研人员刻苦攻坚终获技术突破等均属于此类情节。

（4）涅槃重生。重生就是从悲惨的失败里重夺胜利。在这一情节中，“英雄”一般会克服压倒性的负面情境而取得胜利，因此会让受众感受到非凡的希望和鼓舞。这里的“英雄”可以是一个人、一个组织、

① ［美］尼克·南顿、［美］杰克·迪克斯：《故事营销有多重要：用终极故事和传媒思维打造独特品牌》，闾佳、邓瑞华译，中国人民大学出版社 2016 年版，第 71—75 页。

一座城市，或者是一个民族、一个国家。

需要说明的是，以上几种情节可能同时出现在一个故事当中。不过，应该至少有一个情节在所讲述的故事中占据主要地位。

4. 丰富细节描写令故事更具感染力

契诃夫有一句名言："不要告诉我月亮有多亮，拿一块碎玻璃让我看看它折射的光。"①故事的可信度和感染力很大程度上取决于讲述的细节。故事所要传达的意义以及其他任何抽象的观点，都必须具体、形象地通过人物或事件展示出来，否则故事便会沦为空洞的说教。

好故事会将无形变为有形，把抽象转化为具体。世界最大的百万亩人工林海，被誉为"绿色长城"的塞罕坝林场一年能够固定二氧化碳 86.03 万吨。于多数公众而言这是难以理解的抽象数字，但假如在报道中转化成"固定的二氧化碳足以抵消 86 万辆家用燃油轿车一年的二氧化碳排放量""年释放氧气 59.84 万吨相当于 219 万人呼吸一年空气的氧含量"②，公众就会对这道绿色生态屏障发挥的功效有更直观的感知。故事讲述者也可重点刻画能够还原事件场景或人物生活情境的细节。比如为了监测火情，塞罕坝林场需安排瞭望员长期驻扎在视野开阔、人迹罕至的望火楼。《南方人物周刊》在报道《塞罕坝 60 年：荒原、林海与三代人的时间》中描述了一个瞭望员的生活细节，"去趟县城参加同学聚会，站在路边看着斑马线，愣是不敢过。同学们见了面谈天说地，一

① ［美］丽萨·克龙：《你能写出好故事：写作的诀窍、大脑的奥秘、认知的陷阱》，秦竞竞译，陕西人民出版社 2014 年版，第 162 页。

② 《世界最大人工林！塞罕坝建起"绿色长城"守护京津冀生态安全》，2022 年 8 月 4 日，见 https://baijiahao.baidu.com/s?id=1740216910005883468&wfr=spider&for=pc。

句话也插不上”，以强调瞭望员“与世隔绝”的生活环境。但即便如此，防火责任重于泰山的信念依然驱使着他们克服困难与林场为伴，这也成为“牢记使命、艰苦创业、绿色发展”这一塞罕坝精神的缩影。

三、基于“和谐共生”挖掘绿色故事

鉴于故事传播对品牌形象构建的积极意义，近年来我国企业也掀起了“讲故事塑品牌”的热潮。国资委在2021年中国企业全球形象高峰论坛上也明确提出，“新时代新形势下，我们要面向全球更好讲述央企故事、传播国家形象”，要求“讲好中国企业开拓创新、协调发展、绿色发展、开放发展、共享发展的故事，展现充满活力、和谐文明、清洁美丽、互利共赢、和合共生的中国形象”。① 其中，绿色发展故事虽涵盖了人、自然、社会和谐发展的方方面面，却始终应当统摄于“人与自然和谐共生”这一共同价值内核。将此与前述讲故事的方法相结合，企业可从如下四个维度挖掘与讲述绿色故事。

（一）彰显“绿色智慧”的共生故事

“绿色智慧”指在“双碳”背景下能够彰显理念创新、模式创新、技术创新的生态故事，在故事情节的设计上可与前文提及的“打败怪物”“不懈追寻”相呼应。例如浙江安吉余村的村民关停矿山工厂，从“卖石头”到“卖风景”，形成了可持续的乡村生态经济的故事，就是对

① 《2021·中国企业全球形象高峰论坛：讲述央企故事　传播国家形象》，2021年12月8日，见https://baijiahao.baidu.com/s?id=1718565849229721559&wfr=spider&for=pc。

“绿水青山就是金山银山”这一独具中国特色的“绿色智慧”的最好诠释；在成都硗碛乡，从“人熊相争”到把保护大熊猫写进村规民约，村民为与大熊猫为邻而感到自豪的“人熊共生”的转变，也是“人与自然和谐共生”的典型范本。

对于企业而言，讲好“绿色智慧”故事的一大难点在于对技术与管理的创新的宣传往往具有一定程度的专业壁垒，常令用户感到枯燥乏味。为了让这份“智慧”散发出人的光芒，企业可将故事的落点聚焦在对人、自然以及社会和谐发展的关怀上。在罗马尼亚，每年春天约有一万只鹳迁徙至此，但由于鹳群习惯在电线杆上筑巢，引发了多起火灾、鸟类触电死亡的事故。对此，意大利绿色电力公司（Enel Green Power）讲述了一个如何让鹳放心地“安家落户”的故事。罗马尼亚的电缆长达 9 万公里，电线杆有数十万根，为了更高效地排查风险，公司与罗马尼亚鸟类学会共同创建了一个能够上传鹳巢 GPS 定位的应用程序“Nest Address”，并通过电视新闻等渠道动员民众一起参与到定位鹳巢的行动中，企业收到定位即会派出检修小组检查和保护巢穴。最终，这项活动保护了约 80%的迁徙鹳群，“Nest Address”程序也成为当地保护生物多样性的长期解决方案。对于这则故事，宣传程序的开发与维护技术显然是无趣和不明智的，相反，把叙述的焦点对准免受电击的鸟类，则能通过以小见大的方式提高企业“绿色智慧”带给利益相关者的切实受益感。

（二）谱写“绿色传奇”的共生故事

“绿色传奇”对应着上文提及的打败怪物、不懈追寻、白手起家的故事情节，可用于传达特定主体在生态保护、绿色发展方面的不懈坚守与非凡成就。从一棵树到一片“海”的塞罕坝林场故事就是“绿色传奇”的一个生动注脚。20世纪50年代，北京年均沙尘天数为56.2天。如果堵不住距离北京直线距离180公里处的沙源头浑善达克沙地，北京将面临沙化的风险。塞罕坝被视为阻隔风沙的屏障，1962年原国家计划委员会以共和国名义发出号召，呼吁一批有知识、有担当、有抱负的青年林业人员到塞罕坝。由此，369名平均年龄不到24岁的青年开始了艰难的开荒过程。截至2021年11月，塞罕坝机械林场的林地面积由24万亩增加到115.1万亩，森林覆盖率由11.4%提高到82%，每年提供的生态系统服务价值高达155.9亿元。①2017年12月，联合国环境规划署宣布，中国塞罕坝林场建设者获得2017年联合国环保最高荣誉“地球卫士奖”。2021年9月，在“黄沙遮天日，飞鸟无栖树”的荒漠沙地上艰苦奋斗、甘于奉献，创造了荒原变林海的人间奇迹，用实际行动诠释了绿水青山就是金山银山的理念，铸就了牢记使命、艰苦创业、绿色发展的塞罕坝精神被纳入中国共产党人的精神谱系。“塞罕坝”三个字已不仅仅是一个地名，更是一种奇迹、一种理念，是生态文明建设的生动范例。

（三）抒发“绿色情怀”的共生故事

情怀站在功利的对立面，指向淳朴、真挚、美好、奉献。无论是白手起家、打败怪物，还是涅槃重生的“英雄叙事”，若是超越自身得失，凭借一腔热忱献身公共事业，都会具有触动人心的情怀感召力。情怀往

① 《塞罕坝60年》，2022年8月7日，见 https://mp.weixin.qq.com/s/F3VrBnQ99MvXJaxI-pAAaWw。

往带有不计回报的公益性质，在实践中常表现为个体或群体受到某一环境或社会议题的驱动而加入一个鼓舞人心的事业或项目。例如深圳的一群潜水爱好者在目睹当地珊瑚恶劣的生存环境后，组建了国内唯一的民间珊瑚保育组织“潜爱大鹏”，十年期间种植了五千多株珊瑚，在众多人心中种下保护海洋的种子的情怀故事。

方太的品牌故事也一直以“情怀”见长。当全球近千家油烟机厂商都在谈论油烟的危害时，方太洞察到虽然人们始终在研究油烟、吸除油烟、驯服油烟，但油烟也是为家人下厨的痕迹，是爱的印记。于是方太上门收集烟机油盒中的废油，将其转化成油墨，制作成一本用油烟印刷的书籍《油烟情书》，收录了从名人大家到寻常人家的68封爱的书信，传递出方太为你吸除油烟伤害、只留下柴米油盐中的爱的价值理念。数年后，这份爱从小家庭蔓延到大家园。站在人类命运共同体的格局和视野之下，方太发现不同世代都在为建造更好的地球做着力所能及的事：20世纪80年代，投身“三北”防护林工程的人们用一辈子造一片林，在沙漠上造绿洲；20世纪90年代，黄河湿地的护鸟人不分日夜与违法分子做斗争，用守护谱写飞鸟画卷；迈入21世纪，年轻人用自己的方式抒发对地球的爱意，采用环保染料，经营循环书店，给旧物以新生回报地

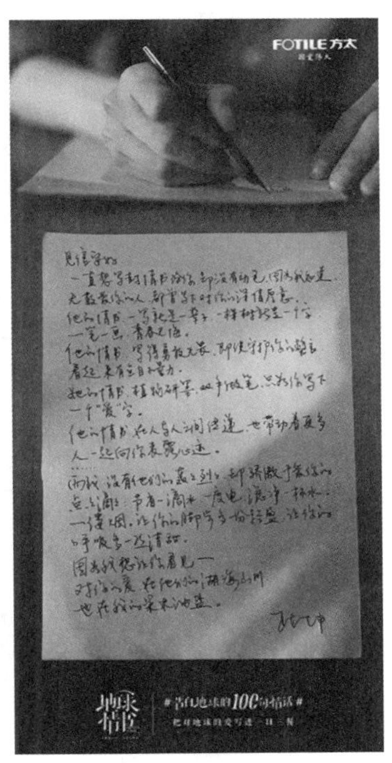

图4—3　方太代言人陈坤手写“情书”告白地球，在柴米油盐中用点滴行动书写对地球的爱

球馈赠……方太把这些真实故事拍成影片、写成字句、谱成情歌，收录进《地球情书》。在这封情书里，对地球的爱既在远方的山川湖海，也在日常的柴米油盐：节省一滴水、一度电，滤净一杯水、一缕烟，将随手环保融入一日三餐，举手投足都是写给地球的情书。①

（四）散发“绿色魅力”的共生故事

“绿色魅力”故事跳脱出生态故事常用的以恐惧诉求为主的“灾难叙事”基调，而与“美好”“自然”“陪伴”“守护”等正面意象相关联，直观地向受众展示践行“双碳”理念和生态环保行为带来的绿色效益，以及由此呈现的人文、社会、生态等多个方面的独特性与吸引力。

牵动全世界目光的“亚洲象北迁”即是“绿色魅力”故事的典型案例。2021 年 8 月，14 头北移亚洲象跨过云南元江，开始了为期 17 个月、总长 1300 公里的“奇幻旅行”。起初，媒体的关注点聚焦象群北迁与栖息地破坏、人象冲突等话题。然而伴随象群迁移的持续，当地政府与民众一路精心管护的“护象行动”以及大象憨态可掬的生活状态令这些亚洲象一时间变成了“国际明星”，不仅吸引了世界各地的媒体关注象群北迁的路线和趣闻，也借着这股全球“追象热”，向海外公众充分展现了云南的生物多样性之美、人象和乐之美以及人与自然的和谐之美。

又如，2016 年蚂蚁森林上线后，“手机种树”成为环保新潮流，也让遥远的造林工程变成一项人人可参与的全民行动。蚂蚁森林 2020 年发布的形象片《种》，就讲述了三则与种树有关的真实故事：一是祖孙

① 《方太 × 陈坤〈地球情书〉：爱在柴米油盐》，2022 年 3 月，见 https://www.digitaling.com/projects/199114.html。

三代在甘肃八步沙种树治沙的郭翊，用互联网治沙的新方法，在蚂蚁森林354号林种植了3600亩梭梭；二是云南的赵定宝和杨瑞桃因“云龙滇金丝猴廊道修复项目”相识相恋，通过种树，二人不仅为两个金丝猴种群成功建起了基因交流通道，也一起携手走入了婚姻的殿堂；三是父亲沈勇带着4岁的女儿来到阿拉善左旗额尔克哈什哈苏木，寻找女儿出生时他通过蚂蚁森林种下的一颗花棒，却意外地看到8285亩花棒争相绽放的壮观景象（见图4—4）。通过这三则故事，《种》讲述了中国人对树、对绿色、对美好未来的追求和信仰，真实人物、实景拍摄的叙事手法也在第一时间将观众带进了那片连绵的荒漠与荒山之中，通过感受每一位种树人的可爱、倔强、笃定与坚守，领略着生存在这片土地上的人民的力量与非凡的精神。

图4—4　蚂蚁森林公益形象片《种》

第三节　创新跨媒介品牌叙事

在全媒体背景下，品牌传播迈入跨媒介融合叙事新阶段。过去固定、静态、被讲述的故事文本呈现为一个开放流动的、碎片化、沉浸式、交互式的叙事空间。受众亦不再满足于阅读和观看既定的故事，而期望成为某个可观可游可玩可居可探的“故事世界”的漫游者。① 品牌故事的跨媒介传播，就是通过故事的要素融合、传播媒介的技术融合、故事受众的参与融合，实现多种叙事网络的交错互文与博弈互动。② 企业需充分考虑诉求各异的利益相关者在不同媒介平台的信息接触偏好，设计有效联动、彼此互补的跨媒介传播方案，力争使分散的品牌传播活动形成构建企业品牌资产的合力，使每一次发声都能触及并且打动特定受众，成为品牌传播旋律的和谐组成。

一、彼此互文的跨媒介叙事

随着媒体融合的纵深发展，建立全媒体矩阵早已成为企业品牌传播工作的“标配”，但多数企业品牌话语的跨媒介传播还停留在把同质内容平移到不同平台的媒体组合阶段，一直难以走出量高质低的怪圈。

跨媒介叙事的核心不在于跨越了多少个媒体平台、融合了多少种媒介形态，而在于不同媒介的自有属性及其文本对整个故事作出何种独特且有价值的贡献。一个故事可能以电影作为开头，通过电视、小说以及连环漫画展开进一步讲述，故事世界可以通过游戏来探索，或作为一个娱乐公园景点来体验。③

① 陈彧：《故事世界的洋葱模型与“中国故事世界”的建构路径》，《当代传播》2021 年第 2 期。

② 陈先红、宋发枝：《讲好中国故事的融合叙事策略》，《新闻与写作》2019 年第 5 期。

③ ［美］亨利・詹金斯：《融合文化：新媒体和旧媒体的冲突地带》，杜永明译，商务印书馆 2012 年版，第 157 页。

“互文性”（intertextuality）是跨媒介叙事最为显著的特征。互文理论认为，没有任何文本是真正独创和独立存在的，所有的文本必然是相互参照、彼此牵连，形成一个连接过去、现在、未来的巨大的可供无限延伸的符号网。① 在美国传播学者亨利·詹金斯（Henry Jenkins）提出的跨媒介叙事理论中，这张符号网就是通过不同媒介以文字、图片、音乐、影像、VR、游戏等载体围绕同一个“故事核”不断演绎、重构、创造所织就的。

形成跨媒介互文的一大关键在于扩展（expand）而非改编（adaptation）。改编指小幅度改动原作品将其发布在新的媒介平台，对于原始文本无法产生更多的信息增量；扩展则是引入新的时间线、人物视角、叙事情节等元素让受众对原始文本有了新的理解。例如《哈利·波特》系列从小说转化成电影是成功的改编，而《神奇动物在哪里》由于引入了新的角色和情节则是对这一 IP 的全新扩展，它们的内核都是由 J.K. 罗琳（J.K.Rowling）与华纳影业携手打造的以霍格沃茨魔法学校为故事背景、以爱与救赎为价值主题的成长故事。

二、跨媒介叙事的基本特征

跨媒介叙事的互文性强调了它不是针对同一故事的反复讲述，而是根据不同媒介特性设计与之匹配的故事情节与表现形式，吸引用户主动探索乃至共同参与创作的整合型传播策略。以跨媒介叙事理论为基础，

① 罗立兰：《符号修辞：基于 IP 电影的跨媒介互文传播解读》，《东南传播》2017 年第 5 期。

我们可将跨媒介叙事的基本特征总结如下：[①]

（一）可供勘探与激励分享

尽管跨媒介叙事意味着一个故事文本的完整元素被系统分散在不同传播渠道，但切入这个故事世界的每个系列项目必须是自我完备的独立产品[②]，不需受众借助额外的媒介接触经验来理解当下情境。例如，在由小说、电影、游戏、游乐园等媒介形式构成的哈利·波特魔法世界中，非影迷也能体会到主题乐园的乐趣，反之亦然。可供勘探的跨媒介叙事往往会借助前文提及的“元故事”模型吸引用户进入故事世界，并引导他们挖掘更多的细节、推动其持续进行探索。激励分享则要求通过设计某种机制，鼓励受众积极地通过社交网络表达感受、交流互动，例如解读故事、剖析人物、预测进展等。当受众乐于将自己的感悟与他人分享，多元的经验碎片就能拼凑成更完整的故事画卷，为其带来更丰富立体的故事体验。

（二）多元视角与连贯景象

跨媒介叙事通过协同各媒介优势创造综合性体验，各个媒介或平台主要提供独一无二且相互指涉的内容，多元视角让受众在累加的叙事接力中获得全新的体验和乐趣。被詹金斯视为跨媒介典范的“星球大战”

---

① HENRY JENKINS, *The Revenge of the Origami Unicorn:Seven Principles of Transmedia Storytelling,* 2022.8.12, http://henryjenkins.org/blog/2009/12/the_revenge_of_the_origami_uni.html.

② ［美］亨利·詹金斯：《融合文化：新媒体和旧媒体的冲突地带》，杜永明译，商务印书馆 2012 年版，第 157 页。

即是由系列电影、动漫作品、游戏产品等协作叙事而成，当故事内容从电影进入到游戏领域时，往往不会再重复已有情节，而将电影作为游戏展开的前情提要，观众可根据个人意愿选择不同平台切换视角感知其构建的虚拟世界。深度的跨媒介受众往往愿意花费额外的时间和精力，在故事宇宙中寻找不同故事文本之间的关联，也因此比单一媒介受众更能窥见故事全貌。同时，多元视角还可将受众的参与式创作及其他不背离故事基本设定的非官方表达也纳入到跨媒介叙事之中。借用数字叙事研究者玛丽－劳拉·瑞安（Marie-Laure Ryan）的比喻，原始文本所展现的故事图景就像一块充满孔洞的奶酪，多元视角的功能就是填补这些孔洞，以便欣赏者们能够在头脑中形成更加完整连贯的景象。①

（三）故事世界可沉浸与故事元素可提取

跨媒介叙事大多不是基于单个人物或情节，而是通过多个相互关联的人物及其故事的“世界构建”来实现。例如在阵容庞大的“漫威电影宇宙”中，一部影片的主角可能在另一部作品中仅仅作为交代背景的支线人物存在，通过不同人物间的呼应来扩大故事的容量与边界。故事世界既要令人们沉浸其中，如资深影迷自发地捕捉散落在不同作品中的元素并将其整合为完整的人物或情节关系图谱；也要能够与人如影随形，让故事成为可随身携带的“纪念品”。当人们看完迪士尼的电影，走进主题公园的礼品店购买人物手办、角色的服装和道具，就是提取故事中

① 黄玲、王乃璇、程砾瑶：《网络文学跨媒介叙事：后经典叙事时代的液态文学及叙事特征》，《辽宁师范大学学报》2021 年第 4 期。

的元素点缀日常生活，故事元素的可提取不仅使故事可以附着在更多传播载体上，也会左右故事文本的发展。成功的跨媒介叙事通常建立在故事世界的可沉浸与故事元素可提取的平衡之上。

（四）用户主导叙事进程

跨媒介的叙事延伸可聚焦于填补既有故事的空白，或讲述原始文本未及展开的支线故事，抑或向观众展示其他角色的经历。而实现多平台故事之间的彼此呼应，前提是考虑到用户对叙事进程的主导作用，把主导权移交至他们手中。在跨媒介叙事中，用户行为制约着故事叙事的铺展。一方面，数字化叙事文本往往要根据用户的指令一步步展开，如在H5页面中节点的设置造成了叙事的搁置，只有用户点击才能推进故事的讲述；用户的选择可能会触发不同的故事情节和走向。另一方面，跨媒介讲述的不是一个单独的故事，更多分支剧情的解锁有赖于用户主动探索的意愿，用户对故事的挖掘、解读、讨论与分享也将作为整体叙事发展的动力，左右跨媒介叙事的成败。

（五）展现集体智慧的想象力

跨媒介叙事是一种集体智慧美学。法国文化学者皮埃尔·莱维（Pierre Levy）认为，集体智慧（collective intelligence）指社区利用其成员的知识和技术专长的能力，通过大规模合作实现知识生产和知识流通的新社会结构。集体智慧在跨媒介叙事中扮演着文化吸引器（cultural attractors）的角色，凭借故事把志同道合的人召集到一起，形成社群。与此同时它也具备文本激活器（textual activators）的功能，促进受众对故事的解读、推断和详细阐述。[①]在数字技术帮助人们获得文化生产和沟通交流的机会、让自我表达和缔结社群更加便利的情形下，官方文本之外的集体智慧（通常表现为基于原始文本的二次创作）业已成为跨媒介叙事中极为重要的组成部分。集体智慧为用户带来的故事体验不再是对一个已完成文本的被动阅读、观看、接受，而是对一个流动文本的不断补充与追逐，对一个想象世界的逐步延伸与构筑。[②]

三、绿色品牌故事的跨媒介传播策略

跨媒介叙事开启了一个全新的故事世界。在这个世界中故事的内容是流动的，既可以在游戏场景呈现，也可以在影视或文学空间展开，受众的身份是多变的；既有可能是某个影视 IP 的追随者，也有可能是同名主题游戏的玩家，又或者他就是正在续写故事的人。跨媒介多模态、互文性、分散式的叙事特征使得故事在传播过程中格外强调媒介整合与用户共创的协同效应，需要企业讲述绿色品牌故事时，在充分洞察用户的基础上，把各类信息接触点巧妙地由“沟通导线”串联起来，有效地发挥每一个信息节点的传播优势，最终达到吸引受众主动关注信息、积极参与的目的。对此，我们提出打造沉浸世界、设计交互环节、鼓

---

① ［美］亨利·詹金斯：《融合文化：新媒体和旧媒体的冲突地带》，杜永明译，商务印书馆 2012 年版，第 156、408 页。

② 陈彧：《故事世界的洋葱模型与“中国故事世界”的建构路径》，《当代传播》2021 年第 2 期。

励参与创作、实现立体环绕、把握传播节奏这五条跨媒介传播策略。

（一）打造沉浸世界：从故事讲述到场景搭建

为用户创造一种身临其境的沉浸体验有助于突破碎片化的媒介环境对品牌话语传播渗透力的制约。沉浸是一种多维感受，既是一种生理感知，也包含心理和情感层面的涉入。故事构思者需秉持场景在先、情节在后的原则，通过环境营造、规则设定、角色扮演等形式推动用户从旁观者向亲历者转变，以用户主导的沉浸、感知和共鸣，取代传者主导的告知、宣介和灌输。

场景的营造可以在现实环境之中。比如 2022 年 7 月，伊利为唤醒大众对低碳生活的关注，在山东威海小石岛的海边发起的“即将淹没的考试”装置展。在这次活动中，伊利与国内的装置艺术家合作，将一组高达 6.8 米的巨型课桌椅倾斜在浅海中，一排小型课桌从沙滩向浅海按时间顺序依次排开，展示着不同年份课桌被上升的海平面吞没的程度（见图 4—5）。以此警示来到此地观赏、游玩的公众关注海平面上升及其对人类日常生活的颠覆性影响，促使其更积极地认知和响应伊利所主张的低碳生活“0 碳未来计划”。

通过电子媒介营造虚拟场景也是打造沉浸世界的有效路径。美国传播学者威廉·史蒂芬森（William Stephenson）提出的“传播游戏观”就认为，大众传播最绝妙之点是允许人们沉浸于主动的游戏之中。① 传播游戏的本质是一种“程序修辞”（procedural rhetoric），即通过创建与用

① STEPHENSON W, *The Play Theory of Mass Communication*, New Jersey: Transaction Publisher, 1988, p.1.

图 4—5　伊利“向地球作答”艺术装置

户互动的游戏模型来模拟故事。① 它的目的也并非纯粹为了消遣和娱乐，而是作为一种说服性媒介让用户深入了解系统性的社会问题，并通过集体智慧找寻解决方案。2019 年美国《洛杉矶时报》推出的一款“海洋游戏”即是一个典型案例。这款游戏的目的是让玩家参与解决加利福尼亚沿海小镇面临的被海水冲走的危机。玩家共有八次拯救海岸线社区的机会，他们可以将有限的预算分配在一系列潜在的解决方案上，如建造岩石墙、采购沙子扩建沙滩、把居民迁至内陆等，并观察这些方案的有效性。《洛杉矶时报》还在游戏中置入了与气候变化、海平面上升相关的解释性报道为玩家提供决策参考。最后，共有近 50 万人参与了“海洋游戏”，该游戏也促进了加利福尼亚沿海地区居民对公共事务的参与和讨论。②

---

① BOGOST I, FERRARI S&SCHWEIZER B, *Newsgames: Journalism at play,* Cambridge: The MIT Press, 2010, p.6.

② 西蒙·帕金：《新闻游戏报道气候变迁的创新与实践》，张建中译，《青年记者》2019 年第 10 期。

（二）设计交互环节：提供以我为主、多重感受的故事体验

交互叙事是为用户提供预先设定好的故事模式与选择方式，使之能够自行选择情节发展方向的新型叙事方式。交互体验高度依赖于上下文内容，用户需借助某种机制参与故事进程，如文本输入、交互按钮、手持控制器或手势感知设备等①。

设计交互叙事需秉持两个基本原则。一是赋予用户控制故事走向的自主性。以获得第三十届中国新闻奖的融媒体作品《6397公里的守护》为例，故事以长江生态保护为切入点，展现长江两岸近年在生态修复方面所取得的新成就。产品采用模拟定位滑动技术，互动板块始于“长江源头”，终于“东方明珠”，11处“守护地”覆盖长江干流沿线的11个省区市。为激发用户的好奇心，制作团队以“江豚瓶”为线索，指引用户点击长江沿岸地理坐标触发互动内容，了解当地的环境介绍和对应的生态保护措施（见图4—6）。用户在全部解锁11处守护地后可获得“隐藏福利”——由各地参与“长江大保护绿色共成长”活动的孩子们演唱的定制版《长江之歌》。为了增加《6397公里的守护》产品的互动体验感，制作团队专门开设了“长江大保护小使者社群”，在线上线下举行多场手绘长江图景、诵读长江诗词、合唱长江赞歌等活动，引起社会的广泛关注。②

---

① ［爱尔兰］凯利·麦克莱恩：《交互叙事与跨媒体叙事：新媒体平台上的沉浸式故事创作》，孙斌、李蕊、丁艳华译，中国传媒大学出版社2021年版，第2页。

② 任松筠：《小小“江豚瓶”如何引发情感共鸣》，2021年4月21日，见https://mp.weixin.qq.com/s/9mbmZDV6G0c8BParrEdpuA。

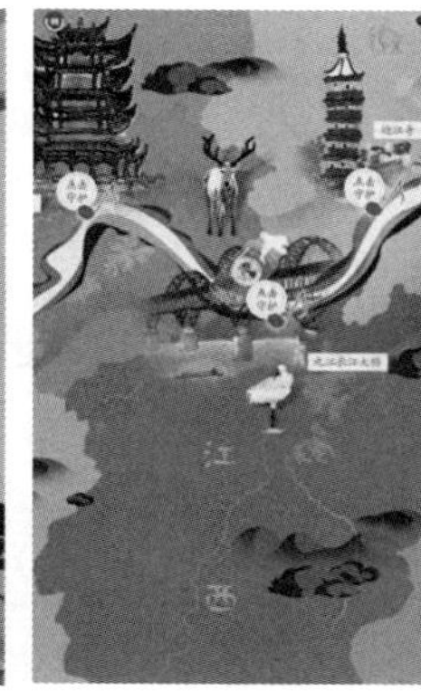

图 4—6　新华报业传媒集团交汇点作品《6397 公里的守护》

二是为用户创造多重故事体验。用户通过交互机制控制故事走向，会触发不同的故事路线，形成不同的故事解码。故事构思者需适时嵌入任务或选择机制，激发用户的探索欲。如在 BBC 制作的改编自真实新闻事件的交互产品《叙利亚之旅》（Syrian Journey）中，用户会以难民的第一视角参与到流亡之旅中：是从土耳其还是埃及进入欧洲？遇到落水的母女该不该伸出援手？遭遇走私犯如何脱险？流亡旅途中的不同选择会导向迥异的结果，每次抉择都会辅以图文说明及真实事件中新闻当事人的视频采访，让用户切身体会难民身处的险境以及战争的残酷。这种交互设计不仅可为用户带来个性化的故事体验，不同选择导向别样情节的设置也使得故事具有一读再读的价值。

（三）鼓励参与创作：构建多元主体的关系网络叙事

在跨媒介叙事中，“交互”与“参与”是两个不同的概念。交互的特性是“预设”，即用户在互动环境中所能做的都是技术设计者预先架构好的；而参与则更具开放性，用户的行为将不会受到内容制作人员的更多控制。①

品牌故事的跨媒介传播离不开用户的参与。好的品牌故事会变成企业的一枚社交货币，不仅有助于企业与关注者构建关系紧密、同频共振的社群，也为他者提供了参与创作、裂变分享的“迷因”②。在具体实践中，企业可以结合好故事的基本特征及营销学者乔纳·伯杰（Jonah Berger）总结的激励用户参与的六项原则（见表4—1）③构思故事脚本及传播创意，并通过以下三个核心策略，使品牌故事真正超越单线输出的自我独白，成为经由不同的关系网络汇集为众声成歌的“破圈”④音浪。

表4—1　产品、思想和行为能够“疯传”的六项原则

社交货币	用户会分享让脸上有光的事
诱因	人们往往会谈论熟悉且易于联想的事物
情绪	点燃用户的情绪之火
公开性	凡事越醒目，流行的可能性就越大
实用价值	分享省时、省钱或有益健康的实用信息
故事	信息打着闲聊的幌子广泛传播开来

① [美]亨利詹金斯：《融合文化：新媒体和旧媒体的冲突地带》，杜永明译，商务印书馆2012年版，第209页。

② 即可以模仿的东西，可以表现为一个视觉符号、一句文案，也可以是一个动作或声音，通过多元创作者的参与，能在不同语境中不断复制、扩散、变异。

③ [美]乔纳·伯杰：《疯传：让你的产品、思想、行为像病毒一样入侵》，乔迪、王晋译，电子工业出版社2020年版，第30、236页。

④ 意为突破既有的受众圈子而被更多的人接纳、喜欢、认可。

一是影响关键节点，促进品牌理念向更广泛圈层扩散。这里以壳牌的经典品牌活动“壳牌汽车环保马拉松”赛事为例加以说明。2020 年，壳牌在中国面向理工科学生打造了以“云造车”为主题的节能车辆创新设计大赛。为了能够让此次活动触达除高校学生之外更广泛的人群，壳牌将能源转型、低碳环保这一宏大主题拆解为日常生活中涉及衣食住行的具体问题，并邀请主流媒体及生活方式、科技、时尚、科普等多元圈层的意见领袖作为关键传播节点，与公众分享讨论这些生活中的节能环保话题。在 @ 毕导 THU、@Bigger 研究所、@ 李大锤同学、@ 万物拣史、果壳网等关键传播节点的助力下，# 壳牌汽车环保马拉松 # 微博话题获得了 8 亿阅读及 8.1 万讨论的话题声量，不仅号召了社会对低碳理念的重视与践行，也实现了壳牌品牌与“低碳”“环保”“公益”等标签的深度绑定。

二是设置引导用户参与行为的刺激诱因。人人都爱分享与众不同、新颖有趣以及那些有助于自身形象管理的内容。腾讯在 2020 年国际生物多样性日推出的“野生动物保护联萌”个性趣味 H5 就抓住了人们的这一心理——借助腾讯优图的最新人像转换技术 DittoGAN，用户上传一张正面照片就可生成一则以自己为主角的趣味野生动物保护漫画，化身“超人”参与到各类野生动物的解救剧情中（见图 4—7）。除此之外，平台还为用户设置了在 B 站、微博与周深、宋佳等知名艺人共同挑战动物绕口令的新玩法。通过一系列方式新颖、情节丰富、趣味性强的设计，最终助力“野生动物保护联萌”获得了大量的用户参与和社交分享。

三是洞察与共创。用户的参与式创作不仅可助力品牌故事出圈，有时亦能给企业带来新的传播创意和策划灵感。洞察意味着企业对于用户

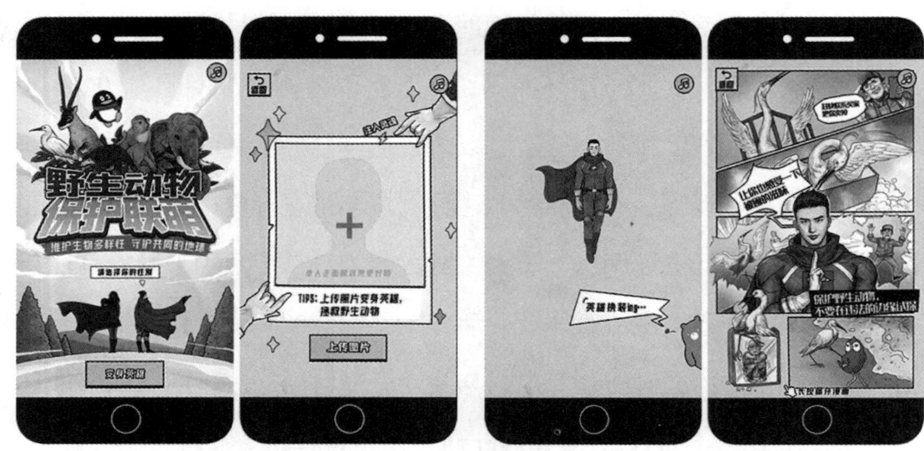

图 4—7 腾讯“野生动物保护联萌”H5 页面

创作的内容予以充分的认可和反馈；共创则指企业通过洞察用户参与、交互和裂变后产生的新内容，共创出符合彼此价值观的新故事。2020 年网易云音乐针对“网抑云”现象推出“云村评论治愈计划”的做法就值得参考与借鉴。一直以来，网易云音乐的评论区因为良好的氛围和丰富的乐评被网友称为“网易故事会”，但随着评论区中孤独、焦虑、痛苦等“伤痛文学”式的致郁[①]评论数量逐渐增加，网易云音乐开始被网民戏称为“网抑云”。为了尊重用户的情绪表达使其不被娱乐化的“玩梗”淹没，网易云音乐推出“云村评论治愈计划”，鼓励心理专家、心理志愿者加入“云村治愈所”，邀请 KOL 与音乐人分享被音乐治愈的故事，并在社交媒体平台发起 # 拒绝无差别网抑云 # 话题，向用户传达每一颗暂时搁浅的心都应该得到抚慰，无论现实如何令人身心俱疲，至少能在一首歌的时间里获得疗愈的理念，增强用户的品牌归属感与认同感。“网

① 导致人们心情郁闷、情绪低落。

抑云”由此扭转舆论，输出品牌与用户共创的“网愈云”故事，在彰显品牌的社会担当之余，也赋予自身更强的音乐治愈基因。

（四）实现立体环绕：编织跨界破圈的叙事网络

在全媒体时代，企业亦有必要根据不同媒介的特性、用户的信息接触场景制定品牌故事的讲述方案及传播节奏，通过丰富叙事形态，用复调的内容表达、多轨的传播线路实现品牌故事的互文性延伸，令品牌故事更立体、更饱满、更有生命力。

以伊利旗下金典品牌的跨界传播为例。其围绕“开启低碳有机生活”的品牌口号，在与主流媒体联动推出《以低碳，致未来》《草原》等“碳中和”广告宣传片之外，也横跨数字平台展开了一系列创新探索，如通过 B 站进行一场长达 3 个月的沉浸式“草原慢直播”；冠名文旅环保系列短片《丁真的自然笔记》，让理塘男孩丁真野性又纯真的自然使者形象成为金典“有机生活”的有力代言；以碳中和有机奶为原型打造 NFT 数字藏品，创建与年轻人对话的沟通载体；同时结合行业之力发起低碳有机生活联盟，将金典单品牌的环保呼吁，扩展为社会性的共同倡议。在场景营造方面，金典则通过绿色出行、植树减碳、资源回收等主题活动搭建了一个立体化的低碳生活场景，将低碳生活意识转化为多样的低碳消费实践：在小红书设立“新一代有机有我定义”话题页，鼓励用户分享健康有机食物、低碳环保出行方式，并将其集结为“有机生活指南”；在支付宝小程序开启“低碳有机生活馆”，将“碳中和”有机奶与植树减碳的公益场景相融合，用户可凭借步数积累、购买碳中和有机奶等绿色行动获取有机值，来兑换公益树苗；发起“低碳有机回收”计划，向用户提供空包装兑换环保袋、绿植的可循环解法。[1]金典通过横跨多个平台的有机产品、有机故事与有机场景彼此互为指涉与线索，编织了一张声势浩大的立体叙事网络，有效推动“低碳有机生活”成为广泛社会认知，也带动更多用户投身到减碳实践之中。

（五）把握传播节奏：用沟通导线串联叙事闭环

鉴于跨媒介叙事是一套对同一主题多线程、多模态输出的组合拳，为避免叙事的杂乱无章与无效重复，企业还需观察与分析用户媒介接触的特点，找到不同形态的媒介之间的关联，并按照核心的创意思路来设计沟通导线、把握叙事节奏，从而实现跨越各媒介节点、融合各传播平台、贯通各媒介接触点的信息传播方式，达到层层递进、徐徐升华的品牌叙事效果。

引导目标用户自主获取信息并产生行动的沟通导线主要有三种类型[2]：一是信息多重曝光型沟通导线，即在多个媒体或多个渠道上传播关于品牌的不同版本的信息，以此来激发消费者的关注心理；二是时间进程把控型沟通导线，按照时间顺序有意识地改变营销活动所要传达的核心信息，并通过持续的相关性引起消费者关注；三是媒体分类诱导型沟通导线，通过设置“诱饵”引起消费者兴趣之后，在其他媒体上展开其他信息的传播，从而进一步诱导消费者的方法。三者之中，第三种沟

---

① 《品牌如何践行“碳中和”？金典借国内首款“零碳牛奶”破题》，2022 年 3 月 23 日，见 https://mp.weixin.qq.com/s/xEe9pkR6NudztKxb37bj5g。

② 电通跨媒体沟通开发项目组：《打破界限：电通式跨媒体沟通策略》，苏友友译，中信出版社 2011 年版，第 44—49 页。

通导线最为契合跨媒介传播的要义，实践中可采用如下的操作过程：将信息有意识地分割并分布在不同的媒体上，令用户在获取某部分信息之后也渴望知道其余媒体上的信息，从而实现促使他们直接产生后续行动的目的。

接下来，我们以快手磁力引擎和快手公益（以下简称“快手”）联合新华网、中华环保联合会、安踏等机构和品牌发起的“我为北极加块冰”守护冰雪公益行动为例，分析如何有条不紊地利用跨媒介沟通导线，完成吸睛、沉浸、共鸣、行动的传播闭环。

在2022年北京冬奥会即将开幕之际，快手首先通过社交媒体平台发布公益短片《滑雪场上的不速之客》，让一只因冰川融化失去家园的北极熊闯入冰雪赛场寻找食物，而这只北极熊却在看到皑皑白雪后意外地与运动员们打起了雪仗，还与运动员成为朋友，讲述了自己一家因北冰洋冰川融化而被迫迁至陆地的不幸故事。借由一头“北漂”北极熊的求助，快手通过既有趣又直观的方式向公众展示了全球气候变暖为世界带来的危害，呼吁用户和品牌伙伴重视日益严峻的气候挑战。

快手继续借势冬奥，把那只在滑雪场“闹事”的北极熊从线上“请”到线下，在北京798艺术区为它举办了一场“最小冰雪赛场”的慢直播活动。这头北极熊站在只有1平方米的浮冰上，不仅动弹不得，脚下的浮冰还在不断融化，随时有落水丧命的风险。快手遂用丰厚的奖励在平台上号召用户观看直播，一边组织用户竞猜冰块融化的时间，同时发布#我为北极加冰块#挑战赛，只要用户上传的低碳行为短视频增加到一定数量，北极熊的脚下就会多出现一个冰块，来延长浮冰融化的时间。最终，这场没有任何旁白和多余特效的慢直播累计吸引了超过1300万名用户的围观，在他们的踊跃参与下，原本预计 24 个小时的直播被延长至 31 个小时（见图 4—8）。不少用户表示，北极熊在不断消融的冰块上孤立无援的场景令人心痛，这场直播让人切实感受到应该把对北极熊的同情与善念真正转化为具体而实际的行动，为保护这些生灵作出力所能及的贡献。

图 4—8　快手“最小冰雪赛场”公益慢直播

第五章

借助绿色广告促进绿色生活革命

作为连接企业生产与公众消费、黏合企业理念与社会文化的中介，绿色广告不仅肩负着为企业推广绿色产品、打造绿色形象的重要任务，还承担着为社会引领绿色消费潮流、推动生产方式和生活方式绿色化转型的时代责任，对于“双碳”战略目标的顺利达成起着积极的作用。本章即结合新媒体时代的传播规律与受众特征，深入探讨绿色广告如何有效发挥上述功能，进而为企业的绿色广告实践提供策略和原则方面的参考。

第一节　绿色广告的社会功能和作用方式

绿色广告是以环境友好信息为主要诉求的一种广告类型，它可通过经济和文化两条路径同时作用于人们的绿色生活革命，引导社会形成以节约资源和保护环境为特征的消费方式和活动方式。根据目标的不同，绿色广告可划分为绿色营销广告和绿色公益广告两种类型。企业在打造绿色广告时，需要基于差异化目标选择合适的广告信息和诉求框架，在增强说服力的基础上进一步影响公众决策。

一、作为一种社会文化现象的广告

广告兼具经济功能和社会功能。一方面，作为企业与公众沟通最为直接、频繁的方式，广告的核心目标，就是借助文本、图像、动画、声音等多种元素的组合呈现和传递产品、服务、观念等方面的特征信息，改变消费者的认知和态度，促成购买行为，为企业带来经济效益。另一方面，广告可被视为一种社会文化现象，其既在传播中经由多元主体的互动产生舆论，起到反映社会现实、呈现民意、协调思想、建构自我与关系、整合产业链的作用[①]，又作为文化中介参与到人的社会化过程中，传播价值观念与生活理念、倡导一定的行为准则和行为规范、影响和改变社会生活方式[②]。相比前者，广告社会功能带来的影响更具变革性、广泛性和持续性。

受广告社会功能影响最为深远的是消费文化。随着改革开放后我国广告产业的恢复和发展，广告所承担的社会角色在不断地丰富、演变，与之相适应，公众的消费观念和消费生活也日益变迁。以时间为轴，广告的角色变化及其引领的消费文化变革大致可划分为五个阶段[③]。

首先，广告是“生活指南”，通过商品信息的呈现为改革开放初期的人们描绘了多元的现代化生活图景，促使追逐潮流的、多样化的消费观念萌生。自行车、手表、缝纫机和收音机成为结婚必不可少的“四大件”即是彼时广告的产物。

---

① 晋艺菡、窦佳乐：《广告舆论社会功能的内涵新解》，《新闻大学》2017 年第 6 期。

② 程明、谢述群：《试论广告传播的社会化功能》，《新闻与传播研究》1999 年第 1 期。

③ 黄河、蒲信竹：《广告角色变化与消费文化变迁》，《新闻春秋》2014 年第 1 期。

其次，广告是“销售助推器”和“娱乐工具”，借助高频率、大规模的广告投放和重视创意、强调审美的内容设计，进一步丰富和娱乐人们的生活，刺激消费欲望，拉动消费需求。

再次，广告是“符号机器”，将商品或品牌与某种文化、精神、气质等相关联，赋予其独特的象征意义和符号价值，促使公众的消费目标从获取物品的使用价值转移到获取物品象征价值。如钻石开采公司戴比尔斯的广告语“钻石恒久远，一颗永流传”就赋予了钻石珍贵、忠贞、永恒的符号意义，在广告的渲染下，钻石也越来越多地被人们视作表达忠贞爱情的约定俗成的信物。

此外，广告是“造梦师”和“身份标签”，既为现实欲望得不到满足的消费者描绘出幻想中的美好世界，并引导他们通过消费进行替代性满足，又着重呈现目标受众的关键特征，满足“身份认同”的需求。冰淇淋品牌哈根达斯通过典雅且极具生活情调的广告营造了消费本产品就能实现高格调生活的梦境；而移动运营商中国移动则借助“我的地盘我做主”“我的地盘，听我的”等个性口号聚拢了一批追求时尚、崇尚个性的年轻人。

最后，广告是“认同黏合剂”，企业在传播商品信息之外，亦传达信念、道德、礼法、正义、公平等彰显人文关怀与时代精神的价值信息，引发人们的积极认知、广泛认同和持续认可，构建公众与企业之间基于信息、利益乃至价值的共同体。

二、绿色广告推动绿色生活方式变革

推动形成以节约资源和保护环境为基本内涵的绿色低碳的生活方

式，是中国建设生态文明、实现“双碳”目标的重要举措。对于公众而言，生活方式的形成和转变固然与性格、职业、收入、家庭、社会阶层等个人因素相关，但也离不开社会价值观、思想文化等外部因素的引导。作为以环境友好信息为主要诉求的一种广告类型，绿色广告也通过观念输出、行为示范、利益评估等方式推动着公众绿色生活方式的变革，从而形成重要的社会文化现象。

要了解绿色广告如何作用于绿色生活方式的转型，需首先明晰绿色生活方式的内涵与外延。有研究者基于政策文本的扎根分析认为，绿色生活方式外显为环境友好行为，内化为良好的个人修养，需以勤俭节约的生活习惯为规范要求，可为公众带来身心健康的附加价值①。根据生态环境部等五部门于2018年6月4日发布的《公民生态环境行为规范(试行)》，公众日常生活的绿色化转型需遵循十条规范，包括关注生态环境、节约能源资源、践行绿色消费、选择低碳出行、分类投放垃圾、减少污染产生、呵护自然生态、参加环保实践、参与监督举报和共建美丽中国。②绿色生活方式可被概括为在各生活领域中节约资源和保护环境的消费方式及活动方式，包括在衣、食、住、行（及通信）、用（生活用品及服务）等层面的绿色消费行为③和其他非消费环保行为。

承载着绿色商品信息和绿色价值观念的广告，正是通过连接生产与

① 田华文、崔岩：《何为绿色生活？——基于多个政策文本的扎根理论研究》，《干旱区资源与环境》2020年第1期。

② 中华人民共和国生态环境部：《关于公布〈公民生态环境行为规范（试行）〉的公告》，2018年6月4日，见https://www.mee.gov.cn/home/ztbd/2020/gmst/。

③ 国合会“绿色转型与可持续社会治理专题政策研究”课题组、任勇：《“十四五”推动绿色消费和生活方式的政策研究》，《中国环境管理》2020年第5期。

消费、创造文化潮流两种方式，影响着人们的绿色生活转型。

从经济视角看，凸显产品或服务环境友好属性的绿色广告是企业营销的重要组成部分，其呈现的关于绿色产品或服务的推广信息，不仅有助于企业提升绿色消费需求、扩展绿色市场，还可在社会层面倡导绿色消费行为，形成绿色消费风尚。京东大数据研究院发布的《2019 年绿色消费趋势发展报告》显示，京东平台的“绿色消费”相关商品种类超过 1 亿，销售增速超过京东全站的 18%，且呈现出向二三线城市渗透的趋势①，绿色产品的市场正快速形成，并不断向纵深延展。

从文化视角看，广告中所蕴含的绿色价值主张、绿色生活理念和绿色行为规范也在认知、态度和行为三个层面对公众产生影响，同时逐步渗透到日常生活中。例如，闲置物品交易平台的营销活动在为自身“引流”的同时，也直接带动了循环消费理念的兴起。“闲鱼”为此类平台的典型代表，其以“让闲置物品游起来”“打造无闲置社会”为口号，通过交易和回收的方式引导消费者将闲置物品充分流转，实现资源的循环再利用，这一“闲鱼模式”在一定程度上反映了公众追求舒适、划算、高性价比的“轻消费”趋势，也引领了变闲置为循环、变浪费为消费的新生活理念②。又如，多家环保组织联合发起的“26 度空调节能行动”得到了政府机构和各社会组织的响应，推动将空调开至 26 度成为一种节能减排的习惯；摩拜单车“骑行改变城市”的理念得到公众的广泛认同，“骑

① 《京东发布〈2019 绿色消费趋势发展报告〉》,2019 年 12 月 27 日，见 ttps://www.iyiou.com/briefing/201912271002553。

② 新周刊：《2019 闲学报告》，2022 年 4 月 17 日，见 https://neweekly.com.cn/article/shp1500067757。

行文化"深入人心，"摩拜"也成了绿色出行的代名词①；支付宝"蚂蚁森林"更是以"绿色能量"为中介，在绿色出行、减少出行、循环利用、减纸减塑、高效节能等方面激励公众采纳环保行为，践行绿色生活②。

绿色广告对绿色生活方式的影响是广泛而显著的，再加上其他因素的综合影响，如今公众的生态环境意识有所提升③，绿色理念也正在融入日常生活，多数公众能够在衣、食、住、行四个领域践行减量、重复使用和参与回收的绿色行为④，生活方式的绿色化转型已经成为势不可当的社会潮流。

三、绿色广告的诉求内容及诉求方式

根据目标的不同，绿色广告可分为绿色营销广告和绿色公益广告两大类型⑤，前者致力于推广产品或服务，扩大企业的市场规模；后者旨在呈现企业的环境社会责任，同时提高公众环保意识，倡导环保行动。

（一）绿色营销广告诉求的设计要素和排序

绿色营销广告归属于商业范畴，一般会在内容中强调产品或服务的

① 程鸿鹤：《摩拜单车：骑行改变城市》，《中国青年报》2016 年 12 月 29 日。

② 整理自支付宝客户端"蚂蚁森林"首页。

③ 生态环境部环境与经济政策研究中心：《公民生态环境行为调查报告（2020 年）》，2020 年 7 月 15 日，见 http://www.prcee.org/yjcg/yjbg/202007/t20200715_789385.html。

④ 《2019 中国可持续消费报告》，2020 年 3 月 5 日，见 http://www.syntao.com/newsinfo/2171428.html。

⑤ IYER E, BANERJEE S B, "Anatomy of green advertising", *Advances in consumer research*, 1993, 20, pp.494-501.

环境友好属性，例如可降解、可回收、低污染等①，从而改变公众对产品的态度并促成购买行为。当然，环境友好属性并不仅局限于最终产品，还可包括企业内部设备、生产技术、（废弃物）处理技术等能够产生环境效益的生产过程②。

从消费者视角来看，能获得广泛认可的产品“绿色”属性应具有实践性和独特性两大特征，即这一属性应既能够产生真正的、有意义的环境效益，同时还应是对竞品的超越和完善。基于此，绿色营销广告在环保诉求内容的设计上需具备五个要素：具体的环境诉求、详实的支撑数据、真实可感的情境、通俗易懂的名词阐释以及直观的环境效益③。换言之，绿色营销广告的基本内容就是借助详细、精确、易读的信息阐释真实、具体、可感可知的产品环境效益，让消费者在迅速且准确理解广告内容的基础上，认可并认同广告中绿色产品所具备的实践性与独特性（或超越性），最终产生购买意向。

以健康零食品牌每日黑巧“巧护地球”系列广告为例（见图5—1），广告海报的“每一块单片包装都采用植物纤维膜”阐释了产品的环保属性，“避免了约52.8吨的塑料垃圾”是以数据量化的效果，“让海洋更清澈”以及画面中跃入海洋的鲸鱼则是呈现直观环境效益的情境。通过

① MANRAI L A, MANRAI A K&LASCU D N, et al, “How green-claim strength and country disposition affect product evaluation and company image”, *Psychology & Marketing*, 1997, 14 (5), pp.511-537.

② CARLSON L, GROVE S J, KANGUN N, “A content analysis of environmental advertising claims: A matrix method approach”, *Journal of advertising*, 1993, 22 (3), pp.27-39.

③ DAVIS J J, “Strategies for environmental advertising”, *Journal of consumer marketing*, 1993, 10 (2), pp.19-36.

这些元素的组合，广告传达了这样的信息：每日黑巧通过包装材料的创新减少了塑料的使用，从而降低人们丢弃塑料垃圾、危害海洋环境的可能，以此实现保护生态环境及海洋生物的目标。

图 5—1　每日黑巧“巧护地球”系列广告海报（左）及推广视频截图（右）

由于绿色产品的公众接受度受到其提供的绿色价值与使用价值的双重影响，企业在确定了绿色诉求的内容之后，还应处理好功能诉求与绿色诉求的平衡问题。Davis① 提出，产品的环境效益多来源于产品内在属性（如原材料）或外在属性（如包装）的改进，这一特征会与消费者对产品功能的评价一起，决定着绿色诉求与功能诉求的主次排序。循此思路，企业可按照表 5—1 所示的分析框架对绿色营销广告的诉求进行排序：第一类是消费者对产品的使用功能持认可态度，同时环境效益来源于与使用功能相关的内在属性的改变，此时应将功能诉求置于主要位置而绿色诉求置于次要位置，以恢复和维持消费者的认知；第二类是消费者对产品的功能持积极态度，且环境效益来源于产品外在属性的改变，与使用价值相关的内在属性并没有发生变化，此时就可将绿色诉求作为广告的主要诉求，以区别于其他同类产品，获得竞争优势；第三种

① DAVIS J J, “Strategies for environmental advertising”, *Journal of consumer marketing*, 1993, 10 (2), pp.19-36.

类型是消费者对产品的功能持有消极态度，或者对产品功能本身就不熟悉（例如新进入市场的绿色产品），那么无论其环境效益来源为何，广告的首要目标都应是建立消费者对使用功能的信心，以此为基础才能开展绿色诉求的推广。

表 5—1　绿色营销广告诉求排序分析框架

积极		消费者对产品功能的评价	
		中立 / 消极	中立 / 消极
环境效益来源	内在属性改变	类型一：积极功能评价—内在属性改变产生环境效益	类型三：消极功能评价
	外在属性改变	类型二：积极功能评价—外在属性改变产生环境效益	

（二）绿色公益广告的两种诉求和三个作用环节

绿色公益广告强调公益信息的传递，广告焦点从产品和服务转移到企业的环境理念和社会责任①，通常都以具体的环境议题为主题，表明企业的态度、传递企业的行动、发出企业的倡议，在呈现绿色形象的同时，引导公众在理念、行为、生活方式等领域实现绿色变革。

基于卡逊（Carlson）的四纬度分析框架，绿色公益广告的诉求内容包括形象定位展示（image orientation）和环境事实陈述（environment fact）两种类型，前者通过创造企业与某一热点环境议题或环保活动的关联，突出企业的环境意识与环境社会责任，并进一步提高该环境议题或环保活动的显著性；后者力求借由环境知识的呈现和解说（比如

① 谢加封：《绿色广告研究评述与展望》，《广告大观（理论版）》2017 年第 3 期。

目前环境恶化的现状、公众可参与的环保行为等）提高公众的环境知识水平，促成更大范围的绿色行为。研究发现，形象定位型广告在企业实践中被广泛应用，但对于消费者而言，环境事实型广告的可信度更高①。

相较于以绿色产品促销为目标的绿色营销广告，绿色公益广告希望实现的是公众某一理念或者行为的绿色化转变，其作用机制具有较强的时滞性——绿色公益广告的接触点往往不是践行环保理念或者环保行为的实际场景，公众从接触广告到实现广告所倡导的行为之间具有一定的时间差；这种时间差又进一步要求绿色公益广告不能仅仅以吸引短时注意、推动即时行动为目标，而应通过诉求内容和呈现形式的设计深化目标受众对广告的理解，提高记忆的清晰度和持久性，促使公众在没有广告引导的现实场景中也能够坚持环保理念、践行环保行为。

因此，加深公众对广告诉求的记忆成为绿色公益广告设计的重要目标。有研究者②将说服理论与个体记忆形成过程中的各环节相结合，对绿色公益广告的诉求内容和呈现形式提出了若干策略。结合日化品牌康王于 2021 年发起的“告白地球，为地球去屑”垃圾捡拾活动（见图 5—2），我们将其分述如下。

第一，在嘈杂的信息环境中使核心诉求脱颖而出。这一方面需要借

① SEGEV S, FERNANDES J & HONG C, “Is your product really green? A content analysis to reassess green advertising”, *Journal of advertising*, 2016, 45 (1), pp.85-93.

② BATOR R, CIALDINI R, “The application of persuasion theory to the development of effective proenvironmental public service announcements”, *Journal of social issues*, 2000, 56 (3), pp.527-542.

助高可信度的消息源（广告主或广告代言人）引起公众的注意；另一方面则要求广告的核心诉求是针对某一具体问题（或议题）的、恰当且凝练的解决办法或行动方式，以提高信息对于个人的有用性与相关性。在康王的活动倡议中，为了呼吁公众积极参与城市垃圾处理的活动，康王不仅与公益组织“捡拾中国”合作，增强活动的非营利性和可行性，而且提供了具体而详细的行动方案——加入公益捡跑活动。

第二，让核心诉求能够被快速且稳定地存储于个体的记忆中。为此，广告内容除了呈现具体的解决办法或行动方式，还应包括对该解决办法或行动方式带来的具体环境效益的阐释，借助感知具化和情绪唤起深化消费者的认知和理解。康王正是借助了城市垃圾与头皮屑的类比，让人们切身体会到捡拾垃圾为地球带来的益处——正如头皮屑会影响个体的外表和生活，城市垃圾也影响着地球环境及可持续发展能力，捡拾垃圾就是在为地球解决健康问题。

第三，使被存储在记忆中的核心诉求在特定的现实情境中被唤醒。

图 5—2 康王“告白地球，为地球去屑”公益行动海报

一个连接广告与现实情境的提示信息（一般为视觉信息）是克服广告呈现与环保行为践行之间时间差的重要工具，其通过将现实场景中的某一固有元素内嵌于广告之中，让公众在生活中也能够经由该元素的刺激唤起对广告核心诉求的回忆，从而根据广告的倡导采取环保行为。康王广告海报中塑料袋、塑料瓶、吸管等具体而真实的城市垃圾就扮演了提示信息的作用。

（三）运用适当框架增强绿色广告的说服力

对于企业而言，绿色广告的打造不仅需要关注广告内容的组成，还需要为内容的呈现挑选适合的“框架”，即通过对某些层面的选择和突出①增强内容的说服力，影响目标受众的决策行为。无论是绿色营销广告还是绿色公益广告，其基本内容都包括倡导的具体行动、与行动关联的环境效益以及阐释环境效益的具体情境，每一部分都有不同的诉求框架可供企业选择。

绿色广告倡导的行动框架可分为减少资源的使用（take less）和提高个人的贡献（do more）两种类型，在绿色营销广告中表现为提倡适度消费和绿色消费，在绿色公益广告中则表现为不环保行为的停止和环保行为的践行。尽管提高个人的贡献，例如鼓励购买绿色产品或提倡回收行为等，是绿色广告较为常见的框架，但研究证明，若能将其应用在合适的情境中，两种框架都能在实际场景中得到目标受众的积极

① ENTMAN R M, “Framing: Toward clarification of a fractured paradigm”, *Journal of communication*, 1993, 43（4), pp.51-58.

响应①。

为了凸显行动的重要性，提高公众对行动框架的响应程度，绿色广告往往还需要说明与倡导行动相关的环境效益。根据属性特征，可将行动带来的环境效益的表达方式划分为增益（gain）框架和损失（loss）框架。增益框架强调人们采取倡导行动后带来的积极环境效益，借由增强人们的反应效能，即强化人们付诸行动后会有效改善环境问题的信念，激励人们在行为上做出改变②；损失框架则突出人们不采取倡导行动时可能导致的消极后果，激发人们的内疚和恐惧心理，进而提高其对环境问题严重程度的感知③，以此警示人们环保行动的必要性。

更进一步，环境效益的完整阐释需要置于具体的情境中，即呈现环境效益的影响范围。目前较为常见的绿色情境框架包括距离框架、代际框架、参照框架等。距离框架以空间为标准可分为本土框架和全球框架，描述的是产生环境效益的空间范围；代际框架以时间为依据划分为当代框架和未来框架，即与行动相关的环境效益主要作用于这一代人抑或更久远的后代；参照框架同样描述的是影响人群，但其关注的是个体框架和社会框架，前者侧重于环境效益与个人利益的关联，后者聚焦环境效益对社会上的他者的影响。

---

① DAVIS J J, “The effects of message framing on response to environmental communications”, *Journalism & Mass communication quarterly*, 1995, 72（2）, pp.285-299.

② YOON H J, KIM Y J, “Understanding green advertising attitude and behavioral intention: An application of the health belief model”, *Journal of promotion management*, 2016, 22（1）, pp. 49-70.

③ SPENCE A, PIDGEON N, “Framing and communicating climate change: The effects of distance and outcome frame manipulations”, *Global environmental change*, 2010, 20（4）, pp.656-667.

当然，绿色广告要产生广泛影响还需综合考虑多个要素，包括消费者认知特征、广告接触点、产品/倡议类型等。例如，消费者的解释水平影响着绿色广告的有效性，习惯使用长远的、全局的思维模式的消费者更容易受到绿色环保诉求的驱动，而倾向于使用短期的、局部的思维模式的消费者则不然①；又如，参照框架的选择与广告接触点的公开性息息相关，经由私密的、个人的渠道与消费者接触的广告，个人框架的说服力更强，而投放在公开的、大众传播媒介上的绿色广告，往往是社会框架更能够得到消费者的积极响应，因为消费者需借助广告的附加价值管理自身的形象②。

基于上述分析，要打造真正具有吸引力、感染力、说服力的绿色广告，不仅需要明确广告目标、掌握其基本诉求内容和诉求方式，还需要对目标受众和信息传播环境进行全面的了解和深入的洞悉，以因时而动、因人而异设计广告诉求、制定传播策略并开展精准传播。表5—2对前述两类绿色广告的诉求内容和诉求方式进行了总结。

表5—2 两类绿色广告的诉求内容和诉求方式

	绿色营销广告	绿色公益广告
广告目标	推广产品或服务，扩大市场规模	呈现企业的环境社会责任
广告焦点	强调产品或服务的环境友好属性	聚焦具体的环境议题，传递企业的态度和理念，向公众发出行动倡议

① 孙瑾、苗盼：《近筹 vs. 远略——解释水平视角的绿色广告有效性研究》，《南开管理评论》2018年第4期。

② GREEN T, PELOZA J, "Finding the right shade of green: The effect of advertising appeal type on environmentally friendly consumption", *Journal of advertising*, 2014, 43 (2), pp.128-141.

续表

<table>
<tr><td colspan="2"></td><td>绿色营销广告</td><td>绿色公益广告</td></tr>
<tr><td rowspan="2">诉求内容</td><td>诉求特征</td><td>以详细、精确、易读的信息阐释真实、具体、可感知的产品环境效益</td><td>通过个体记忆形成、存储和提取克服广告接触到环保行为的时间差</td></tr>
<tr><td>基本内容</td><td>具体的环境诉求
详实的支撑数据
真实可感的情境
通俗易懂的名词解释
直观的环境效益</td><td>排除干扰：应用可信信源和高个人相关性信息吸引注意
记忆存储：生动阐释具体环境效益深化理解
记忆提取：添加提示性要素唤醒记忆</td></tr>
<tr><td colspan="2">诉求方式（信息框架）</td><td colspan="2">倡导的具体行动：行动框架（减少资源使用 vs 提高个人贡献）
行动的环境效益：得失框架（增益框架 vs 损失框架）
阐释效益的情境：距离框架（本地框架 vs 全球框架）
代际框架（当代框架 vs 未来框架）
参照框架（个人框架 vs 社会框架）</td></tr>
</table>

第二节　绿色广告的策划要点及创意表达策略

在新媒体快速发展的当下，营销传播呈现出聚合受众、互动吸引、裂变传播、融入环境、互联互通等诸多新特征①。基于此，新媒体时代绿色广告的打造不仅要观照自身的独特性，还要结合新的传播规律，对包括广告观念、目标指向、运作逻辑和传播策略在内的广告策划要点进行优化，此外亦需不断创新创意表达策略，在信息爆炸的环境中脱颖而出、引人入胜、深入人心②。

① 黄河等：《新媒体广告》，中国人民大学出版社 2022 年版，第 29—30 页。

② 若无特别说明，本节所用广告案例皆来自以下三个网站：数英网（https://www.digitaling.com）；SocialBeta（https://socialbeta.com）；D&AD 官网（https://www.dandad.org/）；CLIO 官网（https://clios.com/）。

一、绿色广告的策划要点

新媒体时代的公众对双向互动、关系圈层、情感体验有着较高的需求和期待，绿色广告也应突破以往单向传播、反复灌输的传播模式，树立以人为本的广告观念，设定用以指导行动的广告目标，把握激励参与的运作逻辑并因势利导地进行传播，提升公众的参与感、获得感、沉浸感和认同感。

（一）广告观念：以人为本

广告观念是广告创作的起点，并贯穿始终地影响着广告目标的设定、诉求的选择、传播策略的设计乃至最终的效果。在以消费者为核心的新媒体时代，绿色广告应始终把“人”放在第一位，以人们的价值观念、生活方式等作为广告的切入点，以追求更好的生活为最终目标，做到“以人为本”①。

“以人为本”意味着看待目标受众视角的转换，他们不是被动的信息接受者、旁观者、购买者，而是渴望关怀、期待支持、希望交流的朋友、伙伴或邻居，除了交易，还可能与其产生情感、结下友谊、彼此关注、相互支持，形成信息、利益、价值的共同体。因此，绿色广告的传播不应仅是信息的单向传递，而应在了解对方的立场、倾听对方的需求的基础上，主动回应关切并积极开展对话②。

---

① 《对于李奥贝纳，别说你只知道伸手摘星和大铅笔》，2016 年 5 月 13 日，见 https://socialbeta.com/t/inside-office-leo-burnett。

② 黄河等：《新媒体广告》，中国人民大学出版社 2022 年版，第 116 页。

遵循这一思路，在“以人为本”观念指导下的绿色广告实践，就应是以目标受众洞察为基点的人本广告。在具体操作中，目标受众的洞察既要求企业精准把握个体价值观念、生活状态、消费方式、环境状态、环保理念等认知特征，也需要企业了解社会层面对前述相关议题的通用表达，通过两者的对比，辨识出存在于“认知和表达之间的缝隙”，包括未被满足的需求、未被说出的心声、未被关注的感受和未被实现的梦想四种类型①。若能将这一洞察贯穿于绿色广告的策划过程中，便能赋予广告激发公众产生“心念已至，口之未及”或“一闻此言，恍然而悟”的惊喜感和共鸣感的能力。

例如，为了引导人们参与“地球一小时”活动，在 3 月的最后一个周六晚上关闭电灯及一切不必要的耗电产品一小时，荣耀手机发布了一支名为《关灯一小时，其实夜很美》的绿色公益广告（见图 5—3）。不同于人们对离开电灯及电子产品后不便、无聊的认知，广告中呈现的是关灯后人们可以享受的温馨恬静瞬间：回到童年做影子游戏、听父亲讲

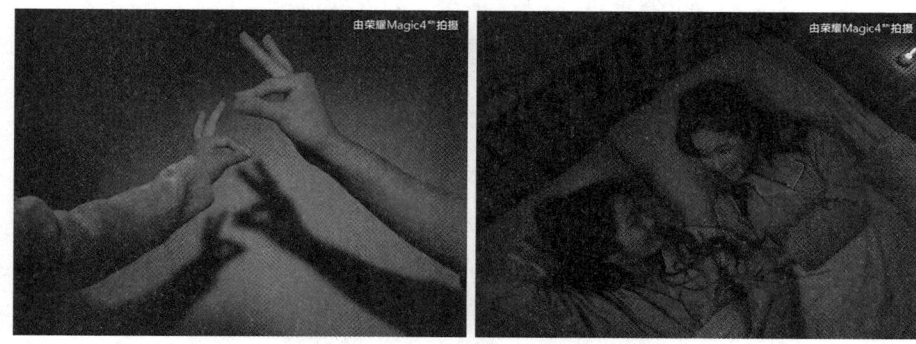

图 5—3　荣耀手机《关灯一小时，其实夜很美》广告截图

---

① 东东枪：《文案的基本修养》，中信出版社 2019 年版，第 88—89 页。

睡前故事、观赏静静绽放的花朵、和好友彻夜长谈等，关灯后的世界能够使人们更清晰地感受到亲情、友情，更沉浸地享受属于自己的宁静时光。广告跳脱出对关灯后可节约能源数量的理性分析，重点强调人们未曾关注或早已忘却的感受，赋予“关灯一小时”这一环保行为更多温情含义。

（二）目标指向：指导行动

在强调人本位的广告观念的指引下，绿色营销广告和绿色公益广告的界限逐渐模糊，产品推广和形象塑造的目标逐渐被行动指导取代，企业的绿色广告更多地扮演了唤醒公众环保意识、指导公众践行绿色行为的“行动指南”角色，其中暗含的逻辑是：只有消费者具备了高环境意识和高环保行动意向，企业的绿色产品才得以被接受，环保形象才得以被认可。这一目标转换的趋势既是对强调互动参与的新媒体传播规律的回应，通过具体的行动指导强化公众的参与感，提高公众对广告的好感度和信任度；也是推动形成稳定、一致的绿色生活方式的必然要求——个体有必要在一次又一次具体的环保实践中感知并形塑自己对绿色行为的认同感，促使观念上对绿色生活理念的采纳，才能进一步作用于日常行动中，实现生活方式的绿色化转型①。

以计划行为理论视角观之，决定公众绿色行为最重要的因素是绿色行为意向，而绿色行为意向又同时受到态度、主观规范和知觉行为控制的影响②。随着“双碳”目标的稳步推进，公众对环保理念的接受度和

---

① 王财玉：《绿色消费的许可效应：绿色让我们更不道德?》，《心理科学》2020 年第 1 期。

② 张露、帅传敏、刘洋：《消费者绿色消费行为的心理归因及干预策略分析——基于计划行为理论与情境实验数据的实证研究》，《中国地质大学学报》2013 年第 5 期。

好感度逐渐提升，绿色生活方式的转型蔚然成风，行为态度和主观规范两个要素已然具备，接下来需关注的就是知觉行为控制要素，即公众对采纳环保行为容易程度的判断。因此，对于绿色广告而言，选择倡导的行为不仅应有利于生态环境，还需有助于提高个体的知觉行为控制，如此才能更有效地推动绿色行为意向的形成。在具体实践中，能够实现上述目标的环保行为应至少具备两个特征：“力所能及”和“顺手而为”。

“力所能及”强调绿色行为应是环保效益和个人利益相平衡的，个体无须付出额外的努力或代价就可以完成自身对生态环境的承诺。前述提及的“26 度空调行动”和“地球一小时”皆属于“力所能及”的范围——只需将空调的温度设置在固定数值，或者关上电灯，就可以为保护生态环境贡献自己的力量。汇丰银行推出的公益广告片《让地球不付出代价（Let’s make the planet not pay the cost）》也是一个典型案例。短片中以 ATM 机上的“Do you want a printed receipt”开头，随着“yes”键的按下，无数张收据出现，逐渐幻化为由茂盛的树木、新生的蘑菇、活泼的松鼠、飞翔的小鸟等组成的生机勃勃、充满活力的森林。然而，伴随着一声惨叫，画面突然收缩且被揉进一个纸团中，成为了 ATM 机前的一团丢弃的收据。对于公众而言，要阻止这一切美好事物消失，只需要在 ATM 机上按下“NO”按钮选择不打印收据而已（见图 5—4）。

“顺手而为”凸显实现绿色行为的便利程度，即环境友好行为的践行应不受时间和空间的限制，在自己方便和舒适的时空里皆可完成。不过，由于诸多绿色行为皆需要借助特定的工具进行，例如绿色出行需

图 5—4　汇丰银行《让地球不付出代价》广告截图

要单车，垃圾回收需要可分类的垃圾桶等，“顺手而为”的愿望并不总能完全满足。对此，企业也在不断加强产品创新，致力于通过公众日常行为与绿色行为的无缝衔接提高后者的便利程度。奥美公司与设计师 Masaba Gupta 联合推出的“包衣”（bag clothes）就是这一理念指导下的产物。“包衣”在衣服的设计中融入了可自由取下的收纳包，当人们出门购物需要收纳物品时，就可以随时将包从衣服上拆卸下来使用（见图 5—5）。这一设计既为普通的衣服增加了个性化的设计，也省去了携带环保购物袋的麻烦，让人们“顺手”就能减少塑料污染，彰显环保意识。

图 5—5　包衣（bag clothes）设计说明

（三）运作逻辑：激励参与

既然核心目标是指导公众的绿色行动，那么对公众响应、参与、实践的激励，就应当取代单方面的展示、灌输、呼吁，成为绿色广告的运作逻辑。基于对既有广告实践中公众参与动机的洞察①，绿色广告的激励机制可大致划分为三种类型：有关系、有好处和有意思。

“有关系”意味着广告诉求与个体具有较高的相关性，企业多通过创造同时结合了个人属性和自然特征的产品、元素、符号等，显化个体与生态环境的密切关联，从而提高人们的环境责任感与环保意识，敦促人们为此付诸行动。2017 年，致力于保护濒危动物的世界自然基金会（WWF）在日本设计上线了一个名为“with stamp”的创意互动网站，用户只需要输入自己的姓氏，即可生成有着某个濒危动物轮廓的独特印章，例如“木村”对应非洲企鹅，“佐藤”对应印度恒河鳄等（见图 5—6）。借助印章的形式，WWF 在带有个人鲜明特征的姓氏与濒危野生动物之间建立了纽带，促使公众对与自己姓氏相关联的一类动物乃至所有动物产生亲近感与责任感，自觉参与到野生动物保护的活动中。

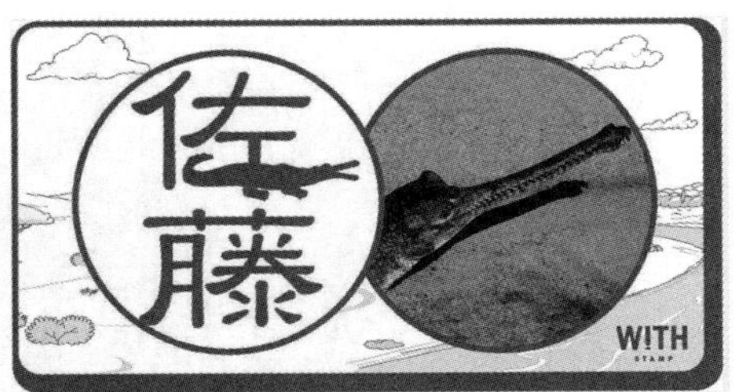

图 5—6　with stamp 网站上的姓名印章及对应的濒危动物

“有好处”多与物质奖励相关联，汉堡王以免费套餐“king junior”置换公众的闲置塑料玩具、西班牙旅游景点桑亨霍（Sanxenxo）的停车

① 东东枪：《文案的基本修养》，中信出版社 2019 年版，第 198 页。

场可用回收的塑料瓶支付停车费用等都是典型代表。此外，赋予产品或者环保行为以更高的象征意义，让人们能够借助购买产品或采纳行为达到完善自我形象的目标也是“有好处”的另一种体现。闲鱼和 Levi’s 共同发起的号召人们充分利用闲置牛仔衣物的“废旧牛仔改造丹宁世界”活动，就给旧物回收与改造贴上“酷”的标签，吸引了许多本身就是潮酷玩家或者向往成为潮酷玩家的公众参与（见图 5—7）。

“有意思”则致力于向公众提供新奇有趣的体验，满足公众的新鲜感和好奇心。腾讯公益于 2020 年发起的“一场非常‘垃圾’的直播带货”就充分体现了“有意思”的绿色广告的吸引力。与普通的直播不同，此次直播间直接设在西藏 G318 公路旁，上架的也不是普通商品，而是西藏“特产”——游客随手丢弃的塑料瓶与金属罐。在直播活动页面，我们可以看见特产墙上按照不同颜色分类的垃圾，且随着志愿者持续的捡拾和清理工作，垃圾的“库存量”也在不断上升。观众可以通过在当前页面下单“购买”的方式减少库存，每付款 0.5 元，即可带走一个西藏

图 5—7 “废旧牛仔改造丹宁世界”宣传图

的“特产”，让它永远离开（见图 5—8）。这一新奇有趣的“带货活动”迅速得到了公众的积极反响，广告投放 3 天内共收获曝光量 4531 万，得到捐款 50.4 万。

图 5—8 腾讯公益“垃圾带货直播”说明页面（左）、直播页面（中）及捐款成功页面（右）

（四）传播策略：因势利导

在具体的传播层面，除了接下来的“创意表达”部分所阐述的内容设计，绿色广告亦需结合新媒体时代的传播规律，在传播形式上借势热点，在沟通情境上融入场景，在扩散路径上影响有影响力的人。

借势热点即与潮流趋势相结合，借助趣味性强、讨论度高、传播范围广的热门议题，或借用时下目标公众喜闻乐见的新鲜事物、活动形式等，吸引人们的关注与分享。申通德高在上海地铁站推出的“猜猜我是哪种垃圾”系列盲盒，就巧妙地将环境知识科普与当下的“盲盒热潮”相结合，调动了年轻人的参与兴趣和热情。这一系列盲盒皆由处理后的回收垃圾制成，每个盲盒由一个迷你不锈钢垃圾桶外壳和一个手捧特定垃圾的人偶组成，不同盲盒内人偶的衣着造型、手捧垃圾各有差异。公众可通过地铁站内垃圾桶形状的盲盒贩卖小站购买，只有购买之后打开垃圾桶外壳，才能知道自己抽取到的是哪个“垃圾”人偶（见图 5—9）。随垃圾盲盒附赠的还有垃圾分类说明书，通过漫画图形的方式解释不同类型垃圾的特征。开盲盒前的未知、好奇和打开后的确认、顿悟，极大地吸引了追求好玩、创意、个性的年轻群体，超 20 万个垃圾分类盲盒在活动期间全部售罄，随盲盒科普的垃圾分类知识触达了近 800 万人。

嵌入场景是对信息使用情境的巧妙使用，通过将广告内容融入现实或虚拟的场景中，便利、快捷地帮助公众知晓解决具体问题的答案，实现广告由传播效果到行动效果的即时转化。例如，人们跟着食谱做饭时，常常会遇到只需使用部分原料的情况（如使用“1/2 的萝卜”），由于存储不便，剩下的食材很容易被人们丢弃，造成食物浪费的现象。为此，密实袋品牌密保诺（Ziploc）创造了内嵌于食谱网站中的广告，当步骤中出现对原料数量的要求时，就会自动弹出环保封口袋的广告，提供保存剩余食物的便利方法。又如，为解决快餐行业外卖垃圾泛滥街头的现象，麦当劳制作了系列户外广告牌。广告牌展示的是麦当劳外卖包装被丢弃于街头的场景，同时辅有“记得带走自己的外卖垃圾（take away your takeaway）”的标语。有意思的是，每个广告牌的不远处都设有垃圾桶，一个麦当劳 logo——黄色“M”就从广告牌中延伸而出，指向垃圾桶的上方（见图 5—10）。借助场景中视觉元素的引导设计，垃圾桶的位置被醒目地标识并给予强烈的心理暗示，指引人们将手中的外卖垃圾随手放入，减少对环境的污染。

图 5—9　申通德高“猜猜我是哪种垃圾”系列盲盒（左）及盲盒贩卖小站（右）

图 5—10　麦当劳户外广告牌展示内容（左）及场景（右）

影响有影响力的人，聚焦的是意见领袖在关系网络中的影响力和号召力，通过调动、激活和引导意见领袖参与到广告传播活动中，企业绿色广告可借助其背书广泛影响其他公众，实现快速传播甚至跨圈层传播[①]。厨电品牌方太 2017 年在微博发起的 # 给你我的水 # 公益行动就充分利用了微博平台上关键节点的作用。该活动以唤起珍惜水资源意识为目标，呼吁企业和个人在微博上“捐出”品牌或自己名字中带水的部分，例如“氵”“冫”等，共同助力缺水地陕西省白水县母亲水窖的修建。活动伊始，方太率先将产品水槽洗碗机更名为“水槽先碗机”，随后，众

① 黄河等：《新媒体广告》，中国人民大学出版社 2022 年版，第 210 页。

多品牌、学校纷纷加入，通过转发或评论的方式参与其中，“上海交通大学”变成了“上每交通大学”、汉堡王称呼自己为“又堡王”、河南商报更名为“可南商报”等。媒体、学校等意见领袖的加入又进一步激发了公众的参与热情，人们纷纷录制视频、转发微博为自己“更名”，捐出姓名中的水，自发进行公益接力，促成了超 1.2 亿的广告曝光量。

二、绿色广告的创意表达策略

创意表达关注的是广告内容层面的设计，即如何通过广告信息元素的创造、组合和呈现使得广告具备说服目标受众的能力。如前所述，绿色广告旨在通过表现某一行为对环境产生的正面或负面影响，引导人们正确认知环境现状、形塑环保意识并采取环保行动。不过，由于环境效益常常具有时滞性和抽象性，人们往往无法在当下感受到自身行为对环境带来的收益或破坏，如何生动地呈现这种影响就成为绿色广告创意的难点。综合既有流传范围广、讨论热度高、得到社会普遍认可的绿色广告案例可发现，有效的绿色广告创意表达策略主要有置换效果、转换视角、设置极端情况和制造反差四种。

（一）置换效果

置换效果是指用人们常见的概念、符号或实物等衡量环境效益，将人类行为对环境产生的影响程度置换为可感、可知、可计算的熟悉事物，在给公众留下具体、鲜明、深刻印象的同时引导其形成对生态环境及自身行为的正确认识。用以置换环境效益的事物需来源于日常生活，且与该环境效益在某一程度上有着显著而强烈的相似性——这种相似性可以是数量上的趋同，也可以是形状上的相似。

以数量的同等兑换为切入点，WWF发布了一则名为《你的塑料饮食（Your plastic diet)》的绿色公益广告，用同等重量的塑料制品量化人们日常摄入的塑料数量。根据调查结果，每个人平均每周会摄入5克塑料，每个月摄入21克。与这一调查结果同时出现的，是重量为5克的信用卡和重量为21克的塑料衣架，以及人们咀嚼食物的声音，以此暗示公众——这相当于你在一周内吃掉了一张信用卡，在一个月内吃掉了一个塑料衣架；尽管很难接受，但塑料微粒就是通过日常饮食甚至是空气进入我们的体内，一点点积累，最终形成这听起来不可思议但却真实存在的结果（见图5—11）。借助这样的广告，WWF形象地向公众传达了塑料污染对人类带来的严重影响，以此警示公众拒绝塑料垃圾，保护环境的同时也是保护自己。

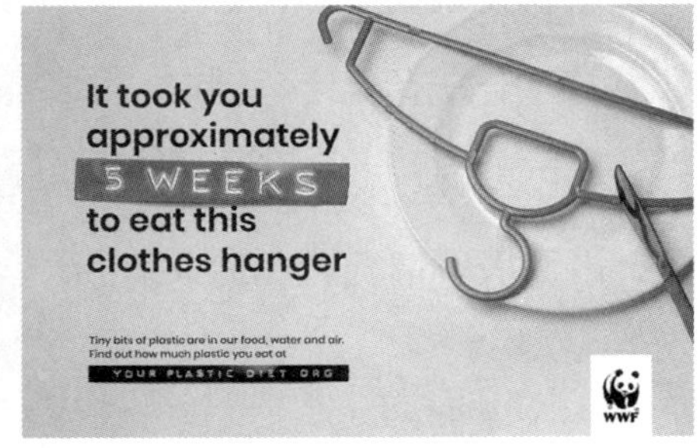

图5—11　WWF《你的塑料饮食》宣传海报

北欧新闻机构赫尔辛基日报（Helsingin Sanomat）则借助视觉上的相似性，唤起人们对气候变化问题严重性的感知。该新闻机构设计并上线了一款名为“气候变化”的字体，以字体形状表征受气候变化影响的冰川的状态。该字体最大的特征是文字的粗细可在数值 1979 和 2050 之间连续变化——当粗细值为 1979 时，对应的是 1979 年的气候，此时字体最粗，代表着完整的冰川；而随着粗细值的增加，时间往后推移，气候变化的影响逐渐加剧，冰川因之消融，字体也随之变细，边缘呈现出融化的状态（见图 5—12）。通过将冰川融化的过程置换为人们对字体形状和粗细变化的视觉感知，赫尔辛基日报直观地模拟了气候变化带来的抽象影响，引导人们正确认识环境问题的紧迫性和严重性。

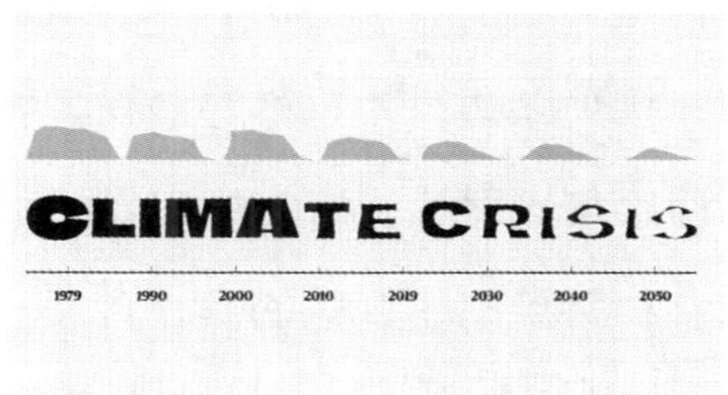

图 5—12 “气候变化”字体示意图

（二）转换视角

转换视角是跳脱以人类视角进行叙事的固定思维，赋予自然界中的动植物乃至其他非生命体以人的知觉、情感和思维，并以之为主观视角记录见闻、表达意见、与人类展开对话。这一创意表达策略具有两方面的优势：其一，言说主体的转换可以呈现出人类行为中许多未被注意、未经思考、未曾发觉的事实，在给予公众“如梦初醒”的顿悟感的同时，可推动人们重新审视人与自然的关系；其二，视觉呈现视角的转换同时也能带给人们较强的沉浸感和在场感，唤起人们对于广告主体的“共感”或“共情”，强化广告的感染力与说服力。

台湾绿色和平即借助这一创意表达策略，号召了超过 10 万的台湾公众参与呼吁超市卖场减塑的署名活动。广告的目标是让公众重视塑料垃圾对海洋生物的危害，从而倒逼作为塑料垃圾最主要来源的超市为保护海洋环境付出行动。为此，台湾绿色和平和脸书（Facebook）上的美食料理账号合作，发布了系列名为《塑料美食（plastic tasty）》的视频，教授人们如何利用塑料制作“美食”。例如，塑料吸管可作为面食切开水煮，塑料袋是制作馄饨的面皮，而橡皮筋则被作为葱段撒在料理上（见图 5—13）。通过观看视频，受众被迫代入海洋动物的视角，接受以塑料为原料的食物，切身感受海洋动物面临塑料污染时的不适感与厌恶感。广告的口号“别让卖场的食物垃圾，成为海洋的垃圾食物”点出了视频的真正含义——人类不愿意吃塑料垃圾，海洋动物当然也不愿意。视角的转换将原先看不见的塑料污染后果和无法被感知的海洋动物处境直观、具体地传递给观众，推动个体对自身行为的反思与改变。

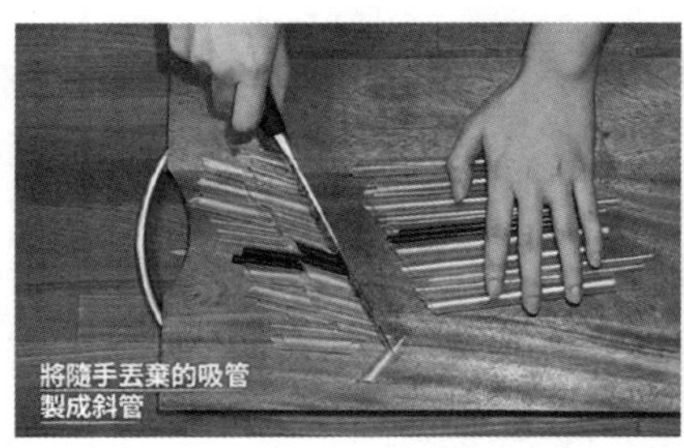

图 5—13　塑料美食“胶原斜管面”制作过程及成品

再如户外运动装备品牌德国狼爪（Jack Wolfskin）以大自然的名义给人类写了一封表白信。信件以“人类，你好，我是大自然”的自我介绍开头，伴随着低沉、有力的叙述声音，瞬间在公众脑海中呈现出一个温柔、包容、沉稳的大自然人格化形象。随后，视频缓缓铺陈开来，讲述大自然对人类的承诺：“替你遮挡冷风”“帮你阻隔雨水”“为你排解潮闷”。即使人类不考虑后果地随意丢弃塑料垃圾、破坏生态环境，大自然也会包容所有——“把你对我的所有伤害，再生为对你的爱”。而大自然的爱和守护，正可借由德国狼爪冲锋衣表达——冲锋衣采用了由塑料垃圾制成的环保科技面料，穿上它，就可以享受来自大自然的防风、防水、透湿气的守护。这一绿色广告以大自然之口表明品牌与人类的关系，将产品化为大自然“爱”的表达，不仅是在引导公众尊重、感激自然的馈赠，也在一定程度上强化了产品与环保的关联，在突出功能诉求、环保诉求的同时展现品牌如大自然般温柔包容的形象（见图 5—14）。

图 5—14　Jack Wolfskin《大自然借给你》宣传片截图

（三）设置极端情况

这一策略通常采取“荒谬”的创意手法，通过展示替代方案（即不采纳广告所倡导的行为）的不切实际、荒唐可笑来突出广告诉求的合理性、重要性和不可或缺性①。在绿色广告中多呈现为不环保的行为带来的负面后果，经由具有较强震撼力的视听设计唤醒观众恐惧、敬畏、诧异、惊奇等情绪体验，并进一步影响态度形成、驱动行为变革。

为了突出个体的日常能源消耗给地球带来的沉重负担，泰国环保组织 SCG Green Choice 借助夸张和重复的视觉呈现技巧，拍摄了一支带有“诡异”氛围的绿色公益广告《Human》。短片中，大量神情严肃的演员在同一场景中机械、整齐地重复相同的动作，或有规律地反复抬手开关空调，或站在湖水中重复着刷牙的动作，或一人提着一个黑色垃圾袋向同一方向前进等（见图 5—15）。密集的人群、僵化机械的动作、嘈杂的背景音乐使恐怖和紧绷的气氛层层叠加，无限放大日常生活中产生的能源消耗现象，让观众在恐惧心理的作用下重视环境问题，自觉规避不环保行为。

图 5—15　SCG Green Choice 公益广告片《Human》截图

英国绿色和平同样将这一创意策略应用到绿色公益广告领域。在计

① 黄河等：《新媒体广告》，中国人民大学出版社 2022 年版，第 118 页。

算出英国每日向其他国家输出的塑料垃圾量之后，该组织拍摄了将等量塑料垃圾倾倒于英国首相办公室所在的唐宁街并将其淹没的动画片《垃圾堆满唐宁街（Wasteminster：A Downing Street Disaster）》，用以讽刺英国政府的不环保行为。动画中，伴随着首相鲍里斯·约翰逊在唐宁街上发表环境保护演讲的声音，塑料垃圾从天而降，速度越来越快，数量越来越多，淹没了首相，填满了首相的办公室，甚至冲出了唐宁街的围栏，将首相冲向围栏外的人群（见图5—16）。借助这种极端讽刺的画面，该短片制造了强烈的感官冲击，提醒人们重视塑料垃圾的问题，也警示政府需为此付诸实际行动。

（四）制造反差

制造反差即呈现具有强烈对比度的信息，借助违背常识、颠覆认知的旧题新议，或者意料之外、情理之中的新题旧解，创造鲜明的广告记忆点。“制造反差”策略在应用时需同时具备两个要素：其一是习以为常的场景，创造熟悉、舒适的体验；其二是场景中的“意外”，即本不该或者不可能出现于场景中的现象，打破一贯认知，突出反差感。

这一策略在环保机构WildAid（野生救援）的“拒吃鱼翅”活动中得到了充分运用。为了向中国台湾的新婚夫妻科普鲨鱼数量减少对生态系统带来的破坏，打破用鱼翅款待宾客的传统，WildAid邀请了一些即将结婚的新人免费观看电影《Finding Shark 2050》。作为海底总动员《Finding Nemo》和《Finding Dory》系列的又一作品，人们对这部电影中即将出现的海底生物故事充满了期待。但是，电影从头到尾都未曾有主角鲨鱼的出现，甚至没有任何鱼出现。一直到大部分公众开始

图 5—16　英国绿色和平公益广告《Wasteminster：A Downing Street Disaster》截图

疑惑、躁动、准备离场时，字幕才缓缓浮现：“继续吃鱼翅，鲨鱼灭绝时海洋生态也将失衡，2050 的海底，不会有你期待的可爱生物”（见图 5—17）。这部“没有主角的电影”和人们的一贯印象与预设期待形成了鲜明对比，刺激公众对这一反差现象及背后的原因进行深入的探究与思考。最终，该活动得到了公众的积极响应，98%的人立即签署“拒吃鱼翅宣言”，63 对新人直接取消婚宴上的鱼翅料理。

同样是反映人类垃圾丢弃行为对海洋生物的影响，WWF 和聚划算则打造了一个不断反转的社会实验。实验场景设置在艺术馆内，年轻的艺术家在口罩画布上完成关于水母的作品后，立马将其投入水中，画作消失，画布恢复了空白。与这一“迷惑”举动同步的，是旁边电子屏上

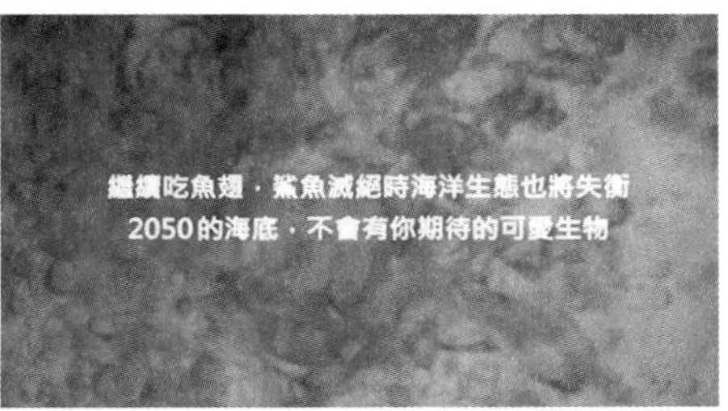

图 5—17　《Finding Shark 2050》放映现场及影片截图

海底生物与无数口罩共同生活的场景，广告语“别让人类的保护，成为海洋的束缚”点出了艺术家这一出人意料行为的初衷。随后，艺术家将作品从水中取出，画于口罩上的水母再次缓缓浮现（见图 5—18）。通过“口罩入水，水母消失，口罩出水，水母出现”的创意，这一社会实验直观地呈现了人类随意丢弃口罩的行为对海洋生物造成的威胁，而一波三折的环节在吸引关注的同时也引人反思。实验的纪录短片发布之后便在社交媒体广泛传播，微博话题 #90 后艺术家将画作扔水里 # 阅读量突破 1.4 亿，130 多万网友主动申请成为承诺正确弃置口罩、保护海洋动物的公益宣导者。

图 5—18　“消失的水母”社会实验现场图

第三节　绿色广告效果评估及对漂绿广告的反思

在新媒体时代，广告效果评估不再是营销活动的最后一个独立环节，而是作为广告活动各环节动态调整的依据贯穿始终。本节基于具体广告实践与相关理论框架，梳理了包括广告内容的创意效果、广告投放的即时效果和广告的长期影响三个层面在内的绿色广告评估体系及具体指标，同时探讨了具有负面效果的绿色广告类型——漂绿广告的规制、危害、分类和规避的策略，以为企业系统、合法、合规、有效地开展绿色营销活动及绿色公益活动提供参考。

一、绿色广告效果评估

完整、立体、深入、及时的广告效果评估可推动企业打造一个始终聚焦战略目标的，集约高效、良性循环、动态调适的广告运转体系。企业对绿色广告的效果评估可从事前、事中和事后三个环节切入，围绕广告内容的创意设计、广告投放的即时效果和广告的长期影响设计指标，并开展相应的调查分析活动。

（一）绿色广告内容创意评估

对绿色广告内容的评估多在广告投放之前开展，结果可作为广告是否进入大规模投放阶段的参考。从广告创作者的视角来看，一个让人“眼前一亮”的绿色广告应符合“ROI”标准，即具备相关性（relevance）、原创性（originally）和影响力（impact）。相关性指广告创意需忠于品牌主张、符合产品特性且有助于引发消费者共鸣，也就是说企业的绿色广告应寻找到品牌、产品和消费者之间在环境议题上的关联，并以此为基点开展广告创意的表达；原创性即独特性，即使企业的绿色广告诉求与其他企业类似，也需在创意策略和表现方式上有所创新；影响力的达成以前两个标准的实现为基础，强调广告创意给人留下深刻印象的能力，强大的影响力有助于实现广告的长期目标。

除了对作品内容的评价之外，企业还需关注的是内容在触达目标受众后个体的反应。一个常用的指标为信息知觉价值（message sensation value），衡量的是信息的视听特征能够唤起观众感知反应（sensory response）和情绪反应（affective response）的程度。这一指标通常通过公众调查进行，在被试浏览完广告后，邀请他们对广告信息的各项特征打分。根据一些研究者①的研究，对信息知觉价值感知的测量需包括情绪唤起（emotional arousal）、戏剧效果（dramatic impact）和新奇性（novelty）三个维度，广告信息在各维度的得分越高，该广告就越能引起公众的积极反应。具体维度和因子见表 5—3。

表 5—3　信息知觉价值测量维度及各维度的因子

维度	因子
情绪唤起 emotional arousal	有感染力的 emotional

① PALMGREEN P, STEPHENSON M T&EVERETT M W, et al.,“Perceived message sensation value（PMSV）and the dimensions and validation of a PMSV scale”, *Health communication*, 2002, 14（4）, pp.403-428.

续表

维度	因子
情绪唤起 emotional arousal	振奋人心的 arousing
	吸引人参与的 involving
	令人兴奋的 exciting
	充满力量的 powerful
	充满活力的 stimulating
	具有视觉冲击力的 strong visuals
	具有听觉冲击力的 strong sound effects
戏剧效果 dramatic impact	具有戏剧效果的 dramatic
	生动的 graphic
	有想象力的 creative
	让人起鸡皮疙瘩的 goose bumps
	激烈的 intense
	强有力的配乐 / 配音 strong sound track
新奇性 novelty	新颖的 novel
	独特的 unique
	不寻常的 unusual

（二）绿色广告即时效果评估

广告即时效果评估多参照消费者行为模型，测量的是目标受众在接触到大规模投放的广告之后产生的系列行为。这里我们可以参考日本电通公司针对数字时代消费者提出的 SIPS 模型。该模型认为，在营销活动中，公众需要首先对企业发布的各种营销信息产生共鸣（sympathize），并结合外界环境确认于己有益的信息之后（identify），才会以多样的形式参与到企业的营销传播体系之中（participate），而参与过程中的良好体验又会推动着他们在社交网络中共享和扩散情绪、评论、体验等信息（share & spread），支持着第一个环节共鸣的达成。

随着数字技术尤其是智能技术的广泛应用，公众在接触到广告之后的所有行为，包括无意识浏览和有意识的互动反馈，都可实时被各网络终端记录，为企业把握广告效果提供了更为清晰、明确、直观的指标与途径。结合 SIPS 模型，以新媒体平台上的公众行为为主要观测指标，我们可将绿色广告即时效果的评估划分为如下三个层次①。

1. 共鸣阶段

这一阶段强调企业应通过传播策略的选择和创意表达的设计在短时间内吸引关注，引发共鸣，让人们不仅能够意识到环境问题的严重性和紧迫性，也能够察觉这一问题与个体的紧密关联。以提高曝光度为主要目标，共鸣阶段需关注的指标除了各新媒体平台普遍具有的浏览量 / 阅读量、点赞量之外，还可包括微博话题排行榜、微信公众平台的“在看”人数、直播平台的在线人数、搜索引擎的搜索指数（如百度指数）等。

2. 确认和参与阶段

若公众确认企业的绿色广告是可信且有价值的，他们就会参与到企业的营销传播活动之中。根据参与的深入程度，可划分为三类指标：第一类为一般参与，强调公众对广告内容的知晓与了解，指标与“共鸣阶段”类似；第二类为积极参与，关注态度的转变和意见的表达，指标包括评论内容及数量、转发内容及数量、网络环保声明或承诺的签署量等；第三类为深度参与，即实际行动的转化程度，指标可参考绿色产品销售量、公益募捐总额、环保活动参与人数等。

① 黄河等：《新媒体广告》，中国人民大学出版社 2022 年版，第 213 页。

3. 分享和扩散阶段

绿色行为具有道德属性，公众在参与和体验相关活动之后，往往有着较强的分享欲望，这一方面来源于营销活动本身带来的感悟、经历、情绪等，另一方面受到建构自身环保形象、提高他人对自己评价的动机驱使。[①] 对于广告活动而言，参与者的分享是引起共鸣的重要因素，也是其他人采取购买或行动决策的重要参考。因此，这一阶段需重点关注的应包括两部分指标，一是参与者主动发布于各社交媒体平台的、与企业或活动相关的原创性内容，二是这些原创性内容获得的阅读、点赞、评论、转发等的数量和质量。

（三）绿色广告长期效果评估

绿色广告与其他广告的最主要的区别就在于其目标的长远性和深刻性。除了激发目标受众在广告投放期间的参与，绿色广告还致力于促进生活理念和生活方式的绿色化转型，推动深远的社会变革。当然，我们需要明确的是，尽管公众绿色生活方式会受到政策法规、文化传统等多重因素的引导，但绿色广告作为社会文化现象的组成部分，于其中也起着不可或缺的作用，公众在环境意识与环保行为方面的转变，理应成为评估绿色广告效果的重要维度。

1. 环境意识

环境意识（environmental consciousness）是指采取环保行为的倾向，也可以理解为公众在心理层面对环境保护的认可。较高的环境意识

---

① 王财玉：《绿色消费的许可效应：绿色让我们更不道德?》，《心理科学》2020 年第 1 期。

是推动公众采取绿色生活方式的内驱力，而环保行为的践行反过来也会强化个体的环境意识。综合社会学和环境社会学的相关研究，结合中国实际，企业对公众环境意识的评估可从情感、认知、个性和行动四个维度展开，其中，情感维度包括感知环境问题严重性和对环保行为支持程度，认知维度关注环境信息与知识的掌握情况，个性维度是指对环保行为和对环保成本的看法，行动维度即公众参与个人和集体环保行动的意向①。具体指标及解释见表 5—4。

表 5—4　环境意识测量维度、指标及指标阐释

维度	指标	解释
情感 affective	感知环境问题严重性	对目前全球生态环境状态的判断
	环保行为支持程度	对某一应对环境问题的具体举措的支持程度
认知 cognitive	环境信息与知识	认为自己对环境知识与环境信息的了解程度
个性 dispositional	感知行为有效性	对个人采取环保行为的有效性和困难度的评估
	感知个体责任	是否愿意为了环保行为牺牲个人利益
行动 active	个人行为意向	在日常生活中采纳环保行为的意向（如回收）
	集体行为意向	参与集体环保行为的意向（如参与公益捐款）

2. 环保行为

基于生态环境部等五部门联合发布的《公民生态环境行为规范（试行)》，个体环保行为可划分为关注生态环境、节约能源资源、践行绿色消费、选择低碳出行、分类投放垃圾、减少污染产生、呵护自然生态、参加环保实践、参与监督和共建美丽中国十个领域。企业需根据绿色广告的目标选择相应的环保行为进行测量，可参考的指标包括行为意向、

① SANCHEZ M J, LAFUENTE R, "Defining and measuring environmental consciousness", *Revista internacional de sociología*, 2010 (3), pp.731-755.

行动频率、引导身边其他人参与的意向、引导效果等。

二、对漂绿广告的反思

在具体实践中，绿色广告并非总是有效的。当绿色广告被判定为虚假广告，即广告夸大或伪造了产品绿色属性、遮蔽或粉饰了企业的非环保行为时，其非但无法获得积极回应，反而会加剧公众对企业的不信任和排斥程度。这种诉求内容与产品属性或企业行为存在着差距的绿色广告，即为漂绿广告。

除了引发企业自身的诚信危机，漂绿广告还会对生态文明建设进程造成危害，如有研究者认为，在个体层面，公众的知情权被侵害，绿色产品难以辨识，绿色消费难以为继；在产业层面，劣币驱逐良币现象严重，资源更多地流向修饰营销话语而非提高绿色产品质量；在社会层面，绿色产品的良莠不齐与公众绿色行为热情的消退将进一步导致环境意识的倒退，阻碍生活方式的绿色化转型[①]。在国内，常见的漂绿广告有下述七种类型[②]，企业可对照这些类型对自身绿色广告内容的真实性进行审核，识别并修正模糊、遗漏或明显错误的信息。

第一，本末倒置，在与企业不相关或次要的产品、服务上树立环境友好形象，但主营业务却与该形象背道而驰。例如康师傅集团曾借助降

① 刘传红、王春淇：《“漂绿广告”：新的监管难题和研究视域》，《现代传播》2016 年第 11 期。

② 孙蕾、蔡昆濠：《漂绿广告的虚假环境诉求及其效果研究》，《国际新闻界》2016 年第 12 期。

低碳排放的 12 克环保轻量瓶打造了自身的环保形象，但其旗下的生产企业却未经环保部门批准擅自建设生产线，不符合一个环保企业的标准，是典型的“本末倒置”型漂绿行为①。

第二，模糊概念，借助笼统、陌生甚至错误的环保主张和绿色概念，误导消费者相信产品的环境效益或品牌的环保形象。例如“野生”“自然”“可循环”等就是一些容易产生误解的标签，它们并不一定就指代环境友好——例如汞是“全天然”的，但其实际上属于有毒有害水污染物。

第三，光辉泛化，以道德标签强化自身环保形象，但实际并不存在绿色行为或者绿色行为难以得到确切证实。如农夫山泉聚焦水源地人民为保护水源作出的贡献与牺牲，面向公众发起的“一分钱饮水思源”活动，每销售出一瓶矿泉水，就会有一分钱用于帮助水源地的贫困孩子。但这一项目的信息并不透明，捐献的总额、去向等一直没有公开，引起了《公益时报》等多家媒体的质疑②。

第四，无关误导，使用一些已经过时的环保理念、被法律禁止的行为、不相关的细节等对消费者认知进行误导。广告内容可能是真实的，但与环境保护并不真正相关。例如以“CFC-free”（不含氟利昂）作为环保属性佐证的产品——由于氟利昂已经被《蒙特利尔议定书》列为一类受控物质，且也被我国相关法律法规规定禁止，企业并非是自愿，而

---

① 《这些大牌公司宣称自己很环保？你被骗了！| 南方周末漂绿榜投票》，2017 年 3 月 14 日，见 https://static.nfapp.southcn.com/content/201703/14/c319976.html。

② 《农夫山泉“一分钱捐赠”事件调查》，2022 年 4 月 29 日，见 http://www.gongyishibao.com/ zhuan/nongfushanquan/。

是不得不在产品中杜绝氟利昂的使用，所以类似的环保诉求并不具有参考价值。

第五，声东击西，通过强调产品某一方面或是某些领域的环保特征，来回避其在其他领域不符合环保标准甚至本身就是污染源这一事实。如雷达杀虫剂的广告，使用“橘香低刺激，赶虫不赶人”文案配合绿叶、甜橙油等背景元素打造自身杀虫剂绿色的印象，但回避了属于农药的杀虫剂本身或多或少是有微毒的事实。

第六，撒点小谎，指通过编造一些谎言，如捏造声明、虚构事实、使用虚假数据、夸大说词等来标榜自身环境友好的形象。如悦诗风吟为突出自身的绿色属性，推出了一款环保精华，声称其采用可回收的纸质包装，甚至在瓶身就印有“I’m paper bottle”（我是一个纸瓶）的说明。但消费者购买后发现，所谓的“纸瓶”其实只是一个纸壳包裹着的塑料瓶，并非真正的环保材料。

第七，崇拜认证，指利用人们对权威或者名人的崇拜，在广告中加入权威支持的证书、虚假的绿色认证或名人等标榜环保属性。对此，企业和公众都需格外注意绿色认证体系的权威性和规范性。目前国内较受认可的认证体系包括中环联合认证中心、中环协认证中心等四家机构承担认证工作的“中国环境标志认证体系”，以及由国家市场监督管理总局主导的“中国绿色产品认证与标识体系”（见表5—5）①。

---

① 整理自中环联合认证中心官网，见 http://www.mepcec.com/rzfw/hjbz/ixhjbz/ywjs/index.shtml；市场监管总局官网，见 http://www.cnca.gov.cn/zw/tz/tz2021/202109/W020210914302484845974.pdf。

表 5—5　中国环境标志（I 型）及中国绿色产品认证标识

中环联合认证中心	国家市场监督管理总局	
生产、使用和处理处置过程中符合环境保护要求，与同类产品相比，具有低毒少害，节约资源等环境优势的产品	全绿标识：在资源属性、能源属性、环境属性、品质属性方面全部符合标准和要求的产品	涉绿标识：符合资源属性、能源属性、环境属性、品质属性任一方面标准要求的产品
	CHINA GREEN PRODUCT 中国绿色产品	

实际上，为了维护广告行业的秩序，减少漂绿广告带来的负面影响，许多国家和地区的法律法规都已经将漂绿行为纳入广告监管的范围。例如美国联邦贸易委员会于 1992 年颁布并在此后多次进行修订的《环保营销指南》，澳大利亚的《绿色营销和贸易实践准则》、新西兰的《环境诉求条例》以及加拿大的《环保绿色营销指南》等，皆对绿色广告内容和表述的原则、标准及违背这些原则及标准后的处罚做了较为详细的说明。在我国，尽管并未针对漂绿广告出台专门的法律法规，但新《广告法》中对企业营销行为的规范，例如第四条“广告不得含有虚假或者引人误解的内容，不得欺骗、误导消费者。广告主应当对广告内容的真实性负责”，以及第二十八条对虚假广告范围的界定等，都在一定程度上对漂绿广告起到了规制作用。

对于绿色广告的发布主体企业而言，不去触碰法律的红线是自身应当守住的底线，其对绿色广告的要求也不能只是停留在规避漂绿广告层面。只有充分认识到绿色广告对于绿色生活革命的重要作用，并将绿色发展理念内化于企业的战略设计、生产管理、技术革新、产品创新，企业的绿色广告才有可能立意高远、形神合一、春风化雨。

第六章

运用关系管理推进绿色共建共治共享

在移动互联网时代，信息如流水，关系则似管道、像根系，缺乏关系建设的品牌，既容易遭遇信息飞沫化的困境，也可能因为没有“共同体”的培育和支持而流于平庸、陷入危机。在这样的背景下，“无关系，不传播”及“无关系，没品牌”逐渐成为业界共识。对于未来的品牌而言，更加战略性地运用关系管理推进共建共治共享的绿色社会、美丽家园，有助于其寻求和创新与利益相关者、公共空间的长效对话窗口以及打造共同体的理想土壤。本章基于时代的变迁及要求，梳理了企业关系管理的核心问题、主要目标和实践路径，随之聚焦乡村振兴、城市治理、国际参与、邻避破解，总结了企业运用关系管理推进绿色共建共治共享的有益经验。

第一节　以构建共同体为目的的关系管理

作为一种相互依存的状态，企业与利益相关者之间的“关系”是否长期、积极、平等、互信，决定着企业品牌的合法性以及品牌资产的稳固程度和增长空间。本节将回顾关系管理的研究脉络，厘清为何构建关系、构建何种关系、与谁构建关系、如何构建关系等关键问题。

一、关系管理的演变

现代公共关系（简称“公关”）发轫于19世纪末20世纪初，历经近百年的发展逐渐形成传播流派、管理流派和修辞流派三足鼎立的格局。在以艾维·李（Ivy Lee）和爱德华·伯内斯（Edward L.Bernays）为代表的传播流派眼中，公关就是通过宣传和说服来引领、操控、塑造“大众心灵”的过程，是现代社会“制造认同”的手段；以詹姆斯·格鲁尼格（James E.Grunig）和斯各特·卡特里普（Scott M.Cutlip）为代表的管理流派将系统论、生态学和管理学观点纳入公关研究，视公关为组织调适内外部生态的一项管理职能；以伊丽莎白·托斯（Elizabeth L.Toth）和罗伯特·希斯（Robert L.Heath）为代表的修辞流派则聚焦于公关的文本生产与话语建构，主张组织与公众之间应建立一种对话关系。

1984年，玛丽·佛格森（Mary A. Ferguson）在《公共关系的理论建设：跨组织关系》这篇论文中提出，要用“Public Relationships”取代“Public Relations”指称“公共关系”，公共关系的研究单位是组织与公众之间的关系（Organization-Public Relationships，简称OPRs），关系应该成为公关研究的焦点领域。①

佛格森对于关系乃公关本质的提议及重返组织与利益相关者之间的

① FERGUSON M A, “Building theory in public relations: Interorganizational relationships as a public relations paradigm”, *Journal of public relations research*, 2018, 30 (4), pp.164-178.

关系建构的呼吁，弥合了早前公关研究偏重信息传播、聚焦传播管理的视域剩余，将关系生成与维护的重要性从传播、管理、修辞诸流派的忽视与遮蔽中昭显①，引起了公关学界的广泛关注。约翰·莱丁汉姆(John A. Ledingham）和斯蒂芬·布鲁宁（Stephen D. Bruning）随后在《公关中的关系管理：组织公众关系的维度》一文中给出了“组织—公众关系”（OPRs）的概念界定：关系乃组织与其主要公众之间的相互依存状态，二者皆为关系网络中的主体，任一主体的行动都会影响另一主体的经济、社会、政治和文化福祉。② 需要阐明的是，此处提及的公众并非广义的泛公众概念，它是指公关主体进行关系管理时，与之相关联的个人、群体或组织的综合，我们可以用“利益相关者”概括。关系管理观点的出现将公众提升为与组织平等的主体地位，标志着公关开始从对民意的操纵转向关系的建立，这是公关根本使命的重大变化，也是公关理论范式的巨大创新③。

20 世纪 90 年代以后，关系流派得到了纵深发展，公关学者格鲁尼格对关系研究的介入是一大推动因素。自 1985 年始，格鲁尼格在国际商业传播协会（The International Association of Business Communicators，IABC）的委托下，开展了名为卓越研究（Excellence Study）的项目，以回答“公共关系怎样、为什么以及在何种程度上影响组织目标的达成?”项目成果最终形成了被学界广泛认为是 20 世纪 80 年代后期以来

① 胡百精、来永玲：《关系测量与关系管理：公共关系流派的知识谱系及其批判》，《当代传播》2019 年第 3 期。

② LEDINGHAM J A, BRUNING S D, “Relationship management in public relations: Dimensions of an organization-public relationship”, *Public relations review*, 1998, 24 (1), pp.55-65.

③ 陈先红：《以生态学范式建构公共关系学理论》，《新闻大学》2009 年第 4 期。

公关研究的主导理论范式——卓越公关理论（Excellence Theory）。①

格鲁尼格认为，公共关系即“组织与其公众间沟通与关系的管理”②，强调组织与公众间建立长期、积极、互信关系的重要性。新世界观、双向均衡沟通、对话、复合动机、协同性倡导、合作型对抗、互惠双赢、社会统合、共同体关系是格鲁尼格等人建构的卓越公关理论的核心范畴。③

为了更实在地把握对话关系、合作关系和共同体关系，格鲁尼格借鉴了关系流派的核心主张，从关系问题切入探讨组织与公众对话、合作和达成认同的现实可能性。他与洪琳达（Linda C. Hon）提出了关系维护和管理的六种策略：(1) 接触（access），公关为组织和公众、意见领袖提供彼此接近、相互了解的渠道和途径；(2) 愉悦（positivity），调动各种能够唤起利益相关者卷入的积极因素；(3) 公开（openness），指企业向利益相关者敞开心胸、开诚布公、交流情感；(4) 承认（assurances），确保各方的关切和作为是合理、合法、正当的；(5) 结盟（networking），为各方合作建立必要且充分的社会关系网络，譬如社区网络、行业组织网络、与环保主义者的合作网络等；(6) 共担（sharing of tasks），组织与公众一起完成共同的任务或互助解决各自面临的问题(见表 6—1)。④

① 黄懿慧、吕琛：《卓越公共关系理论研究三十年回顾与展望》，《国际新闻界》2017 年第 5 期。

② GRUNIG J E, HUNT T, *Managing public relations*, New York: Holt, Rinehart and Winston, 1984, p.7.

③ 胡百精、高歌：《双向均衡沟通的想象——知识社会学视角下卓越公关理论的发展与批判》，《现代传播》2019 年第 2 期。

④ HON L C, GRUNIG J E, “Guidelines for measuring relationship in public relations”, *Institute for public relations*, 1999.

表 6—1 关系维护和管理的六种策略

接触	触达是维系关系的前提，如通过新媒体平台与社区沟通、组织各类见面活动
愉悦	营造愉快轻松的互动过程，如在接触用户的过程中工作人员彬彬有礼
公开	提升自身透明度，如开展科普活动、对政策变化进行主动说明
承认	认真对待公众意见，如主动收集公众需求，回应用户关切与投诉建议
结盟	与利益相关者形成同盟合作关系，如与社区、意见领袖展开合作
共担	提升公众的参与感与行动力，如发起环境倡导，共同解决实质性问题

得益于格鲁尼格 20 世纪 90 年代在全球公关学界的威望与号召力，他对关系研究的介入推动了不同公关流派的交融互鉴，大量学者开始探究评测关系品质的有效方法，并逐渐形成了如下共识：组织与公众之间关系的生成和维护，关键要看双方于交往、交易和交换中是否建立了信任（trust）；是否满意彼此关系（relationship satisfaction）；是否形成了互控平衡（control mutuality）；是否有效兑现了承诺（relationship commitment）；是否实现了共同目标（goal achieved）。

进入 21 世纪，为了回应公关研究“美国经验”的普适性批判，有学者基于在地化考量，尝试将关系研究纳入不同文化情境。如中国就是一个十分重视关系的国度，私人关系的公用化或组织以人际关系为纽带开展活动，在中国社会几乎都被称为“公关”。“面子往来”与“人情社交”是社会常态，有学者建议中国语境下的关系测量体系还需考虑“面子”与“人情”这两个变量，在莱宁汉姆后续更新的关系量表里，增添了亲密度、熟悉度、可接近性等指标。

总体而言，关系流派具有浓厚的生态视角。公关的研究对象既不是单一的组织，也不是孤立的公众，而是一个由组织—公众—环境组成的生态系统。公共关系的价值在于，它居于组织、公众和环境之间，并对这三者负责，促成“组织—公众—环境”的沟通对话。从企业的视角看，公共关系通过倡导组织对社会责任的担当，来预测、监督和制造民意；从公众和环境的视角看，公共关系则代表公众和民意，是社会公共领域的代言人。因而公共关系又被视作“组织的良心”和“道德卫士”，必须不断促使企业政策和行为朝着对社会需求负责的方向发展。

二、识别利益相关者

在关系管理的视野下，企业是一种人格化的组织，企业的经营管理活动要为综合平衡各利益相关者的利益要求而展开。因此，企业在实施关系管理时，除了拥有合理的“关系观”，还必须清晰识别关键的利益相关者（stakeholder）。

利益相关者或利益相关方是那些能够影响企业目标实现且同时受企业目标实现过程影响的个体及群体，包括企业的股东、债权人、雇员、消费者、供应商等交易伙伴，也包括政府部门、本地居民、当地社区、媒体、环境保护主义者等压力集团，甚至还包括自然环境、人类后代、非人物种等受到企业经营活动直接或间接影响的客体。由于利益相关者的概念界定较为宽泛，我们可以借助格鲁尼格等人提出的利益相关者连接模型（Linkage Model），按照组织和利益相关者连接的四种方式识别不同的利益相关者（见图6—1）：

一是授权连接（enabling linkages），通过这种关联机制能够识别出对组织具有一定掌控权的利益相关者，如股东、董事会、政府、立法机构等。组织的自主权被此类利益相关者授予，一旦关系破裂，组织的自主权也会被限制或被收回。

二是功能连接（functional linkages），指向能够直接影响组织机构运作的利益相关者，如雇员、供应商、消费者、分销商等。

三是规范连接（normative linkages），对应的是与组织共享同一价值观及目标，或是面临类似发展问题的利益相关者，如同行业的合作伙伴、竞争对手及行业协会等。

四是分散连接（diffused linkages），指向与组织总体互动频率不高，但会因组织的特定行为、在特定情境下与组织发生关联的利益相关者，例如媒体、NGO 机构、社区、意见领袖等。一般情况下，组织的授权、功能、规范连接指向的利益相关者较为固定，而分散关联机制较为隐形，且具有一定的机动性，在组织陷入危机情境时更易被激活。

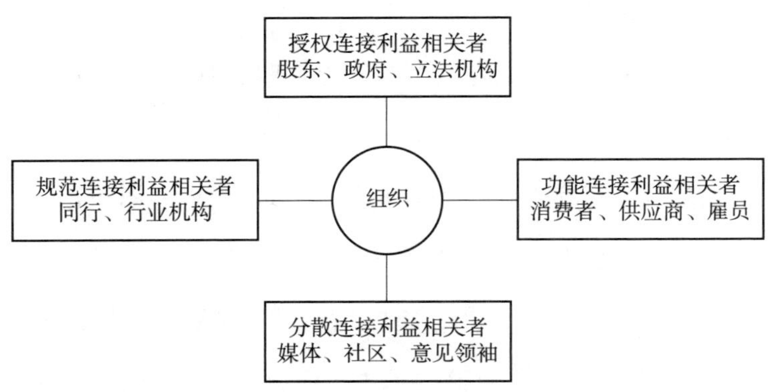

图 6—1　利益相关者连接模型

尽管一目了然，但利益相关者连接模型不易让组织判断特定情形下各利益相关者的重要性及优先程度，对此，企业可进一步参考米切尔（Ronald K.Mitchell）和伍德（Donna J.Wood）提出的以权力、合法性、紧迫性为分析依据的评分法（Score-based Approach）加以分析。

权力（power），即某个人或群体是否拥有影响企业决策的地位、能力和相应的手段。具体而言权力的来源机制又有如下三种：一是依托于不服从就会产生消极后果的暴力行径、制裁机构等实体资源（physical recources）的“强制权力”（coercive power）；二是以物质等财务资源（financial resources）为基础的“实用权力”（utilitarian power）；三是以道义规范和价值观念等象征资源（symbolic resources）为基础的“规范权力”（normative power）。

合法性（legitimacy）指的是在特定的价值观念体系里，某个人或群体的行为在法律或道义上是否合理的认知判断。紧迫性（urgency）即某个人或群体的要求能否立即引起企业决策层的关注。紧迫性具体又可分为时间敏感度（不可延误）与问题显著度（不可忽视）。米切尔和伍德认为，要成为一个企业的利益相关者，至少要符合以上属性的其中一条。为了进一步分析利益相关者的显著度与优先级，企业可根据具体情况，以上述属性作为分析依据将企业的利益相关者细分为如下三类（见图 6—2）。

第一类是确定型利益相关者（definitive stakeholders）。他们同时拥有权力、合法性和紧迫性，显著程度最高。为了企业的生存和发展，企业管理层必须密切关注他们的需求并设法加以满足。典型的确定型利益相关者如股东、员工和消费者。

第二类是预期型利益相关者（expectant stakeholders）。他们与企业保持较为密切的联系，拥有上述三项属性中的两项。这种利益相关者在特定情境下又可分为以下三种：(1) 同时拥有权力及合法性，这类利益相关者不仅能提出合理的诉求，也能够对组织施加足够的影响力，有时还会参与到企业决策过程中，因而被称为“支配型利益相关者”（dominant stakeholders），例如投资人、政府部门等。(2) 对企业拥有合法性和紧迫性，但却没有相应的权力来实现他们的诉求，这类群体被称为“依存型利益相关者”(dependent stakeholders),如媒体、社会组织等。要想达到目的，他们需要与更强有力的利益相关者达成合作，或是发起社会活动寄希望于决策层的善行。(3）拥有紧迫性和权力，但却没有合法性的群体，他们往往被称为“危险型利益相关者”（dangerous stakeholders)，可能会为达到目的诉诸“暴力”，如发起示威游行抗议行动等。

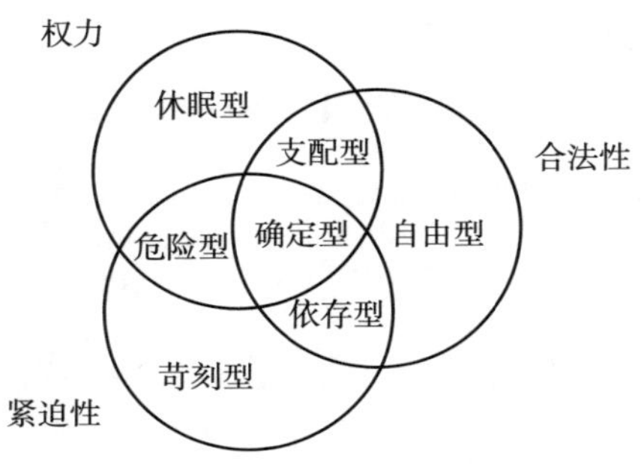

图 6—2　利益相关者评分法（Score-based Approach）模型

第三类是潜在型利益相关者（latent stakeholders)。他们只拥有合法性、权力性、紧迫性三项属性中的一项：(1）仅有合法性的群体，随企业运作情况而决定是否发挥其利益相关者的作用，被称为自由型利益相关者（discretionary stakeholders)。(2）仅有权力的群体，他们有能力对企业施加压力，但这种影响力还处于一种未激活的蛰伏状态，因而被称为休眠型利益相关者（dormant stakeholders)，当他们实际使用权力，或者是威胁组织者将要使用这一权力时会转化为显著度更高的利益相关者。(3）仅有紧迫性的群体属于苛刻型利益相关者（demanding stakeholder)，在米切尔看来，这群人就像是在决策者耳边嗡嗡作响的蚊子，令人烦躁但不危险，麻烦不断但无须太多关注，除非他们能够展现出其要求具有一定的合法性，或者获得了某种权力。①

综合上述格鲁尼格与米切尔等人的利益相关者识别与分类模型，我们能够以更系统的思维来辨析谁是企业在关系管理中优先考虑的对象（见表 6—2）。

表 6—2　利益相关者优先级序列表

利益相关者类别	具备属性	主要关联方式	优先级
确定型利益相关者	合法性、权力、紧迫性	授权、功能	最高
预期型利益相关者	支配型：合法性、权力	授权、功能	较高
	依存型：权力、紧迫性	分散、规范	较高
	危险型：紧迫性、权力	分散、规范	较高
潜在型利益相关者	自由型：合法性	分散、规范	中等
	休眠型：权力	授权、功能	中等
	苛刻型：紧迫性	分散	较低

组织的发展首先离不开授权连接与功能连接指向的利益相关者支持，在米切尔的分类中，他们往往兼具合法性与权力，一旦这类群体想要解决某类问题的需求很迫切，就会转化为三种属性都具备的“明确型利益相关者”，组织需优先展开与这类利益相关者的关系管理。

相对而言，分散连接指向的利益相关者较难识别，他们可能长期处于休眠状态，只会在特定情境下与组织互动。在米切尔的分类中，这类群体往往只具备一种到两种属性，被划分为预期型或者是潜在型利益相

① MITCHELL R K, AGLE B R&WOOD D J, “Toward a theory of stakeholder identificationand salience: Defining the principle of who and what really counts”, *Academy of management review*, 1997, 22 (4), pp.853-886.

关者，但这并不意味着他们对于组织的影响无足轻重，即便是米切尔口中只具备紧迫性而不具备合法性与权力，像只蚊子一样在决策者耳边嗡嗡作响的“苛刻型利益相关者”，也可能因为与授权、功能连接指向的利益相关者结盟将诉求合理化，在关系管理中的优先级也相应上升。①

利益相关者的识别与分类模型给企业关系管理带来了两点启示：其一，不能机械地将企业的各大利益相关者等量齐观，不同的利益相关者在特定情境下对于企业的生存和发展的重要性是有差异的，在科学界定的基础上针对多元利益相关者展开策略性沟通是企业可持续发展的必然选择；其二，利益相关者的状态并不具有“固定的特性”（fixed property），而是一个持续变更的动态过程，政治的介入、联盟的建立、经济条件的改变等都有可能使利益相关者获得或失去某些属性，继而在不同类别中相互转化。

三、通过关系管理构建三大共同体

正如本书屡次强调的，品牌是企业与利益相关者互动、互通、互惠的产物，是企业与利益相关者共同创造与维系的软资产，换言之，品牌本身是一个指向共同体的概念。一个伟大的品牌就是企业与利益相关者共持的信息共同体、利益共同体和价值共同体。

共同体构建以及品牌塑造起始于利益相关者对企业的认知和态

① RAWLINS B L, “Prioritizing stakeholders for public relations”, *Institute for public relations*, 2006.

度。一般而论，以下三个维度是企业与利益相关者接触的基本方式和界面。

一是沟通。沟通本身即是展示、感知和建构的过程，旨在促进企业与利益相关者的交流、知情和合意，使企业和利益相关者成为一个动态的信息共同体。就品牌建设而论，沟通维度的关键词是公开、透明和响应。公开意味着知情共享；透明意味着见证、参与和程序合法性；响应则意味着“关切彼此的关切”，即双向的对话，而非一方的强势表达和展示。在互联网特别是社交媒体营造的全新舆论生态下，若缺少对话观念，无论多少报道和宣传，无论怎样的内容和手段创新，皆可能是徒劳之举。

二是利益。利益关涉到产品、项目、政策、管理、服务、技术、资源和流程等多个方面，这些既是企业的“本分事”，也是利益相关者的基本关切所在。利益之维的关键词是开放、创造和互惠，旨在将企业与利益相关者形塑为一个利益共同体。开放即相互走近、协同并进，这是20世纪60年代即已确立的品牌与公共关系理念；创造即创新、拓展和成长，即可成长性和可持续发展；互惠即企业的发展要给利益相关者和社会带来可分享的利益，它不单指实存的增益，也包括主观上的分享意识和获得感。

三是价值。价值也是一种利益，但又超越其有形、实然的物化存在，而是指向了动机、情感、尊严、伦理、审美、理想和信仰等心智和精神层面。卓越的品牌应当在价值维度让利益相关者体验、感受到爱、关心、承认、德性、美好、欢喜、希望乃至终极意义，并以此为前提与利益相关者构筑价值共同体。价值层面的关键词乃人类良知层面的真、善、美，尤其是善和美。大企业、大品牌的价值追求往往要超越自我本位和族群中心立场，站在人类命运共同体、人与自然的和谐共生关系、人与天道的感交契应关系等层面进行提炼和表达。

如是而观，关系管理的目标可被视作多维的共同体而存在和演进——企业与利益相关者共同建构的信息共同体、利益共同体和价值共同体。在对话的意义上，关系管理所呈现的是企业与利益相关者之间信息交流、利益互惠和价值共享的范围、程度和状态。

当我们评价企业关系管理运作的高下优劣时，亦可从沟通、利益和价值三个“元维度”切入，观察其与利益相关者的沟通与互动程度、利益实现与互惠程度、价值创造与共享程度。企业若不重视与利益相关者的双向沟通和交流，或仅注重单向的信息发布和展示，即有宣传、无对话，则无以构建信息共同体；若无意、无力创造平等互惠的利益生产和分配机制，即使宣传、沟通做得再好，利益共同体则难以存续；若罔顾价值共创和分享，即使再重视沟通和实惠，也难以成就一个有性格、有德性、有温度，许诺美好、理想和终极价值的伟大品牌。有宣传、无对话，有对话、无实惠，有实惠、无价值皆不可取。

在绿色发展的浪潮中，企业“共同体”的打造有了大方向和新抓手。大方向就是“人与自然的和谐共生”、共建共享“美丽中国”、构建人类命运共同体；新抓手则包括乡村振兴、城市治理现代化、共建美丽地球家园、破解邻避问题等企业关系管理重点实施的领域。这些新抓手既有对国家改革发展大势的顺应，也有对环境乃至社会困局的突破，接下来的内容将分别从“顺势而为”和“破局而立”两个角度对其加以阐述。

第二节　顺势而为：以关系管理赋能新发展

习近平总书记在党的十八届五中全会指出，要坚持创新发展、协调发展、绿色发展、开放发展、共享发展的新发展理念，[①]运用整体观使之协同发力、形成合力，解决发展动力问题、发展不平衡问题、人与自然和谐问题、发展内外联动问题和社会公平正义问题。在新发展理念的指引下，企业需要转方式、补短板、防风险，将自身的发展与国家战略有机融合，在推进绿色共建共治共享的过程中与利益相关者共创未来的品牌。

一、响应乡村振兴，创新共建模式

农业、农村、农民问题是关系我国国计民生的根本性问题。长期的城乡二元结构及“重城市，轻乡村”的城市优先政策的实施，使得乡村一直处于相对落后的位置。[②]习近平总书记在党的十九大报告中提出实施乡村振兴战略，要按照产业兴旺、生态宜居、乡风文明、治理有效、生活富裕的总要求，建立健全城乡融合发展体制机制和政策体系，加快推进农业农村现代化。[③]

① 《习近平谈治国理政》第二卷，外文出版社 2017 年版，第 200 页。

② 鲍梓婷、周剑云：《当代乡村景观衰退的现象、动因及应对策略》，《城市规划》2014 年第 10 期。

③ 《习近平谈治国理政》第三卷，外文出版社 2020 年版，第 257 页。

结合自身的行业属性和战略定位创新，很多企业投入到乡村振兴之中。

例如国网河北省电力有限公司积极发挥行业优势，将能源清洁低碳转型与数字赋能乡村振兴有机结合，广泛开展技术扶贫。国网河北经研院通过为河北巨鹿金银花农定制智慧节能改造方案，协调设备厂家提供新型智慧节能烘干设备，帮助金银花农走出高污染高耗能、低效率低品质发展困境，助力产业清洁低碳转型、金银花农增收节支，为绿水青山、低碳环保和美丽乡村建设添砖加瓦，获得地方政府高度认可。①

又如国家电投在安徽小岗村充分利用当地太阳能、地热、水源等资源，基于“环保、低碳、节能、生态”规划理念，为小岗村量身定制美丽乡村智慧能源示范项目，助力当地发展循环经济，同时改善村民生活环境。该项目以农村能源革命和数字化发展为驱动力，以生态能源、智慧设施、绿色产业为主要途径，打造生态小岗、智慧小岗、幸福小岗、实力小岗，建设“农业强、农村美、农民富”的美丽乡村新标杆。②

再以华侨城为例，其立足于国民经济和国家战略提出的新要求及自身产业特色，确立了“文化＋旅游＋城镇化”“旅游＋互联网＋金融”创新发展模式，早在2016年就提出打造50个特色小镇、50个美丽乡村，即“100个美丽乡村计划”，力求通过关系管理构建多元共治平台，使政、企、村、民协同发挥作用，以达成“文旅引领＋社区驱动＋农旅支撑＋生态示范”的乡村振兴模式（如图6—3所示的“南岸美村”项目）。截至2021年，华侨城已在京津冀、长三角、中西部以及广东、海

① 《第五届中央企业优秀故事展示》，2022年6月29日，见 https://mp.weixin.qq. com/s/5A9i4OgLp18G4f4Tc2cdIg。

② 张延陶：《国家电投：“零碳乡村”展现能源央企担当》，《英才》2021年第8期。

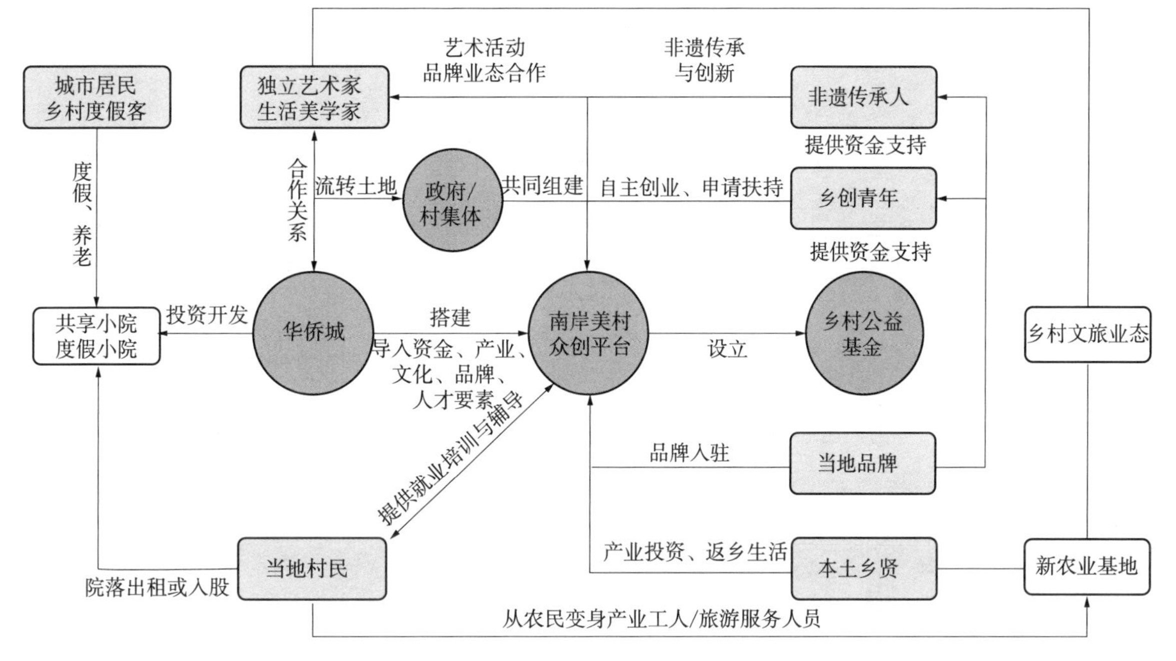

图6—3　华侨城“南岸美村”多元共治模式①

① 华侨城集团有限公司：《华侨城美丽乡村实践（案例篇）》，中国旅游出版社2021年版，第119页。

南、云南等区域，建设和运营近30个特色小镇和美丽乡村项目，帮助16万贫困群众脱贫出列，通过文旅融合赋能乡村振兴所形成的开放式景区年接待游客量达4000万人次。①接下来我们将其主要做法分述如下。

（一）形成合作共享的政企联动模式

在华侨城美丽乡村项目建设过程中，涉及土地征用、乡村治理、村民入股等诸多事项，且美丽乡村项目建设投入大，回收周期长，需要企业积极争取土地优惠、农地入市、规划调整、税收减免等政策支持。而政府掌握项目审批、公共资源协调的权力，政府意愿对于项目发展具有主导作用，是重要性最为显著的授权连接型利益相关者。在具体实践中，华侨城着重采用了接触、公开、结盟这三类关系管理与维护策略，与政府增进了解、加深信任、促成合作，将公共政策有效地转化为企业的发展机遇。

其一，积极响应并协助政府改革举措的推进，奠定政企良性互动的基础。华侨城的“100个美丽乡村计划”并非企业的一厢情愿之举，而是与乡村振兴、新型城镇化国家政策深度契合。华侨城以农文旅融合为抓手，在对土地资源进行整合研究的基础上形成合理且可操作的资源利用方案，探索出“文化旅游＋美丽乡村”和“产业扶贫＋乡村振兴”特色发展模式，高度响应国家政策内涵，从而更利于获得政府的审批与支持。

其二，创新对话协调机制增进了解与互信，降低政企关系维系成本。华侨城集团、各个部门、分子公司与具体项目均投入了大量的资源

① 《迈出“兴”步伐》，2022年6月10日，见https://www.chinaoct.com/hqc/hqcsj/hqczz/704124/ index.html。

努力建立和维护与地方各级政府部门的关系。如在四川黄龙溪欢乐田园项目中，华侨城与成都双流区政府建立了临时性协调组织——黄龙溪项目战略指挥部，由副区长牵头，成员来自双流区政府各个部门科级以上干部，项目推进一旦出现问题，能够快速反馈给相关部门，协商解决。此外，通过欢乐田园、光明小镇等富有特色、行之有效的“美丽乡村”样板项目的打造，华侨城树立了城乡融合与美丽乡村建设引领者、乡村美学和东方乡村生活示范者的品牌形象，赢得了政府的认可与信任。

其三，以共享合作理念构建事业共同体，探索政企联动新模式。企业与政府之间不应只是单纯甲乙方的关系，二者还可以成为项目运营中的合作伙伴、事业共同体。如在“安仁古镇”项目中，华侨城发挥深耕文旅产业的经验优势，确立了“中国博物馆小镇”的总体定位和建设“世界博物馆小镇”的发展目标，构建“文博、文创、文旅”三文融合的产业生态圈，打造具有市场竞争力的旅游产业体系。政府则动用政策资源加强宣传，以会展经济带动旅游业发展。自2016年始，以政企学研联动的方式举办的安仁论坛已成为乡村振兴及新型城镇化领域的高端学术、综合服务和全域合作平台（见图6—4），不仅推动安仁古镇作为样板项目走向世界，也有助于华侨城在文旅行业树立良好的企业形象，扭转其他利益相关者对华侨城“地产商”的刻板印象。

华侨城与政府达成的互尊互信、互帮互助、互惠互利的政企联动模式，为“100个美丽乡村计划”开辟了更广阔的生存和发展空间。一方面，政府作为华侨城乡村振兴实践背后“默默的帮手”，为企业提供宏观政策支持，创造良好的制度环境助力美丽乡村计划落地。另一方面，政府基于对既有合作关系的满意度，发挥“连接桥梁”的作用持续不断地向企业输送资源。如华侨城在海南的“中廖村”项目就是由三亚市政府向中廖村引荐华侨城，推动双方达成合作。华侨城与政府驻村工作队联合发布《中廖村建设美丽乡村村民公约》，共同推进乡村基础设施建设、村民生活环境提升与社区党建治理工作。中廖村被评为“全国乡村旅游重点村”“全国乡村治理示范村”，是“政府搭台、企业唱戏、联合互动、合作共赢”的标志性项目。

图 6—4　立足博物馆文化与民国文化的安仁小镇

（二）培育共生众创的多元内驱机制

在美丽乡村的建设和运营过程中，除了游客和入驻商户这些传统的利新益相关方，还涉及处理原住居民和新移民的关系；特别需要面对的是一些原住居民“等、靠、要”依赖思想较为严重，①仅把美丽乡村建设视为政府或企业担责的外部行为，缺乏主动参与乡村旅游开发、美丽乡村振兴活动的意愿和能力。为了推动村民从“要我美丽”向“我要美丽”转变，实现自我“造血”，华侨城秉持“主客共享”理念，采取结盟、

① 华侨城集团有限公司：《华侨城美丽乡村实践（案例篇）》，中国旅游出版社 2021 年版，第 8 页。

共担的关系管理策略，着力培育“新农人”和“新乡贤”，帮助推进移风易俗、改进生活方式、提高生活质量。①

乡村振兴最根本的实施对象和受益主体是原住居民。对此，华侨城持续助力解决原住居民的就业需求，完善乡村基础设施。如海南集团美丽乡村项目雇佣的员工，70%来自当地的村民，员工入职时由企业提供文化培训及岗位技能培训，着力将其打造成一支有文化、懂技术、善经营、会管理的“新农人”队伍，让村民在家门口吃上“旅游饭”，激发其为社区发展服务的积极性。华侨城明确只有人的振兴，才能真正带来乡村的振兴。基于这样的认识，企业注重搭建平台聚集人才资金、文化产业要素，吸引优秀人才返乡共建，通过人的回流改善“贫困村”“空心村”乡村基层治理主心骨缺失的现状。

企业家、外企高管、社会名流等群体选择到乡村创业，经营生态农庄、农家乐、度假酒店、民宿等项目，客观意义上成为乡村社会的“新移民”。对于这类利益相关者，华侨城一方面着重解决产权与税收问题，通过投资、收购原住民的置业聚合产权、给予政策优惠和商户补贴等形式扩大新移民的营商空间；另一方面通过联席工作制度、定期信息交流、配备专职人员对接等方式增强其认同感和归属感，把“雇主与租客”关系转变为“当家人与新主人”的共生关系，将“新移民”发展为能够增强乡村治理能力的“新乡贤”，构建“乡贤+”的村级治理模式。如螺溪谷项目就研发出“华侨城示范—乡贤创客引领—辅导村民创业就业”

① 华侨城集团有限公司：《华侨城美丽乡村实践（案例篇）》，中国旅游出版社2021年版，第25页。

的关系管理新路径；① 南岸美村项目则引入艺术家、设计师等文创主体，与乡村非遗匠人、能工巧匠建立合作关系，共同开发新民艺品牌实现“乡村众创”，城乡要素形成良性流动。

二、创新城市治理，建设低碳社区

实现碳达峰碳中和是一场广泛而深刻的经济社会系统性变革，② 除了关注生产端的碳减排，也需重视消费端的碳排放。城市是人类社会生产生活的主要聚集地，也是能源消费和碳排放的主要来源。全球范围内城市的能源消费量占比超过 65%，与能源相关的碳排放量占比超过 70%，③ 因而在实现“双碳”目标中居于先导地位。截至 2022 年 6 月，我国的低碳城市试点政策已推广至 3 批共 87 个碳试点。作为一个考察城市管理者智慧、决心、眼界和耐力的系统工程，低碳城市试点项目在发挥政府主导力、企业主体力、市场配置力和社会协同力等方面积累了有益经验。④

社区作为城市的细胞单元，是人们工作、生活、居住的主要场所，也是低碳城市建设的重要空间载体。低碳城市的实现有赖于一个

① 潘咏：《授人以鱼更要授人以渔　坪山区找到精准扶贫的“金钥匙”》，《深圳商报》2018 年 6 月 7 日。

② 习近平：《高举中国特色社会主义伟大旗帜　为全面建设社会主义现代化国家而团结奋斗——在中国共产党第二十次全国代表大会上的报告》，人民出版社 2022 年版，第 51 页。

③ Intergovernmental Panel on Climate Change, *Climate change 2014: Mitigation of climate change,* Cambridge: Cambridge University Press, 2014, pp.98-100.

④ 庄贵阳、魏鸣昕：《城市引领碳达峰、碳中和的理论和路径》，《中国人口·资源与环境》2021 年第 9 期。

个“低碳社区”——通过构建气候友好的自然环境、房屋建筑、基础设施、生活方式和管理方式，降低能源资源消耗，实现低碳排放的城乡社区[①]——的建设。根据国家发改委发布的《低碳社区试点建设指南》，低碳社区的建设主体除了负责部署和统筹推进的各级党政组织，也离不开新区开发投资主体、社区居委会等具体实施单位配套做好社区低碳制度的建立和完善、低碳社区服务的引入和规范、低碳文化生活的宣传和推广等工作。

中新天津生态城是中国和新加坡两国政府合力打造的“无废城市”生态试点，生态城的第四社区中心在2022年入选天津市首个“零碳”社区商业项目。作为生态城的主体开发商，中新天津生态城投资开发有限公司（生态城合资公司）不仅在试点范围推广绿色建筑、推进节能减排、搭建无废智能信息管理平台，还针对生态城的社区、商场、景区、学校、酒店、工地、公园、快递、机关九大典型场景创建“无废细胞”，引导居民在衣、食、住、行、用等方面树立绿色生活和共建共享意识。如建设融合知识科普、积分兑换、市民讲堂等功能的生活垃圾管理体验馆、环卫科技体验馆、垃圾分类教育体验馆，组织主题宣传语大赛、形象大使评选、“无废之旅”体验等系列活动，营造全民参与的良好氛围；[②]连续十年举办青年“生态创想·绿色行动”环保大赛，号召青年人积极践行可持续发展的生活方式的同时，也为生态城市建设探寻切实可行的

① 中华人民共和国发展和改革委员会：《国家发展改革委办公厅关于印发低碳社区试点建设指南的通知〈低碳社区试点建设指南〉》，2015年2月12日，见https://www.ndrc.gov.cn/xxgk/zcfb/tz/ 201502/t20150225_963769.html?code=&state=123。

② 生态环境部：《中新天津生态城开创“无废城市”建设国际合作新模式》，2020年6月24日，见https://mp.weixin.qq.com/s/gpp2uexc52UEqMtAUpyRrA。

绿色、智慧解决方案。2022年，中新天津生态城投资开发有限公司主办了主题为“碳中和·新经济”的首届中新天津生态城经济论坛，促进中新两国企业、国际企业、教育和科研机构间的交流与互动，建设“无废城市”国际合作的范本。

经由相关实践可以看出，除了通过对社区空间重构达到减排目标的创新型规划、调整社区能源和资源结构的资源型规划，低碳社区的打造越来越侧重于让社区居民自发学习并参与到社区规划中的学习型规划。① 接下来我们以华侨城协同建设的深圳首个“近零碳社区”新桥世居为例，探讨企业如何创新联动模式、设计共担机制、加强多元合作，深入参与“双碳”实践，引领绿色生活方式。

（一）创新联动的治理模式

新桥世居位于深圳龙岗区坪地街道高桥村北侧的客家围村，社区总建筑面积约36000平方米，现有居民约400人，是“深圳十大客家古村落”之一。社区聚集了较为复杂的城市生态系统，为了创新运营模式更好地进行社区治理，华侨城将社区划分为零碳细胞、零碳单元和零碳社区三个部分②，重新分解零碳目标，并与居民、家庭以及多个社区场景相连接。

零碳细胞强调居民的碳足迹，为此华侨城开设了碳账户实现人与碳

---

① 石龙宇、许通、高莉洁等：《可持续框架下的城市低碳社区》，《生态学报》2018年第14期。

② 龙轩：《客家围屋变身深圳首个“近零碳社区”，运用140多项“黑科技”解决碳排放难题》，《深圳特区报》2021年12月16日。

的统一；建立社区碳普惠[①]制度（如碳积分、碳商城）引导居民选择零碳生活方式；通过碳信用和碳交易，逐步提高个人碳资产之间、个人与社区之间、社区与城市之间的碳流通能力，从而从整体上实现个人行为习惯的改变。

零碳单元重点关注社区家庭的几类典型低碳绿色和智慧居住模式，从不同的家庭特征、居住条件、建筑物特征、家庭成员的行为习惯等方面进行碳排放识别和设计，探寻不同场景（如零能耗场景、绿色出行场景、资源循环利用场景）下的减碳路径和方式。具体举措：将可再生能源供能、微网储能、分布式用能形成完整闭环，确保家庭用能的绿色和清洁；由餐厨垃圾、废水等资源再利用的实施，保证零碳家庭的资源再利用能力；从智慧家电、家庭智慧能源管理角度建立家庭碳资产管理能力，形成家庭减碳和低碳的信息化、智能化水平；通过与社区网格化管理、绿色出行等设施联动，形成家庭与社区的零碳互动；借助碳商城、碳积分等的互动，促进家庭成员长期践行低碳行为，达到零碳家庭效果。

零碳社区从社区总体尺度关注社区碳边界和碳总量、碳排放及碳消纳，包括清洁用能、绿色建筑改造、社区环境和景观提升、废弃物资源化等。

通过以上模块的构建甄别出社区的高碳排放、高强度碳源分布后，华侨城随之建立覆盖社区内各类主体的碳排放管理体系，形成社区低碳公约，让日常低碳管理工作得以高效运转。

---

① 指运用相关商业激励、政策鼓励和交易机制，带动社会广泛参与碳减排工作，促使控制温室气体排放及增加碳汇的行为。

（二）设计共担的行为机制

低碳社区的营造核心是居民行为。然而，在居民普遍对气候、碳减排的认知呈现“依赖”心理，认为“这是全球性的问题和政府的工作”时，如何提升其在低碳社区创建过程中的获得感、认同感和参与度，变“被动低碳”为“主动低碳”，是低碳社区建设成功与否的先决条件①。针对此种情形，华侨城秉持“以人为本”的建设理念，以“服务者”为定位，借助新媒体平台发挥非政府组织专业性强、综合服务能力高的优势，引导居民形成低碳生活共同体。

该社区联合阿里云，运用互联网技术和数字化手段打造了国内首个近零碳智慧管理平台——“智碳中心”，将智慧社区与低碳社区相结合，数字化定义人与碳的关系，配合可视化智慧大屏，从个人、家庭、社区三层维度形成自线上到线下的碳流追踪与碳足迹闭环。进入社区的居民和访客通过手机扫码登录即可拥有属于自己的碳账户，这个账户能根据不同能源类型和低碳活动的属性，对个人的低碳行为进行计量、发放碳积分。平台既支持社区运营方组织集体形式的低碳活动，也支持居民自主打卡“每日低碳好行为”，积累的碳积分可在平台商城兑换相应奖品，从而形成正向循环，激励个人更积极地践行低碳生活方式（见图6—5）。

此外，该社区还系统设置了零碳科普体系，除了面向社区居民发放低碳生活指南、张贴低碳相关标识的说明，社区内还特别开设了零碳学院，通过声光电先进展示技术，以线上线下相结合的模式系统展示双碳

① 付琳、张东雨、杨秀：《低碳社区评价指标体系研究》，《环境保护》2019年第15期。

知识体系，并以此为平台开展绿色低碳转型主题沙龙、学术研讨会、低碳技术发布会、居民低碳公益活动等活动，以此提升社区文化品质，营造更好的低碳生活氛围。

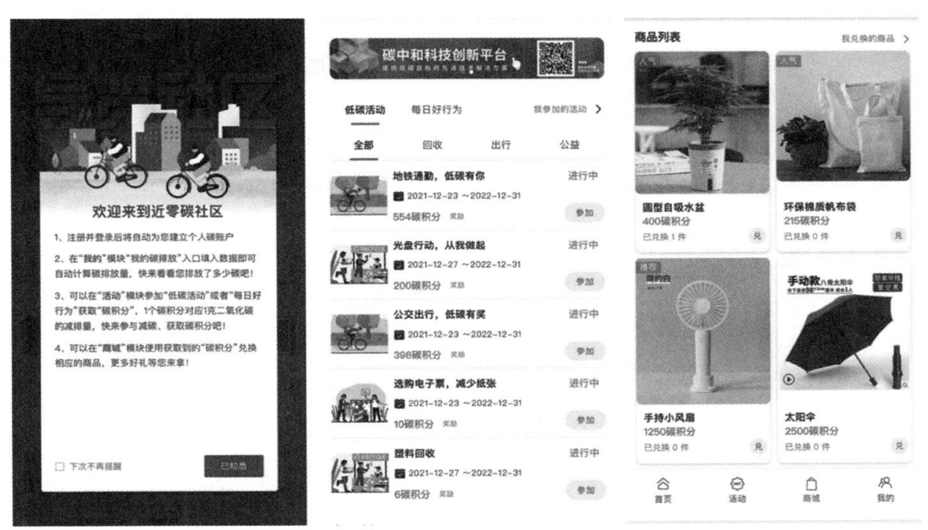

图 6—5　新桥社区个人碳账户示意图

（三）加强一体的多元合作

零碳社区的变革需要可再生能源（尤其是光伏、储能、微电网）、社区绿色建筑、社区废物资源化、社区家庭能源管理、环境友好、绿色出行以及智慧社区等多方面的科技创新和技术突破。新桥世居实现了社区治理和近 200 项绿色、可持续技术的有效对接，从而将近零碳排放社区、韧性社区、海绵社区、智慧社区等有效统一。

作为世桥新居的运营方，华侨城在对接技术力量的同时还发挥零碳社区的场景优势，吸引金融服务商、减碳服务商、碳交易服务商入驻社区提供专业的金融减碳、技术减碳、碳指标交易等解决方案，形成一体化服务能力。

此外，华侨城还积极与深圳市和龙岗区政府共谋“双碳”产业布局，如配合打造国际低碳论坛永久性会址及国际低碳名片，实现以会带产，以会促产；依托世桥新居这一示范项目创设碳中和科技创新平台，汇集双碳领域政策、技术方案、创新资源和典型案例，成为展示低碳企业以及优秀案例的渠道和学习国内外双碳案例先进经验的窗口，为行业和企业提供先进的碳中和技术解决方案与实施路径。

三、推进国际合作，共建美丽地球家园

若要判断企业是否具有全球竞争力的世界一流企业，一个重要标准是企业能不能坚持开放合作、互利共赢，积极融入全球化浪潮。2019 年，习近平主席向世界发出了“同筑生态文明之基，同走绿色发展之路”的绿色发展倡议，[①] 各企业均可以在国际化的过程中为建设美丽地球家园、构建人类命运共同体贡献力量。接下来我们以代表性企业的跨国业务为例，总结其如何跨越文化的差异和鸿沟，籍由关系管理提升品牌形象。

（一）全面践行绿色环保的理念

“说到不如做到”，如果没有信息的沟通与互动、利益的实现与互惠、价值的创造与共享，关系管理就是无本之木、无源之水。以中国的

① 张翼：《抒写共建美丽地球家园的华章》，《光明日报》2019 年 10 月 10 日。

央企为例，那些在走出去的过程中能够积极履行环境责任、秉持绿色发展理念，深耕绿色市场，自觉保护、改善周边生态环境，助力当地实现可持续发展目标的企业，总是能得到当地利益相关者的高度评价和深度认可。

中国建筑（南洋）发展有限公司在建设新加坡北部的三巴旺综合社区中心项目时，不仅本着尊重自然、保护自然的精神保护了500多棵树木，还将绿色环保理念贯穿于项目设计和施工的各个环节。中心的建筑屋顶实现了无土植物全覆盖，不仅外观上绿意盎然，还可以起到降温、吸音、降噪等作用；园林区域的降雨排水系统运用石块、碎石、植物等天然材料，将雨水汇集起来并层层过滤沉降泥沙，营造出天然河道景象，既美观又能净化水源；项目还采用了大量预制构件，以最大限度减少施工中产生的建筑垃圾。①

中国三峡（巴西）有限公司大萨尔托水电站鱼类养殖中心基于对当地维护生物多样性和扩大鱼类资源意义的研判，以及对河流沿岸的社区经济和文化价值的评估，在巴西环境和可再生资源研究所的授权和指导下，每年向巴拉那帕内马河投放150万尾鱼苗，向巴拉那河投放210万尾鱼苗（见图6—6）。2018年，“大萨尔托水电站生态与鱼类管理项目”在第十六届巴西可持续发展最佳实践评比中获得最佳实践奖。②

① 朱东君、许立群、刘慧等：《央企走出去——注重低碳环保　发展绿色产业》，《人民日报》2021年12月22日。

② 朱东君、许立群、刘慧等：《央企走出去——注重低碳环保　发展绿色产业》，《人民日报》2021年12月22日。

图 6—6　三峡巴西员工带领电站周边社区孩子一起放流鱼苗并讲解相关知识

中交集团在境外项目落地过程中也积极解决项目设计、施工及运营对生态环境的影响，将全寿命周期绿色理念和方法贯穿项目建设始终。在修建要穿越肯尼亚数个野生动物保护区的蒙内铁路时，中交集团征求了肯尼亚政府和民间、联合国以及环保组织等多方意见，对设计方案做了四次大改动，调整十多次。通车后，蒙内铁路被当地人称赞是一条“绿色之路”，野生动物与铁路在此实现人与自然和谐共处的美好景观。①

2022 年 1 月，生态环境部和商务部联合印发了《对外投资合作建设项目生态环境保护指南》，这使我国企业贯彻生态文明理念，进一步做好对外投资合作建设项目生态环境保护工作，推动项目绿色高质量发展，有了更体系化的指南。

① 《“双碳”之约：中央企业走绿色低碳转型高质量发展之路》，2022 年 6 月 28 日，见 https://mp.weixin.qq.com/s/vFd8ARwyIHp8awoNxAunqw。

（二）优化影响关键人群的策略

影响有影响力的人总会起到事半功倍的效果。除了传统意义上的关键人群，如智库、议员、NGO 等，不少企业把目光投向随着成长越来越有话语权的青少年人群，通过持续开展品牌化的活动吸引青少年参与，使其在收获知识的同时增加对企业的认知度及美誉度，并进一步影响其家庭成员。

壳牌中国自 1996 年起就发起青少年环保项目“美境行动”，创造性地将环境教育引入到中国青少年当中，与国家及地方生态环境宣传教育中心、地方教委以及环保局、科协等机构合作，秉持着“美源于心，境成于行”的理念，鼓励青少年发现身边的种种环境问题，设计环保小方案并予以实施，以实际可行的方式创造更加美好的环境。经过 20 多年的坚持，该项目影响了 100 余万学生。

世界最大的化工企业之一巴斯夫，为激发学龄儿童的好奇心和探索精神，引导下一代肩负起可持续发展的使命，于 1997 年设计了免费互动化学实验室“巴斯夫小小化学家”，现已在全球超过 30 个国家和地区开展。自 2002 年该活动登陆中国以来，每年都会围绕特定主题举办安全有趣的互动化学实验课堂，共吸引了 20 多万中国儿童参与。2021 年，巴斯夫推出“CO_2 实验室”，引导儿童了解二氧化碳性质，认识减少温室气体排放的重要性。巴斯夫大中华区总裁兼董事长柯迪文表示：“如今，保护环境、应对全球变暖变得尤其重要。化学能帮助我们解决很多现在和未来将要面对的全球挑战。今年我们将通过动手做实验帮助孩子们深入浅出地理解‘全球变暖’和‘温室气体排放’的概念，鼓励他们思考如何从自身出发，从点滴做起，让这个世界变得更美好。”①

（三）解决当地人们关切的问题

聚焦所在地人们关切的问题或领域，结合企业的优势业务、产品及技术将问题解决，也是不少企业在海外传播价值观，增加人们对其发展承诺、技术实力和核心竞争力认可度、信任度的重要方式。

例如，科技公司英特尔长期用科技的力量助力环保事业，如使用 Falcon8+ 无人机、SnotBot 无人机等科技产品追踪北极熊、采集鲸鱼喷水样本。作为英特尔“用技术造福社会（Tech for Good）”系列项目的延续，2018 年 7 月，英特尔公司与世界自然基金会（WWF）在吉林省长春市签约，共同宣布将运用英特尔人工智能技术实施东北虎保护项目，克服传统主要依靠红外相机开展野外监测，影像数据手动收集、处理及分辨耗时费力，重要数据难以及时捕获，盗猎无法及时监控，动态与模糊影像无法分辨还原等局限，以更先进的创新科技保护这一世界濒危野生动物。此类行动推动英特尔的企业形象和国际社会对其核心技术的认可度更上一层楼。

另如瓜达尔港的例子。瓜达尔港是中巴经济走廊的旗舰项目，共建“一带一路”倡议不仅助推瓜达尔港从一个封闭的小渔村发展为地区交通枢纽，增加了居民的收入，也极大地改善了当地的生态环境。瓜达尔地区炎热干旱，种植业难以为继，中方援助专家的到来解决了这一难题，不仅向当地居民提供经济作物幼苗，还免费开展农业技术培训，在

① 张晓鸣：《这个夏天，这些小小化学家们一起来探索气候变化的奥秘》，2021 年 7 月 7 日，见 http://www.whb.cn/zhuzhan/cs/20210707/413028.html。

中方技术人员指导下，瓜达尔新增绿地超过 10 万平方米，变成濒临阿拉伯海的一片美丽绿洲。[①] 现代农业的发展亦打破了当地依赖传统渔业的单一产业格局，中方企业借此与瓜达尔港居民构建了和谐融洽的"好邻居"关系。

（四）建立良好的社区沟通机制

除了助力项目所在地的经济与生态发展，通过建立社区沟通机制，与当地居民实现良性互动，也是企业国际项目长久顺利运营的关键。

例如中石油在伊拉克各项目部均成立由当地政府、当地石油公司、社区长老及作业者代表组成的紧急事态处理委员会，下设"公共关系员"岗位，负责油田社区关系建设和维护、征地工农关系沟通与协调、与当地雇员人力资源相关事务等，同时在井场和营地设有社区关系记录卡，专门记录当地村民的诉求。

又如中国有色集团，除了每年定期发布可持续发展报告、积极披露关键环境信息接受社会监督，还特别注重项目所在地的社区共建。集团公司每年按要求落实环境日、节能周等宣传教育工作，提升全员环保责任意识；中色谦比希冶炼厂等企业积极开展周边群众走访、居民进企业等活动，将环境治理工作成果"亮出来"，让居民作为验收者，形成良好互动机制，有效改善了地企关系，获得了群众的认可。[②]

---

① 程是颉：《"为瓜达尔港探索出一条可持续发展之路"（共建"一带一路"）》，《人民日报》2022 年 6 月 12 日。

② 《中国有色集团：坚定履行社会责任　努力成为央企生态文明建设"排头兵"》，2022 年 4 月 12 日，见 http://www.nfc.com.cn/templates/T_new_list/index.aspx?nodeid=338&page=-Content Page&contentid=5938。

再如中国广核集团欧洲能源公司参与建设了法国南部城市阿萨克一条名为“从风电场到风车磨坊”的徒步道路。这条可以穿行小城的总长6公里的道路，连接了河畔古老风车磨坊和现代风电场，能让参观者系统了解风电机的工作原理，并沉浸式体验风能给城市带来的变化。

（五）基于关系网开展立体传播

企业海外传播的常规机制是与所在国相关媒体、非政府组织、社区、知名意见领袖等定期沟通；适时举办线上或线下的企业“开放日”，增进当地社会对企业的了解；加强与国内主流媒体驻外记者站或分支机构的沟通协调，宣传海外优秀工程、履行社会责任等方面的先进事例，提升企业在海外的影响力和话语权。如今，移动社交媒体为企业构建责任或价值层面的共同体创造了更多可能，企业可通过网络议程的设置、网民行动的倡导和激励、优质内容的生产等方式，把全球范围内的网民变成策划者、参与者、实践者及分享者，从而让自身的发展理念、责任形象、核心价值广泛传播且深入人心。一个值得借鉴的例子是2019年壳牌在YouTube上开展的“The Great Travel Hack”活动。活动以热爱旅行的年轻人为受众，选择在所在国具有较高影响力的意见领袖进行合作，以展现全球各国年轻人如何在旅途交通上降低碳排放。运用这样的方式，壳牌在提倡可持续发展的同时，向全球传播了其负责任、有关爱、有道德的良好企业形象。①

---

① 《SDG传：“宏观”建设与“微观”传播，壳牌的可持续形象传播经验》，2022年3月9日，见https://mp.weixin.qq.com/s/N8towIIPDuxaY3MlB2L2FQ。

第三节　破局而立：借关系管理破解邻避困境

随着我国城市化、工业化的推进，具有负外部效应的邻避设施，如垃圾焚烧厂、核电站、PX等项目的建设需求越来越多。在公民权利意识与环境意识迅速提升的背景下，上述具有环境、健康或安全风险的项目常会激发公众“不要建在我家后院”的邻避情结。诸多“不得不建”的公共服务设施因而面临立项选址困难、建设推进缓慢、建成却无法运营的困境，极大地增添了社会风险，① 也令项目所属企业的品牌合法性遭遇信任危机。综合国内外的实践来看，若想破解此类困境，企业需要首先跳出认识公众这一重要利益相关者的几个误区，继而把握其在利益、信任、参与方面的核心关切，回应真问题、拿出真行动。在本节的最后，我们介绍了中广核和南方电网的运作经验。

一、跳出认识公众的误区

西方发达国家较我国更早地遇到“邻避”难题。基于这些国家的经验和教训，一厢情愿的坦诚和精心设计的说服往往无济于事。企业和政府只有把公众当成“合法的合作伙伴”，观照其主体性、参与需求和利益诉求，才能借助风险沟通等方式畅通联系、化解冲突、走向共识。而

① 黄河、王芳菲、邵立：《心智模型视角下风险认知差距的探寻与弥合——基于邻避项目风险沟通的实证研究》，《新闻与传播研究》2020年第9期。

做到这一点的前提，是企业首先跳出认识公众的四个误区。

第一个误区是认为公众是理性的。企业常认为公众可以像技术专家或风险管理者一样理性地评估邻避项目的风险和理解风险决策，因此他们将主要的精力放在了风险技术信息的设计等自己觉得重要的问题上。① 然而，越来越多的研究和实践证明，公众对风险大小的判定更多地基于感性因素，譬如以往的生活经历、个人风险与利益的对比、周围的人对该风险的态度，甚至单纯只是情感上的好恶等。② 公众对风险的感性判断会与科学认识相去甚远，但企业却需要认真考虑公众的每一个关切，深入了解其背后的心理、文化、利益等方方面面的原因，并据此调整自己的沟通策略。

第二个误区是认为公众是笼统的。当企业被问到“沟通对象是谁”时，他们经常要么答不上来，要么就只是简单地讲“公众”或“网民”，要么干脆假定公众与其类似，只是抽象的概念或笼统的一群人。事实上，每一个邻避事件中的公众都应该是看得见、摸得着的具体存在的沟通对象，他们可按人口统计、心理特征、受风险影响的程度、对风险的兴趣、参与的积极性等维度划分成多个细分群体，各类细分群体的沟通需求可能也不尽相同。问题情境理论为企业提供了一个识别谁是积极行动者的有效方法，根据公众对问题的认知差异、与问题情境的涉入程度、面对问题时的解决能力与知识经验这四个要素，可划分为非公众（不受风险影响）、潜在公众（受影响却不知情）、知晓公众（受影响且

① SANTOS S L, “Developing a risk communication strategy”, *American water works association*, 1990, 82 (11), pp.45-49.

② SLOVIC P, “Perceived risk, trust,and democracy”, *Risk analysis*, 1993, 13 (6), pp.675-682.

知情）和行动公众（组织他人应对风险）①。

第三个误区是认为公众是不变的。在解决邻避困境的时候，企业常会给公众贴上某种标签或认为公众是一成不变的。事实上，公众一直在被动与主动、反对与支持、质疑与信任之间不断地游移和变化。比如，公众受到自身与外界信息互动和社会互动的影响，对风险的感知会发生转变；又如，原本公众愿意倾听企业的解释，但假如企业表现得傲慢无礼，公众很快就会变成愤怒的抗争者。考虑不到公众的易变性会使企业面临许多意料之外的困境，一次失败的沟通便可能使前期的努力付诸东流，这不仅需要企业掌握公众分析方法，熟悉风险沟通的基本原则、制约和促进因素，更需要在实践中进行有益的探索。

第四个误区是认为公众是无理的。虽然破解邻避困境必须与相关公众深入沟通，但有些企业一想到要和公众打交道就心生抵触，害怕言行被误解、挑剔、抨击进而影响到组织的利益。此类误区的根源在于企业没能认识到公众的“赋权”状况：一是个体赋能，即人们通过提升自我效能意识来增强个体达成诉求的动机；二是群体赋权，即借助集会、宣讲尤其是新媒体等手段聚合起来，对事件及涉事主体加以围观或“围猎”，从而推动事态发展、改变权力结构、实现群体诉求；三是法律赋权，即相关法律法规对公众在风险沟通中的权利给予了保障。尽管赋权对企业的工作理念、流程、方式等带来很多的挑战，但了解赋权的影响因素、机制和作用，亦利于企业更为平等地看待公众，更能以合法、合理、合情的方式与公众培养和维持良好的伙伴关系，从而达成共同解决

① KIM J N, GRUNIG J E, “Problem solving and communicative action: a situational theory of problem solving”, *Journal of communication*, 2011, 61 (1), pp.120-149.

问题、推动社会和谐发展的目的。

二、把握破局要点：利益、信任和参与

面对感性、具体、变动、赋权的公众，企业除了要仔细倾听他们的关切、洞悉他们的需求、承认他们的价值，更需弥补公众的实质性损失，创造能够让他们真正参与到邻避项目的风险评估、决策与管理的机会。

（一）利益补偿

让公众在承担风险的同时获得相应的利益，这是解决“邻避效应”等困局的关键。诸多国内外案例表明，在企业最头疼的“邻避”项目选址问题上，最终促使人们接受风险设施的主要因素是项目自身带来的利益。利益补偿分为现金补偿和非现金补偿两种方式，现金补偿相对直接，但也承担着更高的道德争议，尤其是当邻避项目被认为会对未来世代造成极大威胁时，公众倾向于认为这样的风险无法通过钱财的补偿抵消。非现金补偿致力于让社区变得更好，有助于增加公众对项目的好感和对企业的信任，具体可以分为以下五种方式：① 一是实物补偿，指项目开发者采取措施直接抵消邻避设施的负面影响，如提供医疗、住房、教育等福利来应对项目的潜在风险；二是应急基金，指开发者承诺为将来可能发生的风险设置一笔应急基金；三是财产保险，指为邻避设施附

① GREGORY R, KUNREUTHER H&EASTERLING D, et al., “Incentives policies to site hazardous waste facilities”, *Risk analysis*, 1991, 11（4）, pp.667-675.

近的不动产提供保险，以补偿可能因项目选址带来的不动产贬值；四是福利保证，指为受到项目影响的所在社区成员提供直接或间接的就业扶持；五是经济激励，指通过项目建设与运转提升所在社区的整体生活品质。

企业针对邻避设施的利益补偿往往多措并举。如日本大阪舞洲垃圾处理厂将焚烧产生的热能充分利用建造温水游泳池回馈社区居民，并与奥地利著名生态建筑设计师百水先生联手将垃圾处理厂打造成一座造型独特、色彩缤纷的“童话城堡”，成为大阪市的地标建筑。中国台湾的八里垃圾焚烧厂通过回馈金制度①落实生态补偿，项目不仅建成了具有生态示范区水准的登山步道、有机示范农园、原生植物园区等共享设施，将社区环境美化至景区水准，免费提供给居民举办婚礼，还设置了尊亲睦邻基金，由垃圾处理厂的运营企业出资，政府进行监管用以建设服务周边的便民设施，以及对居民的环境科普，让公共服务融入公众生活，和周边居民形成共享型利益关系（见图6—7）。

图6—7　日本大阪舞洲垃圾处理厂（左）中国台湾八里垃圾焚烧厂（右）

① 中国台湾省新北市的垃圾处理厂回馈金自治条例规定，每处理1吨垃圾提供约合人民币43元的回馈金，并将垃圾处理厂产值的25%作为回馈金使用，用于公共设施建设与管理维护、环境检测鉴定、全民健康保险补助等项目。

（二）构筑信任

在诸多邻避议题中，公众并非不知道风险可管可控，但仍要反对和抵制的核心原因在于他们不信任企业能够履行承诺、执行标准。

我们可以将信任理解为对一个人或一个系统之可依赖性所持有的信心。① 按照由浅至深的程度，信任可以划分为计算型信任、了解型信任和认同型信任。② 在计算型信任关系下，公众对企业的信任出于双方的明文约定，例如企业向公众做出承诺，允许公众参与项目的监督。公众基于企业违反契约会受到惩罚的约定假设产生计算型信任，但此类信任关系较为脆弱，一次偶然事故的发生都可能令信任荡然无存。了解型信任关系建立在企业与公众的频繁交往与对话中，需要企业在持久的沟通活动中满足公众需求，公众则在不断累积的正向反馈中对企业产生积极预期。虽然需要投入更多的时间和精力，但此类信任关系具有较强的稳定性。认同型信任是经由长期的互动合作和愉快体验而内化的一种感性的情感认知，超越了前两种模式的功利性，体现了不同主体间价值上的认同、行为上的理解、资源上的共享、行动上的合作以及责任上的共担，③ 企业与公众能够组成有机团结的共同体，这离不开决策过程中公众的实质性参与。

---

① 吉登斯：《现代性的后果》，田禾译，译林出版社 2000 年版，第 30 页。

② LEWICKI R J, BUNKER B B, “Developing and maintaining trust in work relationships”, KRAMER R, TYLER T, *Trust in organizations: Frontiers of theory and research*, California: Sage Publications, 1996, pp.11-139.

③ 马子博、张成福：《论非政府组织与政府认同型信任的构建——基于资源依赖的视阈》，《学术界》2016 年第 12 期。

通常，知识与技能、开放与诚实、关心与关怀被视为影响信任的关键因素。① 在企业公信力不足、刻板印象固化的情形下，更需要企业主动向外敞开，把自己变成“倾听者”“开门人”和“问题解决者”，在平等、尊重、耐心的对话中使利益相关方走近企业、产生认同、增加信任。这里我们以中石化的品牌开放日 ② 为例，介绍企业如何扭转被“妖魔化”的被动局面，变成公众信赖的对象。

2012 年持续不断的雾霾天气以及诸多反 PX 项目引发的群体性事件，导致中石化这样的石油化工企业处于舆论的风口浪尖。面对“高污染源”的普遍误解，中石化决定“拆墙开门”，公众开放日活动应运而生。结合当时“智慧能源，至美生活”的品牌定位，中石化将“公众开放日”品牌活动主题确定为“探秘智慧能源”，其内涵为“创新、绿色、民生”。2016 年，为了改变各自为战的状况，中石化将各个企业层面的开放日升级为集团层面统一的品牌活动，并设计了一套可复制、可推广、可持续的活动模式。经过十年探索，中石化“公众开放日”已成为央企首个、我国工业企业中规模最大的品牌活动。公众可以零距离体验“电子巡井”、VR 探索“无人”仓库、参观炼化工厂里的“污水”养鱼池……其公开的流程、公正的机制、实事求是的呈现、开诚布公的回复，大大增加了公众的信任感。通过持续的敞开，中石化九江 PX 项目成为近十年来国内首个顺利获得环评批复的芳烃项目。中石化的品牌价值也在开

① PETERS R G, COVELLO V T, MCCALLUM D B, “The determinants of trust and credibility in environmental risk communication: An empirical study”, *Risk analysis*, 1997, 17 (1), pp.43-54.

② 吕大鹏、阎慧蓉、刘姗：《沟通创造价值：企业公众开放日品牌活动探索与创新》，经济管理出版社 2019 年版，第 21—59 页。

放中得以大幅提升。

（三）公众参与

必须承认的是，重构信任是一个艰难而缓慢的过程。为此，找到一个能够适应信任缺失语境下的沟通策略便显得尤为必要。对此，研究者的普遍共识是，社会不信任语境下沟通的关键在于共享权力，即让受风险影响的公众自始至终参与风险决策过程。

有研究表明，公众更加支持有利益相关者参与而达成的决策，即使并未亲自参与到决策过程之中；① 而即便对于可接受的风险决策，公众也可能因不满被排除在决策之外而加以拒绝。因此公众参与需秉持“过程即全部”的理念，避免在最后阶段才“走过场”式地开展公众参与活动，如填一份有关垃圾场选址的民意调查问卷或旁听一次环境影响评价听证会以换取相应的报酬，这只能算作粉饰系统行为合法性的“装饰型参与”②。除了降低冲突的可能性，广泛的社会讨论和公众参与也有利于提升决策者和管理者对风险问题的理解和认知，提高风险决策的质量；公众参与还能促进风险教育，加强公众对风险问题的认识和应对能力；与此同时还有助于塑造透明、诚实、开放的组织形象，加强组织的公信力。③

---

① ARVAI J L, “Using risk communication to disclose the outcome of a participatory decision-making process: Effects on the perceived acceptability of risk-policy decisions”, *Risk analysis*, 2003, 23 (2), pp.281-290.

② 龚文娟：《环境风险沟通中的公众参与和系统信任》，《社会学研究》2016 年第 3 期。

③ 黄河、刘琳琳：《风险沟通如何做到以受众为中心——兼论风险沟通的演进和受众角色的变化》，《国际新闻界》2015 年第 6 期。

在形式上，相关研究将公众参与划分为四个层次[①]：其一，信息传递，即向公众差异化地发布有关风险及其相关管理活动的信息；其二，意见咨询，即不同程度地咨询公众或收集公众对风险相关问题的意见和建议；其三，决策参与，即允许公众不同程度地参与风险决策和风险管理；其四，公众赋权，即不同程度地让公众自己进行风险的决策和管理。[②]这四个层次基本上涵盖了公众参与从基本到高阶的所有形式，但需注意的是，公众参与不是以追求更高层次的参与形式为目标，而应基于风险沟通的目标、风险的紧迫性、管理风险的组织的支持情况、公众的能力与条件等因素，在具体的风险情境中采用最匹配的一个或多个。[③]

浙江杭州市九峰垃圾焚烧厂项目就是通过公众参与化解邻避困境的典型案例。项目之所以能在搁置一年后又峰回路转于原址重建，关键就在于后期组织的公众参与。一方面，针对公众不了解垃圾焚烧发电项目或存在认知误区的问题，项目管理方先后组织了82批、4000余人（次）赴外地垃圾焚烧发电项目参观考察。企业将邻避设施改造为面向市民开放的"城市客厅"的理念让垃圾焚烧厂"经得起看、经得起听、经得起闻、经得起测"，有效改善了公众心中对垃圾处理项目"污染大、环境差"的刻板印象。另一方面，项目管理方还让群众对同类项目建设和运营标准进行比选，自主选择业主单位，真正摒弃了遮遮掩掩走过场的做

① ARNSTEIN S R, "A ladder of citizen participation", *Journal of the american institute of planners*, 1969, 35 (4), pp.216-224.

② DAVIDSON S, "Spinning the wheel of empowerment", *Planning*, 1998 (3), pp.14-15.

③ 黄河、刘琳琳：《风险沟通如何做到以受众为中心——兼论风险沟通的演进和受众角色的变化》，《国际新闻界》2015年第6期。

法，让老百姓参与其中，由局外人成为局内人。

三、再造社区关系，化邻避为迎臂

社区居民是企业邻避项目的主要利益相关者。如何引导社区居民从抵制到接受，甚至形成主动请过来的“迎臂效应”，是很多企业探索的核心问题。在这一方面，中广核的“3N和谐社区”沟通模式与南方电网广州供电局“全民参与、共同缔造”的城市建设模式提供了很好的启示。

（一）中广核打造“3N和谐社区”沟通模式

核电因涉及核辐射、核泄漏、核废料处理等高风险问题，所以无论是选址、建设还是运维，风险沟通难度都很高。为了消除公众对核电的“邻避效应”，中广核将自己定位为社区一员，从自身的专业优势出发，结合社区的实际情况积极参与社区建设，并提炼出安邻、友邻、暖邻的“3N和谐社区”① 沟通与利益共享机制。

在安邻（safely）层面，中广核着重采取承认、公开的关系管理策略，以“透明”作为与利益相关者沟通的起点，具体的风险沟通实践可总结为“透明之约”“透明之责”“透明之道”三个阶段：（1）“透明之约”阶段，强调企业信息的主动公开，如2011年率先推出国内首个“核与辐射安全信息公开平台”，所有运行事件信息在2个工作日（节假日

① N为“neighbor”，即“邻居”。安邻、友邻、暖邻这三个维度被称为“3N”。

72小时）内及时公开；自2013年始又举办“公众开放体验日”。中广核曾面向全国征集30对夫妻在大亚湾核电基地进行了2天1夜的全程免费婚纱照拍摄互动体验，获得了政府主管部门、主流媒体的广泛报道与认可，润物细无声地实现了核电科普，建立起核电与公众的积极情感联系，将人们眼中“神秘”的核电转化为美好、有爱、安全的形象。① (2)“透明之责”阶段，突出互动沟通，注重利益相关者的参与机制，除了一年一度的“8·7公众开放体验日”，还创新开展“微旅游”“微体验”“核电第一课”等丰富多样的品牌活动，将传统的单向宣传变为双向对话。与此同时还推动实现了下属各核电基地常态化面向公众开放的机制，形成“天天都是开放日”的公众沟通格局，一方面增进公众对核电安全与风险的理性认知，另一方面倾听公众的诉求与期望，发挥公众的监督力量，促进核电安全透明运行。(3)“透明之道”阶段，则更加关注企业行为的传递与价值的共享，将“透明”理念全面融入安全、经营、环境、员工、社区五大管理领域，积极构建产业联盟，促进核电产业整体的透明度提升，增进社会公众对核电产业的信任度。②

在友邻（friendly）层面，中广核着重采取共担策略，抱持着做生态核电先行者的愿景，通过维护和改善社区生态环境、促进社区传统文化的发展等举措，与邻居友好相处。其一，中广核推进核电基地的生态

① 北大案例大讲堂：《从“透明之约”到“透明之道”——中国广核集团透明沟通管理与实践》，2019年5月17日，见https://www.gsm.pku.edu.cn/case/info/1018/1293.htm。

② 《中广核举办第三届“8·7公众开放体验日”活动》，2015年8月11日，见http://www.sasac.gov.cn/n2588025/n2588124/c3803786/content.html。

复绿，遵循“避免—减少—减缓—补偿”的“阶梯形”生物多样性保护思路。在20世纪90年代大亚湾核电站初建期，由于工程建设对环境施加的负面影响，原本生活在这里的白鹭飞走了。白鹭是对栖息地的水质、大气等环境因素十分敏感的生物，因而被喻为“环保鸟”，直到大亚湾核电基地建成投产后采取了一系列生态保护措施，白鹭才又重新飞回大亚湾。“白鹭归来”的故事成为中广核建设生态核电的最佳见证，白鹭也作为具有特殊意义的视觉符号，被中广核选定为公司标识，象征“发展清洁能源，造福人类社会”的公司使命。大亚湾核电基地在1994年至2019年的运营期内创造了总价值约4244.87亿元的自然资本，基地动植物物种超过200余种。① 其二，中广核尊重社区文化传统和风俗，开展各类文艺活动，推动社区特色文化发展。如为弘扬被列为省级非物质文化遗产的剪纸文化，红沿河核电公司与红沿河镇政府联合策划“剪刀上的红沿河”剪纸艺术大会，其中不少作品融入了核电元素，剪纸艺术与核电文化融合的佳话由此传播开来（见图6—8）。

在暖邻（warmly）层面，中广核采取结盟、共担的关系管理策略，将每个项目建设视为与社区共享发展的机遇，与当地政府和社区携手合作、共同谋划，扩展核电产业带来的经济增长和就业机会，带动社区进步。大亚湾核电成立社区基金，每年投入近500万元用于周边搬迁社区（村）扶持及周边修路、文体社区建设、社康项目修缮等，截至2020年

---

① 《中国广核集团生物多样性报告（2021）》，2022年6月11日，见 http://www.cgnpc.com.cn/cgn/ c101087/2021-10/10/5007ca2dc04d436ea39658094da05ec0/files/c058391802534b37b8be3f076f40b357. pdf。

图 6—8　用剪纸促进核电文化与社区文化相融

累积提供超 6000 个社区岗位。[①] 福建宁德核电站建设之初，为了保护当地的支柱产业“白茶”，在厂区内保留了 200 余亩茶园，成为全球唯一一座拥有生态茶园的核电站。为构建“核电地方经济圈”，中广核支持社区居民组建园林公司，并免费提供茶园、果园管护和水、电工等技能培训，帮助因核电项目建设而搬迁的社区居民再就业。茶园成为拉动地方经济的有力支撑，也对和睦周边关系起到了积极作用，宁德核电将这片茶园出产的有机茶叶称为“和茶”。[②]

通过主动透明沟通、修复生态环境、开展暖邻帮扶等举措，中广核有效践行了“建好一个项目、带动一方经济、造福一方人民”的理念。

---

① 《中国广核集团企业社会责任报告（2020）》，2022 年 6 月 11 日，见 http://www.cgnpc.com.cn/cgn/c101087/2021-07/31/1781c7eccbd9436484c0501582ff8060/files/ 8db0b3951f0a457682646ac8d1187d9d.pdf。

② 肖晗：《宁德核电开展“和茶”魅力之旅》，《深圳商报》2019 年 4 月 7 日。

而与社区构建的和谐关系也转化为实实在在的生产力，促进了核电基地的可持续发展。

（二）南方电网探索“全民参与、共同缔造”的城市建设新模式

变电站是当下城市发展不可缺少的公共设施。与其他邻避设施不同的是，变电站的选址往往在城市核心区域，因为一座110千伏变电站通常只能覆盖约两平方公里的供电面积，只有将变电站选址在负荷集中的位置，才能保证供电半径覆盖尽量多的用户。不过，这却增大了项目被抵制的风险。为此，南方电网广州供电局有限公司（简称广州供电局）结合当地政府的政策，探索出一条“全民参与、共同缔造”的城市建设新模式，使变电站超越原有的单一功能，由邻避设施化身城市景观，让公众从避之不及到主动走近。

自2019年起，广州市规划和自然资源局、广州市岭南建筑研究中心开展“社区事·大师做”活动，选取与市民日常生活息息相关的公共空间和公共设施，邀请大师设计，希望将“品质”渗透到城市的每一个细胞。广州供电局猎桥变电站的建成，就是用“绣花功夫”做好人民身边项目的首个典型代表。广州供电局邀请了全国工程勘察设计大师、白云机场设计师陈雄，围绕功能性、公共性和科普性，对变电站外立面和功能进行优化设计，使变电站能够更好地为电力科普服务、为社区居民服务、为企业发展服务，并实现了三者的有机统一。

在基本功能方面，猎桥变电站坐落于广州城市中轴线上的珠江新城CBD区域，与广州塔隔江相望，整体建筑面积约5000平方米，供电面积约1.6平方公里。猎桥变电站是全国首个全过程数字化建设的变电站，

采用了海绵城市、超静音等绿色环保新技术，也是全国首个获得国际与国内绿色建筑双认证的变电站，每年节省用电约 6.2 万千瓦时，占非生产设备用电量的 65%。

在外观设计方面，猎桥变电站采用具有工业气息的穿孔铝板和银白色的外立面，让整座建筑呈现出一种半透明的观感；夜晚加上灯光照射则变得玲珑剔透，兼具颜值与功能性，与城市景观融为一体，被称为“点亮城市的月光宝盒”，从单一的市政设施变成市民喜爱的公共建筑（见图 6—9）。

图 6—9　猎桥变电站被称为“点亮城市的月光宝盒”

在科普展示方面，猎桥变电站是广州首个面向公众开放的绿色变电站。一层设置了可观看主控室和主变室的透明观察窗，二层设置了电力科普展厅，定期举办科学论坛、青少年科普活动。2022 年 3 月猎桥变电站邀请猎德街道居民作为首批公众参与“绿色向未来”电力开放日首场活动，通过“变电站电磁感应实测互动”等科普讲解，居民发现变电站的电磁感应值远远低于家电数值，打消了变电站会产生电磁辐射的恐慌，接受变电站作为社区的一分子。居民在采访中感慨，没想到变电站也可以是一件艺术品。①

① 《变电站化身为地标建筑！“月光宝盒”成为市民休闲好去处》，2022 年 3 月 29 日，见 https://baijiahao.baidu.com/s?id=1728646013511862862&wfr=spider&for=pc。

在社区服务方面，猎桥变电站将三层露台打造成滨江城市花园。市民既可以进入变电站参观电力设施，也可以在天台休息、喝茶、眺望珠江，变电站由此成为市民开展公共文化娱乐生活的空间。2022 年六一儿童节前夕，广州供电局联合广州市少年宫在猎桥变电站举办“新时代之光”六一线上音乐会，演绎了以“光”为主题的多部音乐作品，包括结合电力元素专门创作的主题曲《新时代之光》及广州供电局原创歌曲《南网情深》，在为观众呈献赏心悦目的仲夏之夜音乐会的同时，也传达了电网背后的绿色人文关怀（见图 6—10）。

图 6—10　猎桥变电站将露台打造为滨江城市花园

为了持续探索通过提升公共设施的景观与功能化解邻避困境，使变电站不仅承载着为城市提供“能量”的功能，还能成为市民幸福生活的打卡地，2021 年广州市规划和自然资源局与广州供电局共同组织了广州变电站景观和功能提升设计竞赛，选取 21 个变电站作为设计标的，面向全球征集方案。“院士组”共邀请了 6 名中国工程院院士及国际知名设计师为市政公共设施更好融入城市发展提供实践范本；“专业组”面向专业机构，收到中美德英等 8 个国家的提案；“公众组”面向公众，收到了 252 支团队的方案。同时，主办方还与广州市少年宫合作，面向全市中小学生收集变电站主题绘画、创意作品。①

广州供电局通过倾听公众需求，引入学界业界的专业力量对邻避设施进行美学处理，探索“全民参与、共同缔造”的城市品质建设新模式，不仅能从规划源头提升变电站的设计感与功能性，也使城市公共基础设施更加亲民、利民，由此成为打造绿色生态城市的标杆之举。

① 《“颜”“智”爆棚，未来广州21座变电站长这样!》，2022年2月8日，见https://mp.weixin.qq.com/s/MmS6JAkDJCRXett356FdJw。

第七章
践行环境责任动员社会力量

人类的工业文明带来经济活动的空前繁荣。然而企业规模化、集成化和机械化的生产，以及对化石能源和矿产资源不断增长的需求，让区域性乃至全球性的生态危机持续爆发和凸显。当人们越来越清醒地意识到自然生态的脆弱与不可逆性，不加节制的发展终有一天会反噬人类自身后，人与自然的关系从征服、索取、破坏，逐渐走向或回归尊重、顺应、保护，由此推动企业更多地承担、践行环境责任，品牌化的环境责任项目或活动日益深入人心，在推动“双碳”战略实施、促进人与自然和谐共生方面发挥着愈发重要的作用。

第一节　作为企业社会责任和发展战略的环境责任

环境责任是企业社会责任的重要组成部分。本节首先追溯企业社会责任的演变，接着厘清环境责任与社会责任的关系，继而基于“双碳”战略背景探讨企业环境责任的新要素与新特征。

一、企业社会责任的源起与演进

企业社会责任（Corporate Social Responsibility，CSR）从概念争辩到获得全球共识，历经近一个世纪。总体而言，企业社会责任要求企业超越把利润作为唯一目标的传统理念，强调在生产经营过程中对人的关注，以及对环境与社会的贡献，核心内容从最初的消除企业负面影响进阶至为社会创造更多价值。根据社会关注的范围和程度，企业社会责任的发展可以划分为概念探索、广泛关注、全球发展三个阶段。①

（一）概念探索阶段：20 世纪 20 年代至 60 年代

尽管“德本财末”“义以生利”等蕴含道德考量和人文智慧的经济思想古已有之，但现代企业社会责任的概念通常被认为由英国学者欧利文·谢尔顿（Oliver Sheldon）于 1923 年首次提出，他阐述了企业社会责任含有道德因素，社区利益作为一项衡量尺度，远远高于公司的盈利。②霍华德·R. 鲍恩（Howard R. Bowen）于 1953 年所著的《商人的社会责任》被学界视为现代企业道德行为与社会责任研究的开端。在鲍恩的观点中，既然社会制度塑造了经济产物，那么商业企业作为社会利益的经济产物应该去考量商业活动的社会影响，商人有义务按照社会的目标和价值观的要求制定政策、做出决定、采取行动。③

在此阶段，围绕企业社会责任的一大争议点在于，企业是否应该承

① 李伟阳、肖红军：《企业社会责任概念探究》，《经济管理》2008 年第 11 期。

② 刘俊海：《公司的社会责任》，法律出版社 1993 年版，第 2 页。

③ 高勇强：《企业伦理与社会责任》，清华大学出版社 2021 年版，第 3 页。

担经济责任以外的其他责任。以米尔顿·弗里德曼（Milton Friedmann）为代表的古典自由市场经济学家认为，企业的天职是获取利润，企业社会责任的核心内容就是在游戏规则范围内增加利润，即在自由竞争下无欺诈行为。而以阿奇·卡罗尔（Archie B. Carroll）为代表的管理学家则认为，公司在创造经济利润的同时也有服务社会的功能，需在经济及法律责任之外承担某些社会责任。开明自利论（Enlightened Self-interest）是该时期企业社会责任的关键假设，企业社会责任具体表现为慈善活动、社区服务和员工福利。①

（二）广泛关注阶段：20 世纪 70 年代至 20 世纪末

20 世纪 70 年代，欧美国家消费者抵制不良公司的工会运动成为企业社会责任发展的驱动力，这一时期的企业格外重视公众意见，弗里德曼所宣称的企业的社会责任就是追求利润最大化的观点不再居于统治地位。早前被视为约束或强制性业务的社会责任，变成企业介入和影响社会公共空间、集纳注意力资源、赢取信任、尊敬和赞誉的机会，履行社会责任也成为一种行之有效的危机公关策略，推动了公关社会责任话语的崛起。②因此也有学者认为社会责任是公共关系的伦理基础，社会责任导向与现代公共关系的发展几乎同步，正是现代公共关系的产生，唤醒了企业的社会责任感，使得卓越企业对责任更加敏感，并推动了社会

① 班纳吉：《企业社会责任：好的、坏的和丑陋的》，肖红军、许英杰译，经济管理出版社 2014 年版，第 3 页。

② 胡百精：《公共关系的话语形态与社会责任》，《国际新闻界》2009 年第 11 期。

责任理论的形成。①

欧美国家在此阶段陆续出台了旨在推进企业社会责任的公共政策举措。1971 年，美国经济发展委员会（Committee for Economic Development，CED）在《工商企业的社会责任报告》中指出，企业要为美国人民生活质量的提高作出更多贡献，并进一步提出了“三个同心圆”的企业社会责任概念模型（见图 7—1）。这一模型对企业社会责任进行了明确规定：内圆是企业履行基本的经济职责，如提供产品和就业机会以及促进经济增长；中间圆是要求企业将履行经济职责与变化中的社会价值观、主要问题敏锐地结合，即注重环境保护、合理对待员工与消费者的期望；外圆则是更为广泛地促进社会协调、可持续发展的无形责任。②

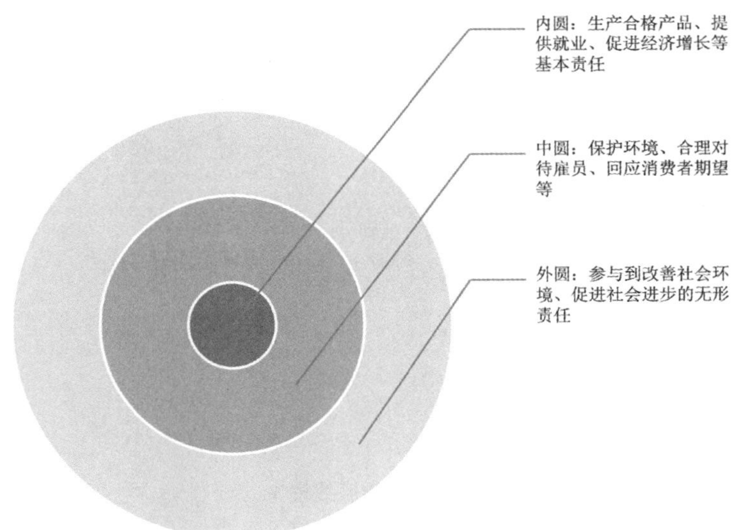

图 7—1　企业社会责任“三个同心圆”模型

① 陈先红、宋吉武：《公共关系与社会责任》，《经济管理》2005 年第 15 期。

② 高勇强：《企业伦理与社会责任》，清华大学出版社 2021 年版，第 15 页。

与“三个同心圆”模型采取广义的企业社会责任观类似，卡罗尔于1979年也提出，企业社会责任包含在特定时期内，社会对组织在经济上、法律上、伦理上和自行裁量的期望。① 以此为基础，卡罗尔于1991年又提出了“企业社会责任金字塔”模型，将企业社会责任划分为经济、法律、伦理和慈善责任四类。英国学者约翰·埃尔金盾（John Elkington）于1997年提出的三重底线理论（Triple Bottom Line）也很有代表性。他认为一个可持续发展的企业必须要坚守社会、环境和经济这三重底线（见图7—2）。三重底线是社会对企业的最低要求，满足三重底线是维护企业合法性、确保企业生存与发展的基本前提。② 该理论提出后，逐

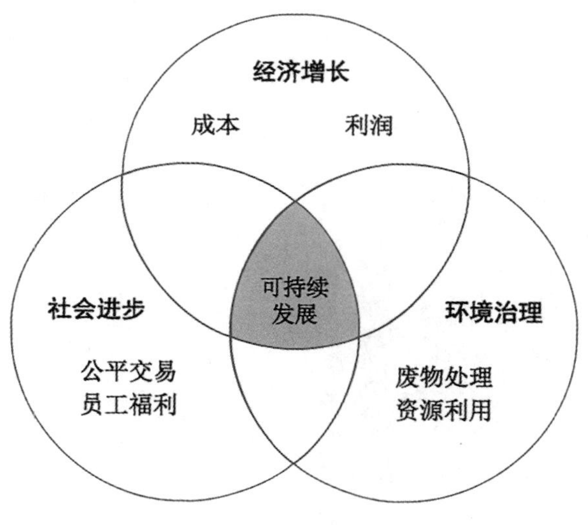

图 7—2 三重底线理论

① CARROLL A B, “A three-dimensional conceptual model of corporate performance”, *Academy of management review*, 1979 (4), pp.479-505.

② ELKINGTON J, “Partnerships from cannibals with forks: The triple bottom line of 21st-century business”, *Environmental quality management*. 1998, 8 (1), pp.37-51.

渐成为各学科理解企业社会责任的共同基础。

纵观该阶段企业社会责任的理论演进，无论是学界还是业界，都不再纠结于企业是否该履行社会责任，而是进一步探讨企业社会责任的内涵和外延，并提出了诸多模型和分类标准。同时，关于企业责任的表达术语也日渐丰富，不断涌现出如企业公民、利益相关者管理、企业伦理等新观点。通过以上定义，我们能识别出企业社会责任的关键要素：其一，企业社会责任意味着通过企业政策和行为做出的以利益相关者为导向的某些承诺；其二，企业社会活动应超越法律及其规定的“最低义务”界限；其三，企业社会责任是自由裁量的，不受法庭强制实施。企业社会责任的理论发展至此，其思想也发生了转变，由企业通过慈善事业履行社会义务转变至更具战略性层面的考虑，试图将企业的社会性活动与它们的目标绑在一起。①

（三）全球发展阶段：21世纪初至今

伴随着经济全球化的更加深入，国际社会日益成为一个你中有我、我中有你的“命运共同体”，企业社会责任由此亦担负起凝聚全球共识、强化国际合作的时代使命。相应地，在学界与业界之外，国际组织也积极推动企业社会责任的理论研究与前沿实践，针对企业发布财务信息及环境和社会报告的目标设定、管理方法、报告披露提出了一系列明确要求。

例如，2000年联合国正式启动“全球契约计划”（Global Com-

① ［澳］苏哈布拉塔·摩比·班纳吉：《企业社会责任：好的、坏的和丑陋的》，肖红军、许英杰译，经济管理出版社2014年版，第12—15页。

pact)，要求企业在履行社会责任时需遵守并实施在人权、劳工准则、环境、反贪污等方面的十项基本原则。2000年全球报告倡议组织（Global Reporting Initiative）发布《可持续发展报告指南》（第一版），为各类机构提供了一套涵盖经济、环境及社会方面的报告框架体系，强调利益相关方参与实质性原则等，使报告机构及其利益相关方得以评估机会和风险，作出更合理的决策。

国际标准化组织于2010年11月1日颁布了《社会责任指南》（ISO26000），以治理为核心，兼顾人权、劳工实践、环境、公平运行实践、消费者问题、社区参与和发展七大方面，是目前最为全面的社会责任操作指南。该标准对社会责任给出了如下定义：通过透明和道德行为，组织为其决策和活动给社会和环境带来的影响承担责任。这些透明和道德行为有助于可持续发展，包括健康和社会福祉，考虑到利益相关方的期望，符合适用法律并与国际行为规范一致，融入整个组织并践行于其各种关系之中。① 2015年，联合国发布《2030年可持续发展议程》，包括17项可持续发展目标（SDGs）和169项具体目标。该议程强调全球合作，世界各地的政府、企业、社会组织都能够以其为指导行动起来，建立全球伙伴关系，推动世界在2015—2030年内消除极端贫穷、战胜不平等和不公正以及遏制气候变化。

现阶段企业社会责任发展的另一重心是向系统化、科学化转变。较有代表性的理论创新有全面社会责任管理理论、社会责任管理推进理

---

① 《国际标准化组织正式发布社会责任标准》，2022年4月18日，见https://xuewen.cnki.net/CJFD-SHZL201011007.html。

论、社会融入模型和创造共享价值理论[①]，其核心思想都是探讨如何将社会责任理念融入企业战略和日常经营管理活动之中，令“责任”成为企业寻求可持续发展的内生动力，通过系统设计与整合运行重塑企业管理体系。其中，尤以迈克尔·波特（Michael E.Porter）和马克·克雷默（Mark R. Kramer）提出的“创造共享价值”（Creating Shared Value）最受企业推崇。共享价值的理论前提是将参与社会问题的解决视为企业自我革新的契机，若企业能够通过挖掘共享价值履行战略型企业社会责任，就可以借助自身的核心竞争力推出产生显著而独特的社会效益和企业效益的重大举措，进而推动社会变革。[②]

2004 年，联合国全球契约组织与 20 家金融机构联合发布了题为 Who Cares Wins 的报告，将号召全球企业遵守的十项国际公认的价值观和原则整合为环境、社会和治理（Environmental，Social，Governance）三个维度，正式提出 ESG 理念，并驱动该理念的实践和普及。ESG 的核心观点是企业活动和金融行为不应仅追求经济指标，而需同时考虑环境保护、社会责任和治理成效等方面因素（见表 7—1）。[③]

如果说 CSR 是引导企业履行负责任的生产经营的一种定性要求，那么 ESG 则是对公司的可持续性和社会影响的量化衡量。截止到 2021 年，已有超过 4000 家投资机构加入基于 ESG 理念的联合国责任投资原则组织（简称 UN PRI），承诺将 ESG 问题纳入投资的决策过程，ESG

① 孙孝文：《社会责任：如何在企业“上天入地”》，2013 年 12 月 12 日，见 http://www.infzm. com/contents/96674。

② 迈克尔·波特、马克·克雷默：《创造共享价值》，《哈佛商业评论》2011 年第 7 期。

③ 王大地、黄洁：《ESG 理论与实践》，经济管理出版社 2021 年版，第 1—3 页。

成为当前世界企业管理和金融投资领域的发展新方向。

表 7—1 ESG 包含的内容

	环境（E）	社会（S）	治理（G）
具体内容	·环境污染 ·清洁制造 ·绿色建筑 ·可再生能源 ·温室气体排放 ·能源效率 ·水资源管理 ·土地资源管理 ·生态多样性	·社区关系 ·供应链劳工标准 ·人力资本发展 ·员工福利与关系 ·工作环境 ·多元化与包容性 ·慈善活动 ·产品安全与质量 ·数据安全与隐私	·贪污腐败 ·风险与危机管理 ·治理结构 ·贿赂与欺诈 ·股东权益保护 ·薪酬制度 ·税务 ·反竞争行为 ·商业道德

二、由环境危机催生的企业环境责任

基于前面的梳理，我们能够发现环境责任在几十年前就已经是企业社会责任极为重要的组成部分。事实上，企业社会责任正是随着 20 世纪六七十年代兴起的劳工运动及环境保护运动而发展起来的。日本著名环境问题专家岩佐茂曾指出，本世纪的环境破坏是由基于市场原理的产业主义，即以追求利润为最高目的的资本的逻辑所引起的。① 作为工业时代之殇，水污染、大气污染、生物多样性锐减等层出不穷的环境问题，曾被企业视作不必有的负担甚至是经济增长的阻碍，这引发企业与公众、环境执法机构之间的持久博弈②，环境责任由此进入公众视野。

① ［日］岩佐茂：《环境的思想》，韩立新、张桂权、刘荣华译，中央编译出版社 1997 年版，第 3 页。

② 高勇强：《企业伦理与社会责任》，清华大学出版社 2021 年版，第 186 页。

（一）企业环境责任的内涵

西方现代环境运动的开端可以追溯至 1962 年蕾切尔·卡森（Rachel Carson）出版了著作《寂静的春天》。卡森在书中揭示了化学制品和杀虫剂的有害影响，描述了有毒物质如何进入人类的食物链，从而为美国政府官员、消费者保护团体以及公民敲响警钟，并推动了一系列环保法律的出台。① 1972 年，联合国第一次人类环境会议通过了《人类环境宣言》，对环境权利予以正式承认，这也意味着人们终于意识到盲目追求经济增长可能对社会和环境带来的恶劣后果。随着环境立法的日渐完备及消费者对环境意识的不断增强，环境问题对于企业的财务绩效影响日趋显著。1973 年，联合国环境规划署金融行动机构（UNEP FI）强调了环境、社会和公司治理对股权定价的重要性，使得环境议题变成了企业履责的战略重点。

20 世纪 80 年代，可持续发展概念初具雏形。布兰特委员会将可持续发展定义为使资源利用、投资方向、技术发展方向和制度变迁变得与未来和现在的需求相一致的变化过程②，其目标是在不破坏环境的前提下维持经济增长。该阶段有关企业社会责任的研究呈现出明显的绿色倾向，致力于探究如何将可持续发展融入企业战略中。企业环境保护主义的支持者基于企业的自然资源基础观，认为生物物理环境所施加的约束

① ［澳］苏哈布拉塔·博比·班纳吉：《企业社会责任：好的、坏的和丑陋的》，肖红军、许英杰译，经济管理出版社 2014 年版，第 63 页。

② BRUNDTLAND G H, “World commission on environment and development”, *Environmental policy and law*, 1985, 14（1）, pp.26-30.

能够为企业提供新的能力，这是源于环境问题可以提升企业的污染预防、产品监管和可持续发展的战略部署能力。大多数环境问题其实是生产效率低下的结果，环境资源没有得到有效利用，企业可通过有效的环境管理和清洁生产的战略投资来提高生产效率①，从而为企业提供持久的竞争优势。

企业环境责任（Corporate Environmental Responsibility，CER）作为一个概念被正式提出，源于美国经济伦理学家乔治·恩德勒（Georges Enderle）的相关研究。他提出除了经济、政治和文化责任，企业还需承担以可持续发展为目标，减少自然资源消耗、降低环境污染等的企业环境责任。②这体现出企业的管理方式正在向“以生态为中心”转变③，以突显生态上的企业可持续性与环境之间的关系，亦明确了企业在环境治理过程中的重要作用。21 世纪初期，企业环境责任具体包括降低污染、保护自然资源、参与环境恢复和生态实践等。在此我们沿用大卫·威廉姆森（David Williamson）的定义，将企业环境责任视为企业自愿将环境问题纳入业务运作及其与利益相关者的互动中，从而对可持续发展作出贡献，在不损害经济业绩的情况下平衡和改善环境影响。④

① PORTER M E, “Strategy and society: The link between competitive advantage and corporate social responsibility”, *Harvard business review*, 2006 (12), pp.78-92.

② 恩德勒：《面向行动的经济伦理学》，高国希等译，上海社会科学出版社 2002 年版，第 26 页。

③ SHRIVASTAVA P, “The role of corporations in achieving ecological sustainability”, *Academy of management review*, 1995, 20 (4), pp.936-960.

④ WILLIAMSON D, LYNCH-WOOD G&RAMSAY J, “Drivers of environmental behavior in manufacturing SMEs and the implication for CSR”, *Journal of business ethics*, 2006 (3), pp.317-330.

（二）企业环境责任与社会责任的关系

企业环境责任多年来都被看作企业社会责任的重要维度之一，用来限制企业忽视环境、生态的短视行为。企业社会责任理论为企业承担环境责任提供了正当化依据，也为界定环境责任的具体内容、责任形式提供了理论基础。① 而随着环境保护理念在整个社会和生态环境中的重要性不断凸显，企业的环境履责实践也日渐具体和深入，因其空前的关注度又呈现出相对的独立性。

一方面，企业社会责任的发展表征着社会进步与企业职能变迁，其意涵在社会运动和制度变迁过程中不断演变。由于各时期社会生产力发展水平及企业自身影响力的差异，企业社会责任的侧重内容也不尽相同，其履责范畴从关注企业的人权责任到注意企业的经济文化责任，再到重视企业的环境责任，经历了从人权—经济文化权—环境权的发展进程。在全球气候变暖、环境危机加剧的当下，企业社会责任的重心进一步转移至减少碳排放量、发展低碳经济等具有鲜明时代特征的具体环境责任之上。②

另一方面，如今以环境责任为内核与导向（而非仅仅作为社会责任的一个方面）的环境战略成为许多企业的发展总路线。环境战略指的是企业对环境问题的感知、反应和互动，即企业对环境友好型实践活动宽度与深度的选择，宽度与深度分别指涉企业考虑环境问题的决策领域范围，及对环境问题的响应程度。③ 企业环境战略的基本构成包括污染控

① 赵旭东：《论企业社会责任的制度设计》，《中国政法大学学报》2021 年第 1 期。

② 陈红心：《企业环境责任论》，兰州大学博士学位论文，2010 年。

③ 王宇菲：《企业环境责任对企业可持续发展的影响研究》，吉林大学博士学位论文，2021 年。

制、污染预防、产品管理和可持续发展。① 企业所拥有的技术能力、管理能力、持续创新能力、污染防治能力以及与利益相关者的关系等企业可支配的资源能力被视为影响企业环境战略决议的关键。② 当下对于企业环境战略与可持续发展愿景的热议，将驱动企业把外界约束转化为内部机制，改变其价值观念和生产方式，选择自主业务专长和资源优势切中社会需求、获得长期竞争力。

（三）“碳责任”：企业环境责任发展的新阶段

企业“碳责任”的出现是基于人类对地球气候变化和影响所达成的共识。1988 年联合国政府间气候变化专门委员会（IPCC）成立，该组织发布的《气候变化：自然科学基础》系列报告指出，全球范围内的气候变暖会给自然和人类系统带来诸多风险和不利影响，人类活动所排放的二氧化碳等温室气体是造成气候变暖的主要原因。1997 年联合国京都气候大会出台的《京都议定书》是人类历史上首个限制温室气体排放的法规。尽管各国就碳排放测算、碳责任承担等问题争论不休，但以碳责任为代表的环境责任却是国家及所有社会主体不可回避的议题，“碳责任”成为各国之间对话的重要“通用语言”之一。③

为了应对工业化以来的全球变暖问题，2016 年《联合国气候变化框架公约》（UNFCCC）缔约方通过《巴黎协定》设定了将全球平均气

① HART S L, “A natural-resource-based view of the firm”, *Academy of management review*, 1995, 20 (4), pp.986-1014.

② SHARMA S, “Managerial interpretations and organizational context as predictors of corporate choice of environmental strategy”, *Academy of management journal*, 2000, 43 (4), pp.681-697.

③ 钱小军、龚洋冉：《碳责任：企业环境责任的新阶段》，《清华管理评论》2021 年第 9 期。

温较前工业化时期上升幅度控制在2℃以内，并努力将温度上升幅度限制在1.5℃以内的目标。2021年11月，UNFCCC第26次缔约方大会（COP26）在英国格拉斯哥召开，会议签署了《格拉斯哥气候公约》，完成了对《巴黎协定》实施细则遗留问题的谈判，强调要迅速采取行动，开始全球盘点，并对碳交易市场、透明度和共同时间框架作出规定。

习近平总书记于2020年的第七十五届联合国大会一般性辩论上宣布中国将提高国家自主贡献力度，采取更加有力的政策和措施，二氧化碳排放力争于2030年前达到峰值，努力争取2060年前实现碳中和。"双碳"目标是我国基于推动构建人类命运共同体的责任担当和实现可持续发展的内在要求而作出的重大战略决策。在《中共中央关于制定国民经济和社会发展第十四个五年规划和二〇三五年远景目标的建议》中，亦明确地将"碳排放达峰后稳中有降"列入中国2035年远景目标。"十四五"阶段，我国生态文明建设进入了以降碳为重点战略方向、推动减污降碳协同增效、促进经济社会发展全面绿色转型、实现生态环境质量改善由量变到质变的关键时期，这要求企业树立碳意识，通过主动履行以碳责任为代表的环境责任实现节能减排背景下的增质提效。

三、我国企业的环境责任担当

相较于西方国家，我国关于企业社会责任概念的研究与实践起步较晚。20世纪八九十年代，在经济全球化和社会主义市场经济的推动下，企业社会责任思潮涌入中国。不同于西方国家由自下而上的社会运动驱动，中国企业社会责任的形塑更多依赖于自上而下的顶层设计，其发展历程既在一定程度上遵循了企业社会责任演化的普遍规律，又有地域与体制上的特殊性，形成了具有中国特色的企业社会责任的内容架构与实践体系，其中尤以国有企业的环境责任为代表——这主要是因为作为一种制度安排，国有企业理应承担更多的社会责任，从而影响其从事企业环境责任的行为。①

（一）企业社会责任在国内的发展

企业社会责任在国内的演进大致经历了20世纪末至2005年的初步发展、2006年至2011年的深化推进、2012年至今的责任品牌三个阶段。其中，2001年中国加入世界贸易组织（WTO）、2006年新《公司法》实施及2012年国务院国资委首次将社会责任管理作为央企的基本职能管理，是三个重要时间节点。

随着《联合国千年宣言》的签署及中国加入WTO，中国积极地参与到世界经济与国际合作中，国内理论界开始对企业社会责任展开较为系统的研究。在我国于2003年提出科学发展观之后，企业社会责任的概念得到了大范围普及，引起了政府、企业与社会的广泛关注。

2006年是中国企业社会责任“元年”。这一年正式实施的新《公司法》要求公司从事经营活动必须承担社会责任。同年3月国家电网首次发布企业社会责任报告开国企之先。2008年1月，国资委以1号文件发布《关于中央企业履行社会责任的指导意见》，被称为中国企业社会责任运用的里程碑，指导意见成为中央企业整体推进社会责任的动员

① 黄速建、余菁：《国有企业的性质、目标与社会责任》，《中国工业经济》2006年第2期。

令，要求中央企业作社会责任的表率。2009 年，国资委召开了中央企业社会责任工作会议，要求所有中央企业 2012 年底前发布社会责任报告。在国家政策的引导和促进下，企业逐渐意识到践行社会责任不再是一种商业姿态，而是需要自觉展开的社会活动。

2012 年，国资委将社会责任管理列为中央企业管理水平提升的 13 项重点措施之一，再次明确了社会责任管理在中央企业中的重要地位和不可替代的价值。2016 年习近平总书记在网络安全和信息化工作座谈会上强调，只有富有爱心的财富才是真正有意义的财富，只有积极承担社会责任的企业才是最有竞争力和生命力的企业。① 2022 年 3 月，国资委成立科技创新局、社会责任局，强调要突出抓好中央企业碳达峰碳中和有关工作，“一企一策”有力有序推进“双碳”工作；抓好中央企业社会责任体系构建工作，指导推动企业积极践行 ESG 理念，主动适应、引领国际规则标准制定，更好推动可持续发展。

虽然起步较晚，但企业社会责任在中国发展迅速。在政府、行业协会、资本市场、监管部门等多元力量的推动下，从政府引导、国企初探的 1.0 时代，发展到如今由国企引领、民企紧跟，以发布企业社会责任报告的形式进行信息披露的 2.0 时代。②

（二）以国有企业为例看环境责任观的进化

改革开放以后，在环境保护的浪潮不断高涨的背景下，国有企业从

---

① 《习近平关于网络强国论述摘编》，中央文献出版社 2021 年版，第 20 页。

② 《胡润研究院〈2020 中国企业社会责任白皮书〉：揭示中国 CSR 三大趋势》，2020 年 5 月 21 日，见 https://mp.weixin.qq.com/s/bJLfTKTeGLqsZHlKSQNhYw。

最初缺乏环境责任意识的状态，切换为主动担当、深度履责、持续创新的新模式。

从 1978 年到 21 世纪初，尽管国有企业完成了从计划经济体制下的政企不分到社会主义市场经济体制下成为独立市场竞争主体的身份转换，但过度强调利润的片面发展观催生出以牺牲环境为代价、以高强度资源消耗换取增长速度的粗放发展模式，企业普遍缺乏节约资源、保护生态的环境责任意识。2005 年，时任环保总局副局长的潘岳在采访中呼吁："中国是世界上最大的制造业国家，也成了世界上自然资产损耗最严重的国家。无论是从中国国情还是国际潮流来看，中国企业都要承担起绿色责任。"①

自前文提到的社会责任深化推进阶段开始，国有企业不再一味强调其在市场经济中的经济组织属性，而是将自身看作兼具生产属性、交易属性和社会属性的社会经济组织，同时强调其所拥有的经济功能和社会功能。另外，加强资源节约和环境保护被写入国资委发布的《关于中央企业履行社会责任的指导意见》之中；随后党的十八大报告又将生态文明建设上升至国家战略，纳入“五位一体”总体布局，对国有企业的环境责任履责形成巨大推动。企业意识到“合法性”的获取越来越倚仗不同类型的利益相关方和社会公众，想要实现可持续发展就必须与周围的生态环境建立正向联结。

随着社会责任国家标准的完善，以及与环境责任议题相关的国家政策、法律法规框架体系的激励、约束，企业履行环境责任的方向、重点

---

① 赵胜玉：《访环保总局副局长潘岳：呼唤中国企业的绿色责任》，2005 年 6 月 19 日，见 http://news.sohu.com/20050619/n225998333.shtml。

和边界进一步明确。国有企业对环境责任的认知也超越了传统的一边赚钱一边治污，或是走马观花式地进行公益捐赠的模式，意识到在开展经济活动时还应综合考虑环境资源的社会用途及福利效应，树立了更加系统地“最大化社会福利贡献”的环境责任观，通过内生动力与外源力量共同驱动环境履责。①

我国“双碳”目标设定后，国有企业迈入以“碳责任”为代表的绿色低碳环境责任新阶段。一方面，“双碳”目标的提出令企业意识到围绕碳达峰、碳中和将掀起一场科技创新与产业变革的浪潮，促使企业积极投身碳管理，设定碳中和路径。另一方面，国有企业在品牌理念中更多地融入可持续发展价值，优化企业管理方法，探索责任品牌建设，挖掘企业在环境履责中的核心竞争力，力求在运用自身专业优势解决社会和环境可持续发展所面临的挑战和问题的同时，取得良好的经济效益。②随之不断涌现出环境责任管理的新制度、新组织与新范式，对此，我们将在接下来的两节详细阐述。

第二节　企业环境责任的履责重点和趋势

《中国企业社会责任发展报告（2021）》的数据显示，国有企业社会

① 肖红军：《国有企业社会责任的发展与演进》，《经济管理》2018 年第 10 期。

② 于志宏、管竹笋等：《中国建筑：品牌引领型社会责任管理》，经济管理出版社 2020 年版，第 2—3 页。

责任发展指数连续13年大幅领先于民营企业与外资企业。[①]国有企业尤其是中央企业在践行包括环境责任在内的社会责任方面起到了良好的表率与带动作用，具有很强的代表性。这些努力大多通过其连续发布的年度社会责任报告系统呈现。本节综合考量行业属性（可能对环境造成较大威胁的能源型企业）与履责表现（近年来环境履责表现一直名列前茅）两大因素，精选了10家中央企业近3年的社会责任报告作为样本，对我国企业环境责任的履责重点和趋势加以总结提炼。

一、企业环境责任的履责现状和重点议题

企业的环境责任实践既有“规定动作”也有“自选动作”。

在社会责任国际标准ISO 26000中，环境责任具体涉及防止污染，资源可持续利用，减缓并适应气候变化，环境保护和生物多样性及自然栖息地恢复。根据《中国企业社会责任发展报告》的责任评价体系，企业的环境责任包括绿色管理、绿色生产和绿色运营三个部分。绿色管理又具化为环境管理体系、环保投入、环保培训；绿色生产的评价涵盖能源消耗总量或减少量、清洁能源使用量、“三废”排放量、温室气体排放量；绿色运营则通过绿色办公绩效、环保公益活动这两项指标衡量。通过表7—2，我们可以大致了解上述10家中央企业的环境责任践行状况。

① 初梓瑞：《蓝皮书：2021年国有企业社会责任发展指数达55.4分》，2021年12月3日，见http://finance.people.com.cn/n1/2021/1208/c1004-32302725.html。

表 7—2　10 家中央企业的环境责任践行状况

企业名称	责任理念	绿色生产	绿色管理	绿色运营	国际举措
国家电网有限公司	从“绿色环保”逐步转向服务“双碳”目标	以科技创新引领绿色发展，优化能源结构布局，构建多元化清洁能源供应体系	实施以电网发展为主线的全面环境管理；发布国内首个碳达峰碳中和行动方案	绿色运营举措从无到有，开展环保科普宣传；将生物多样性保护融入电网建设运维各环节	服务“一带一路”建设，参与电网互联互通、境外投资运营、国家产能合作、国际标准制定
中国南方电网有限公司	从“绿色环保”到“搭建能源之脉，‘电亮’绿色之路”	开展清洁能源消纳专项行动；打造绿色电网工程；践行节能减排，实现绿色低碳生产	构建清洁能源科学调度体系；修编南方电网公司碳排放管理细则，积极参与碳交易	推广绿色办公，过“紧日子”降本增效；倡导低碳理念，引领用户绿色用能之路	报告暂未涉及
中国华能集团有限公司	从响应“生态文明建设”到“切实加强环境保护”	推进源头管控，开展清洁生产，降低能源消耗；调整能源结构，自主研发卡脖子技术助力循环经济	编制和完善环保标准体系，提升行业影响力和话语权；制定《温室气体减排管理办法》助力实现碳中和	通过绿色办公举措提升员工环保意识；开展环保公益活动	搭建“一带一路”合作平台，造福沿线百姓；加强海外绿色电站及环保制度标准建设
华润（集团）有限公司	从“绿色发展”到“只影响世界，不影响地球”	加强碳排放控制，发展新能源业务；扶持发展环保产业，构建绿色供应链；发展绿色建筑	增加节能环保投入，建立具有华润特色的能源节约与生态环保管理体系	推行绿色办公，培养节能低碳习惯；组织节能环保宣传活动	报告暂未涉及
中国长江三峡集团有限公司	贯彻落实“共抓长江大保护”	攻关核心技术，发展清洁能源产业；推进长江流域水污染治理、水生态修复、水资源保护	成立长三角生态绿色一体化发展联盟，探索合作共建商业模式，延伸“资本+”产业链	倡导低碳办公理念；开展生物多样性科普活动，设立环保专项基金，塑造社会责任品牌项目	加强清洁能源投资运营，保护当地环境和生物多样性，倡导可持续生产生活方式

续表

企业名称	责任理念	绿色生产	绿色管理	绿色运营	国际举措
华侨城集团	贯彻落实“生态环保大于天”	科学保护湿地，改善城市生态环境；发展绿色建筑，将“海绵城市”理念融入城市规划	坚持“传统+旅游+生态”的环境友好型开发模式；建立华基金生态环保基金会	倡导绿色办公；普及自然教育；发起自然艺术环保公益活动，推动社会参与	报告暂未涉及
中国石油化工集团有限公司	从关注“绿色行动”到重视“绿色低碳”	启动“绿色企业行动计划”全面推进清洁生产，加大节能技术研发和推广力度；展开减排降污工程	构建HSSE管理体系，完善环境风险防范等相关制度；与专业机构合作开展碳达峰和碳中和研究	发起环保公益活动，开展“云开放日”和“公众开放日”等责任沟通	加强与国际组织交流；秉持绿色、开放理念，参与“一带一路”高质量发展
中国石油天然气集团有限公司	贯彻落实“可持续的能源供应，负责任的生产运营”	着力开发清洁能源，提升油气商品率和能源利用效率；推进碳交易与低碳技术研发	“低碳发展”纳入公司发展战略；推动公司由“油气”供应商向“综合能源”供应商转型	有序退出环境敏感区，减少生产运营对生物多样性的影响	开展国际能源合作，推动行业碳减排；坚持开发与保护同步，降低对当地生态的影响
中国远洋海运集团有限公司	贯彻落实“拥抱地球碧海蓝天”	落实降碳行动，开展替代船用燃料等新能源研究；打造绿色船队、花园船厂、绿色港口，践行绿色航运	完善环境管理规章制度、绩效评估机制，开展环保督查和环保培训，增加资金投入	倡导绿色办公，保护生物多样性	参与高层次国际组织活动；以慈善公益等方式改善当地社会环境
中国广核集团有限公司	从立足“清洁能源”到愈发重视“绿色低碳发展”	推动核电、风电、光伏发电等清洁能源发展；降低运营能耗，限制“三废”排放	可持续发展融入公司战略，完善环境管理与生产管理体系；对核电基地实施“双轨制”监测	设立“公众开放体验日”创新核电沟通形式；贯彻生态复绿，推进核电社区融合；打造新能源产业扶贫	与国际机构开展污水处理项目合作

总的来看，对环境威胁程度的差异决定了各企业履责的重点。那些高能耗的能源企业更倾向于在绿色生产与绿色管理上投入更多的资源节能减排。而以华侨城、华润集团为代表的环境威胁程度较低的低能耗企业，履责着力点则较为平均，在环保公益领域表现更为亮眼。具体而言有以下几个方面。

在绿色生产方面，这些企业都侧重低碳转型、清洁生产、污染防治、绿色发展，并利用资金和体量优势积极进行新能源的产业布局，在信息披露上强调技术创新。例如，中国石化 2018 年启动了国内规模最大的全产业链绿色企业创建行动——绿色企业行动计划，以“奉献清洁能源，践行绿色发展”为理念，将企业绿色行动计划分为绿色文化、绿色发展、绿色科技、绿色生产、绿色能源、绿色服务六大部分（见图 7—3），旨在将绿色低碳打造成中国石化的核心竞争力。近年，中国石

图 7—3　中国石化绿色企业行动计划

化提出了建设中国第一氢能公司的目标。2020 年 9 月，拥有中国石化自主知识产权的首套高纯氢气生产示范装置在上海高桥石化成功投产，国内首次将炼厂副产氢气提纯至 99.999%。2022 年 3 月，中国石化成立氢能装备分公司，系统构建氢能装备研发体，加速打造企业的低碳竞争力。

在绿色管理方面，各企业侧重优化治理体系、制定责任规划、推动环境责任融入企业的日常管理运营，在信息披露上强调顶层设计与制度管理，不再视环境责任为孤立的一环，而是将其上升到企业核心价值观和品牌战略层面。例如，中广核将可持续发展理念与公司战略相结合，致力于“发展清洁能源造福人类社会”。国家电网在环境责任报告中凸显企业将环境保护核心价值观注入公司发展运营的各个环节，以全业务覆盖为基础，以从选址到设计、施工、生产、设备退役的全过程监督为手段，以全员参与为保障，通过发展战略、设计施工、生产运行、资产管理、合规管理、风险管控、业绩考核等全方位推进公司环境保护工作，全因子（电磁环境、声环境、水环境、生态环境、大气环境、废弃物、六氟化硫）控制环境影响，在电力生产、输送、消费全链条推进利益相关方共护绿水青山。

在绿色运营方面，这些企业重在培育企业绿色文化、营造绿色办公氛围、开展环保科普宣传，在信息披露上强调传播低碳理念，提升公众环保意识。以华侨城为例，依托湿地公园这一丰富的自然资源，华侨城大力推广自然学校建设，以“一间教室、一套教材、一支环保志愿教师队伍”为宗旨，通过公益的自然教育课程及专题导览活动，推动社会公众参与湿地保护。同时，华侨城充分发挥自身文化阵地的优势，开展以环保为主题的公益活动和公共艺术展。2020 年华侨城 OCT-LOFT 公共艺术展提出“余物新秩序 Trash New Order”的策展理念，以艺术手法重新定义“垃圾”，探讨人、物、环境三者之间的关系和影响(见图7—4)。

图 7—4　华侨城湿地自然学校活动（左）和“余物新秩序”展品（右）

尽管变革良多、成绩显著，但需要指出的是，当下不少企业面向公众倡导绿色生活、鼓励低碳行为的公共价值型议题较为稀缺。这或许为困扰企业许久的问题——耗费巨资履行环境责任，公众却感知寥寥，甚至招致“伪善”评价——找到了症结所在。对于目前企业环境履责的重点，无论是技术创新，还是制度管理型环境议题，都有助于企业的差异化竞争与商业逐利，从公众感知的角度而言其更偏向企业利己的行为，因此这些责任行为会被统一归入技术性 CSR（Technical CSR）。而倡导某类价值观、鼓励低碳行为的公共价值型议题，更容易被公众理解为是企业主动利他的行为，因此将其归入公共性 CSR（Institutional CSR）。① 已有实证研究表明，若企业只履行技术性 CSR 而忽视了公共性 CSR，

① MATTINGLY J E, BERMAN S L, “Measurement of corporate social action: Discovering taxonomy in the kinder lydenburg Domini ratings data”, *Business & Society*, 2006, 45 (1), pp.20-46.

虽可能获得合法性认同却难以拥有感知道德资本。[①] 如果企业履行的是技术性 CSR，却在传播时进行高调的道德性宣传，亦可能导致较高的感知伪善。[②]

由此观之，企业对环境责任议题的选择需综合考量行业属性、发展战略、主要利益相关者、资源等多元因素，判断其是不是能够反映企业带来的重大经济、环境和社会影响，或者能左右利益相关方的评估与决定的实质性议题。通过对那些领先者的考察我们可以发现，实质性环境责任议题的甄选，主要分析依据为环境责任标准规范、企业生产价值链活动和利益相关方意见。

随着我国参与 ISO 26000 标准制定以及企业社会责任实践的快速推进，逐渐形成了包括国际标准、国家标准、行业标准、地方标准、团体标准以及企业标准在内的多层次的社会责任标准体系。这些标准涵盖企业的环境责任理念、组织融入、行动准则、综合绩效评价和信息披露等，为企业提升履责管理水平、加强沟通提供了指导工具。[③] 为了满足社会的普遍期望，联合国可持续发展目标（SDGs）是国有企业识别环境责任议题最为倚重的指标，且集中在目标 6（清洁饮水和卫生设施）、目标 7（廉价和清洁能源）、目标 11（可持续城市和社区）、目标 12（负责任的消费和生产）、目标 13（气候行动）、目标 14（水下生物）、目标 15（陆地生物）这几项。

① 骆紫薇、黄晓霞、陈斯允等：《企业为何履行社会责任却落得“伪善”名声？——企业社会责任类型和感知品牌伪善间的关系》，《心理科学进展》2017 年第 10 期。

② 王静一、王海忠：《企业社会责任活动中感知伪善的结构与量表开发》，《心理科学进展》2014 年第 22 期。

③ 郭沛源、曹瑄玮：《企业社会责任理论与实务》，中国经济出版社 2022 年版，第 46 页。

价值链（value chain）概念由哈佛大学教授迈克尔·波特于 1985 年提出，他将企业的价值创造分为基本活动和辅助活动两类，前者如生产作业、市场和销售服务，后者如采购、技术开发、人力资源管理和企业基础设施建设等，所有这些活动可以用一个价值链来表明。企业的内部工序相关联的生产活动构成企业的内部价值链，企业与产业中的供应商、分销商、消费者等构成企业的外部价值链。① 企业的价值链势必会影响诸多社会与环境问题，如能源使用环节涉及对自然资源的污染和消耗，物流运输环节涉及企业的碳排放量，这就要求企业主动开展生态环境隐患排查治理工作。以中石油为例，为了防止石油泄漏等环境事件的发生，专门制定《集团公司生态环境隐患排查实施规范（试行）》，开展生态环境风险隐患排查治理、土壤和地下水污染调查工作，并建立中国石油污染源在线监测系统，综合运用“互联网 +”、大数据等先进技术手段，通过缺失异常数据自动识别研判、超标异常数据级报警、污染物排放数据智能预测等方式，实现重点排污单位主要生产装置及排放源全方位、智慧化管控。截至 2020 年底，中国石油联网监控污染源达 680 个，国家重点监控企业名录中的所有重点污染源全部受控。

利益相关方的关切也是企业环境责任议题的重要决定因素，这反映出企业的环境责任不再局限于基于经验主义、内部视角的价值链活动施加给环境的影响。一方面，观照利益相关方的诉求能帮助企业以新的视角或思路认识环境责任，使环境责任议题实践更具实质性、完整性与平衡性。在企业责任议题的分析矩阵中，横（价值创造之维或对企业的重

① ［美］迈克尔·波特：《竞争优势》，陈小悦译，华夏出版社 1997 年版，第 33—39 页。

要性之维）、纵（社会关注之维或对外部相关方的重要性之维）任意一方数值高的议题均应被企业列为优先执行议题，并在责任报告中重点披露。另一方面，将外部期望内嵌于企业的运营管理中也有助于增进企业与利益相关方的了解及互动。三峡集团将“利益相关者说”纳入环境责任报告，例如江西省九江市十里河下游附近村民说：“以前河水臭得不敢开窗，现在环境好了，有清水、有绿地，我们在家门口就能免费观景和健身，幸福感爆棚啊！”这既丰富了内容的呈现形式，亦侧面印证了企业的透明沟通理念和及时回应利益相关方关切的出色表现。

二、企业环境责任的履责趋势

通过历时性分析，我们发现这 10 家央企的社会责任报告对环境责任的呈现无论是版面篇幅还是内容质量，都呈逐年上升的趋势。部分企业在社会责任报告的基础上，还将环境责任披露独立成册，如中石油和国家电网的《环境保护公报》、南方电网的《绿色发展年刊》、三峡集团的《一带一路可持续发展报告》等，体现出企业对环境履责的日益重视。对这些资料加以纵向比较、横向整合后可以发现，企业的环境履责主要呈现出如下趋势。

（一）竞逐零碳风口：在“双碳”赛道争做引领者

国资委已将“双碳”纳入中央企业考核评价体系，在“1+N”政策体系的指引下，设立碳中和时间线、制定零碳转型路线图正成为这些企业环境履责“新标配”。企业“脱碳”成效是环境责任实践的一大亮点，中石油在2020年度社会责任报告中首次把“绿色低碳”纳入公司发展战略，2021年国家电网制定并发布央企和国内首个碳达峰碳中和行动方案，提出加快推进能源供给多元化清洁化低碳化、能源消费高效化减量化电气化，预计2025年、2030年，非化石能源占一次能源消费比重将达到20%、25%左右。

2021年7月全国碳市场正式上线，部分国企组建了碳资产管理的专业机构，开展了碳排放统计核算、盘查等工作，并且积极参与碳排放交易。石化、电力这类碳排放密度大的能源企业亦大力推进碳捕集、利用和封存（CCUS）技术的发展。2022年，我国首个百万吨级CCUS项目——中国石化所属齐鲁石化—胜利油田CCUS项目全面建成。项目投产后每年可减排二氧化碳100万吨，相当于植树近900万棵、近60万辆经济型轿车停开一年。这是目前国内最大的CCUS全产业链示范基地和标杆工程，对提升我国碳减排能力具有重要意义。

（二）聚焦隐性风险：将保护生物多样性纳入环境履责版图

在环保意识不断提升的背景下，企业环境履责的重点逐渐从污染防治等显性环境问题转向为气候变化、生物多样性保护等隐性环境问题。随着海洋开发力度的加大，“蓝色经济”的可持续发展问题也备受关注。①如中远海运集团以“拥抱地球碧海蓝天”为环境责任主题，结合行业属性将“发展海洋经济，保护海洋生态环境”作为企业的首要社会责任。在生态保护层面，设定海洋保护及保育目标，如拒绝承载鱼翅有关产

① 《2021年中国企业社会责任十大趋势》，2021年1月20日，见http://www.syntao.com/newsinfo/1118873.html。

品、采用无毒船漆、开展海洋塑料管理等。为减少航行过程中船舶与濒危生物蓝鲸的撞击事故，中远海运在蓝鲸重要栖息地圣芭芭拉海峡区域和旧金山湾区减速航行，被美国环保组织授予2019年度“保护蓝鲸保护蓝天”项目综合金奖。

中广核秉持着“共生、互生、再生”的生态核电理念，将生物多样性保护纳入企业发展战略，不仅打造“花园式”核电新景观，而且在项目规划、设计、建造、运维各个环节均考虑对周边动植物的影响。中广核大亚湾核电基地陆地和周边海域已发现超过200类动植物物种，白鹭、白海豚等对生存环境要求严格且在别处不常见的稀有物种也栖息于此。在环保教育方面，大亚湾核电站策划了“核电科普进校园”“绿色核电科普日”活动，获得“生态文明宣教体验中心（自然）学校”荣誉称号。2019年8月，中广核发布全国核电行业首份生物多样性保护报告，以展示大亚湾核电基地生物多样性的行动和成效（见图7—5）。

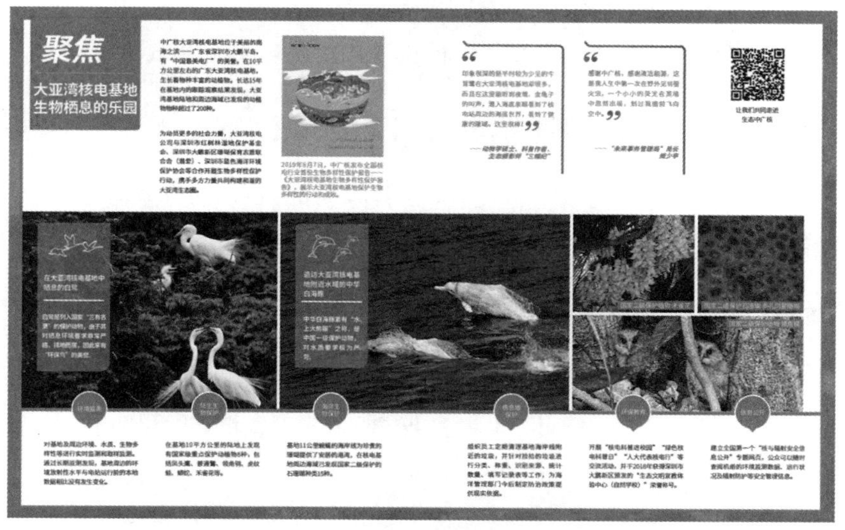

图7—5　大亚湾核电基地重视生物多样性保护

（三）展现开放格局：为全球生态文明建设贡献中国方案

中央企业积极响应“走出去”战略，深化和国际组织的交流与合作。而作为“一带一路”建设的“排头兵”，中央企业还践行“共商共享共建”原则，在开展国际业务的过程中，重视企业活动对当地生态环境的影响。以中国华能为例，秉承着“建设一座电站，带动一方发展”的理念，其构建了“一个平台、两种资源、三条路径、点面融合”的跨文化国际传播工作格局，在确保海外工程有序推进运营的同时，于项目所在国积极履行经济、环境、社会责任，造福当地人民。

中国华能在柬埔寨建造的桑河二级水电站被誉为当地的“三峡工程”，是全长6500米的“亚洲第一长坝”，总装机容量40万千瓦，年发电量约为20亿千瓦时，为柬埔寨国家电网提供了稳定的清洁能源，彻底扭转柬埔寨严重依靠国外进口电力的局面（见图7—6）。为尽量减少工程对河流生态环境的影响，满足洄游鱼类通道需求，维持该区域鱼类多样性，桑河二级水电站在项目BOT（建设—经营—转让）协议和柬埔寨政府均未要求修建鱼道工程的情况下，主动投入约150万美元，在电站右岸增设仿生鱼道。①2020年11月，中国华能柬埔寨桑河二级水电站举行以“Energize where you are”为主题的“云开放日”暨《中国企业在柬埔寨可持续发展报告》发布活动，得到国内主流外宣媒体以及国际媒体高度关注，打造了“一带一路”能源合作长久共赢的新样板。

① 《走，一起看看央企打造的柬埔寨“三峡工程”!》，2020年11月28日，见http://finance.sina.com.cn/wm/2020-11-28/doc-iiznezxs4114293.shtml。

图 7—6 华能柬埔寨桑河二级水电站

（四）突破履责疆界：撬动更广泛的社会力量

企业环境责任的外部视野除了纳入利益相关方的关切，还要与利益相关方探索多方共治模式，撬动更广泛的社会力量以创新性地解决社会问题。以中国三峡集团“共抓长江大保护”责任行动为例，作为全球最大的水电开发运营企业和我国最大的清洁能源集团，三峡集团积极参与实施水污染治理、水生态修复和水资源保护。在平台架构上，由长江生态环保集团、长江绿色发展投资基金、长江生态环境工程研究中心、长江生态环保产业联盟、长江生态环保专项资金作为长江大保护的实施主体、筹资平台、研发平台、共建平台、支撑平台，通过这“五大平台”形成共抓长江大保护的专业力量。

在商业模式上，三峡集团充分发挥国有资本的引领带动作用，加强政企合作，积极探索了“资本 + 全国性平台”“资本 + 地方平台”“资本＋专业技术平台”的“共抓共赢”模式，与行业龙头企业、地方水务平台以及产业链上下游技术型企业建立了股权合作，撬动社会资本，走出一条“政府引导、市场主导、企业主体、资本先行”的共抓长江大保护新路。如与北控水务等企业在长江大保护方面展开股权和业务合作，累计股权投资已超过百亿元。“资本＋”模式实现了三峡集团与长江大保护市场主体的“血肉相连”“共抓共赢”，目前三峡集团与国家相关部委、沿江省市建立汇报联系协调机制，接续对接地方政府，累计签署战略合作协议 120 份，长江生态环保产业联盟成员单位扩大至 105 家。①

（五）升级责任理念：不断健全 ESG 生态体系

国资委已将 ESG 纳入推动企业履行社会责任的重点工作。为研究推动我国企业特别是中央企业 ESG 体系建设，2021 年中国社会责任百人论坛专门成立 ESG 专家委员会，先后发布“中国百强科技企业 ESG 指数”“央企 ESG · 先锋 50 指数”“中国基金公司 / 基金经理 ESG 指数”等成果；编制发布《中央企业上市公司 ESG 蓝皮书》《中国 ESG 投资蓝皮书》《ESG 基础教材》；组织开展系列培训活动。但目前我国上市公司 ESG 仍然面临诸多挑战：一是国外评级机构对中国企业 ESG 评级结果系统性偏低；二是截至 2021 年，只有 41.52%的中央企业发布过独立的 ESG 报告②，从已发布的 ESG 报告看，披露质量也有待进一步提升；三

① 《国资委课题 · 央企责任蓝皮书：中国三峡集团（案例二十八）》，2021 年 11 月 9 日，见 https://mp.weixin.qq.com/s/L7rJa2TU_FYUYc2vA8k3AQ。

② 孙早霞：《国资委〈中央企业上市公司 ESG 蓝皮书（2021）〉41.52%央企发布过独立 ESG 报告》，2021 年 9 月 19 日，见 https://www.jiemian.com/article/6616417.html。

是许多上市公司尚未建立董事会层面的ESG治理机制，ESG管理体系不够健全。[①]在国资委将继续从宏观管理层面不断健全ESG生态体系的背景下，完善ESG管理体系、改进ESG披露以提升ESG评级是未来企业环境责任履责的新方向。

第三节　打造企业环境责任品牌

尽管随着“双碳”战略的提出，注重企业与环境、社会的可持续发展已经成为重要的时代命题和商业规范，但整体来看，我国的企业环境责任实践还处于起步阶段，[②]若想真正通过环境履责优化品牌形象，企业履责时还需树立品牌化运作思维，打造社会广泛认可的环境责任活动品牌。

一、品牌化运作企业的环境责任活动

将环境责任活动品牌化是责任品牌的一种表现。有研究者认为，责任品牌是通过在利益相关方的心目中实现负责任形象的累积所形成的品

① 初梓瑞：《国资委：将继续从宏观管理层面不断健全ESG生态体系》，2022年4月26日，见http://finance.people.com.cn/n1/2022/0426/c1004-32409324.html。

② 黄群慧、钟宏武、张蒽：《中国企业社会责任研究报告（2021）》，社会科学文献出版社2021年版，第2页。

牌类型，以在利益相关方中形成良好品牌声誉为引领，以满足利益相关方和后代期望及诉求为导向。① 这既是企业社会责任发展到一定程度的结果，也是企业品牌迈入的新阶段。如今，越来越多的企业开始运用自身的声誉、技术、业务、产品或关系网络方面的优势，主动参与重大环境问题的解决，这样的努力又可以进一步反哺或增益企业的形象、文化、管理、绩效和品牌资产。有代表性的例子比如通用电气的“绿色创想”实践、华为的“自然守卫者”项目、可口可乐的“天下无废”活动、雀巢集团的“森林正效（Forest Positive）”行动。

为了使这种责任品牌有较强的影响力和良好的美誉度，企业还需遵循品牌运作的规律，赋予环境责任活动核心价值，通过清晰的定位、品牌要素的丰富、品牌沟通界面的优化、久久为功的坚持，使其符号化、意义化。在中央企业层面，华侨城的“OCT 凤凰花嘉年华”和三峡集团的“护鲟”活动就是很好的范例。

（一）华侨城的自然之道：“OCT 凤凰花嘉年华”

“OCT 凤凰花嘉年华”是由华侨城打造的辐射深圳市和粤港澳湾区的年度自然艺术节，截至 2022 年已持续举办了七届，该活动被视为华侨城在社区和深圳市的一张节庆名片。

在品牌定位环节，华侨城秉持“在花园中建城市”和“生态环保大于天”的理念，结合其文化旅游地产的主营业务，以及在城市规划、园林设计、环保公益、空间生产等方面的竞争优势，借鉴“大地

① 殷格非、林波、管竹笋等：《开创责任品牌新时代》，《WTO 经济导刊》2014 年第 1 期。

艺术”① 的概念，用“自然艺术”这一定位占领用户心智，以期让“OCT凤凰花嘉年华”成为“人、自然、城市”的代名词。

在品牌要素② 方面，“OCT 凤凰花嘉年华”确立了统一的品牌理念与独特的设计元素，从第三届活动开始启用“这很自然”官微并延续至今，此后的活动主题也始终围绕“自然”一词延展开来，如“自然在一起”“自然正当红”“自然有好事”。至于设计元素，“OCT 凤凰花嘉年华”的标识是两只相对比“OK”的手，既组成了一双眼睛，又像一对盛开的凤凰花，传达出热爱生活、自然随性的生活态度。“OCT 凤凰花嘉年华”一贯的视觉设计中多含绿叶、红花、音符等元素，与名称的特殊字体共同构成了标志性的视觉系统，这有助于承载并表达品牌的价值主张，形成强有力的品牌记忆与联系（见图 7—7）。

图 7—7 “OCT 凤凰花嘉年华”标志性视觉系统

在品牌沟通界面上，第一届的“OCT 凤凰花嘉年华”就设计了“48小时书房”“生态讲座”“自然音乐会”“创意市集”和“摄影展”五项

① 大地艺术发源于 20 世纪 60 年代末 70 年代初的美国，是一种用自然景观和天然素材进行创作，意在使人们重新关注、讨论自然的艺术形式。

② 包括品牌口号、品牌符号、品牌故事、标志性个人及团队、标志性活动等。

单体活动，发展至今，其已固定为公共艺术、人文论坛、环境表演、公共参与四大板块，统摄绿色论坛、公共开放课堂、环境戏剧节、自然市集等十余项活动（见图 7—8），这相当于为“OCT 凤凰花嘉年华”打上了几组相关性标签，建立起区别于其他文旅节事的差异关联点。“OCT 凤凰花嘉年华”的活动范围也从社区走向城市，并成为依托当地自然资源，将自然与艺术深度结合，打造城市与企业的双名片的范本。从 2018 年开始，南京华侨城就在“OCT 凤凰花嘉年华”的启发下，借鉴提取城市符号、融入价值内涵的理念，在南京栖霞山筹备了“OCT 红枫嘉年华”，至 2022 年已成功举办五届。

在品牌内涵和形式不断发展的品牌创新方面，“OCT 凤凰花嘉年华”以资源调度、主题聚焦、社会参与、品牌可持续发展等为重点，由起始

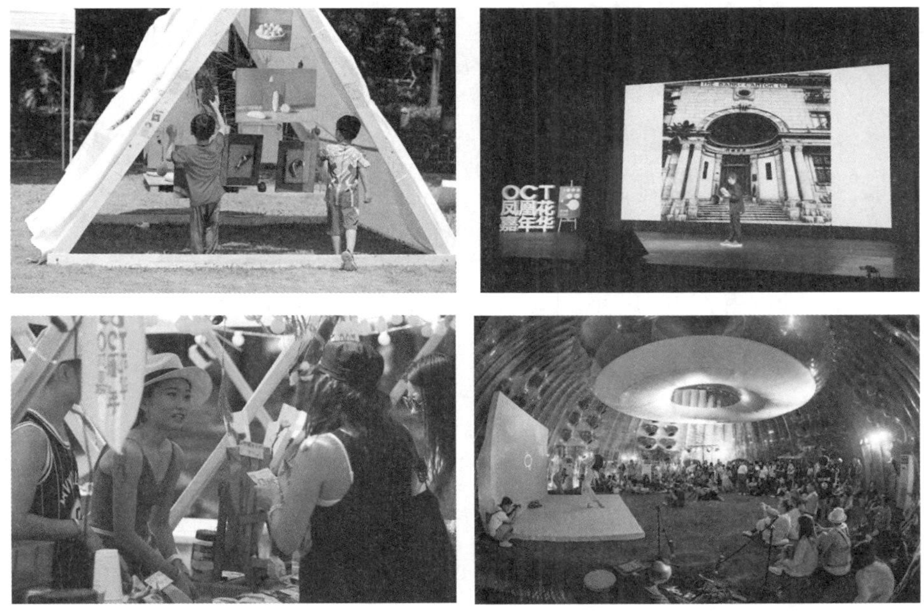

图 7—8　华侨城 OCT 凤凰花嘉年华的多项特色活动

阶段论坛类活动的单向展演，进化成鼓励公众参与、创造、反馈的双向对话。如第七届活动发起全网短视频大赛，鼓励用户围绕话题 # 自然有好事、#OCT 凤凰花嘉年华在抖音、微博、小红书、视频号、B 站发布体现美好生活的短视频作品（见图 7—9）。此外，华侨城也多次开展主题调研、专家座谈会，探索如何将该品牌活动打造成更高级别的艺术盛典，令公众无论身处何地，只要联想到“城市、自然和艺术”就能想到“OCT 凤凰花嘉年华”；一旦谈论生态优先、绿色环保等话题，就会自然而然地联系到这个跟自然有关的品牌节事活动。

图 7—9　凤凰花嘉年华发起的短视频大赛、映像大赛

（二）三峡集团以“护鲟”行动实践“共抓长江大保护”

作为清洁能源生产企业的三峡集团，通过几十年的科技攻关，让中华鲟这一濒危物种焕发勃勃生机，并由多种深入人心的“护鲟”行动，引领了“共抓长江大保护”的环境责任实践。

在地球繁衍1.4亿年的中华鲟，因受涉水工程、航运、捕捞、污染等影响，自然种群规模持续衰退，被视为“水中大熊猫”而列为中国一级重点保护野生动物。为加强长江流域物种资源保护和生态修复，自20世纪80年代始，三峡集团就组建了以中华鲟研究所为基础的水生生物资源保护研究平台，联合国内相关科研机构系统开展了以中华鲟为核心的长江珍稀特有鱼类物种保护技术研究，持续开展种群建设、技术攻关和增殖放流等保护工作，截至2022年，已连续开展65次中华鲟长江放流活动，累计放归数量近530万尾（见图7—10）。

图7—10　中华鲟长江放流活动

中华鲟在过去被视为“神秘物种”，由于它是底栖生物，不能像江豚那样跃出水面与人类“互动”，人们对其了解甚少。为了引导公众认识中华鲟，并鼓励他们参与到中华鲟放流、保护长江濒危物种的活动中来，自2014年起，三峡集团立足旗下全国唯一的中华鲟专业研究机构，发挥产学研合作优势，将每年4月的放流活动打造为一场科技护鲟、全民“追鲟”的跨长江流域生态环保科普盛会。

为了让公益科普更接地气，三峡集团以中华鲟研究所官微“CSRI

中华鲟”、三峡集团官微“三峡小微”为传播阵地，与漫画设计平台共同开展科普宣传，打造可爱的中华鲟卡通形象，推出《鲟梦环游记》系列条漫[①]，萌趣十足地向大众普及保护中华鲟的重要性以及将其放归自然的历程（见图 7—11）。为了延长中华鲟保护的宣传时间，扩大宣传半径和范围，三峡集团还沿着中华鲟在长江流域的游动路径，在沿线城市（武昌、荆州、芜湖、南京、上海等）打造“我与中华鲟，共护长江美”全流域“追鲟”特色活动，如放流直播云课堂、长江露营节、校园科普讲座、环境生态方案大赛、模拟“追鲟”路线的长江夜跑等，营造长江流域的全民“护鲟热”，培养公众共建美丽长江的自觉性和责任感。

青少年及高校志愿者是三峡集团最为重视的“护鲟火种”，也是“护鲟”行动品牌沟通的主要目标人群。2016 年，三峡集团与联合国开发

图 7—11 《鲟梦环游记》中华鲟科普条漫（部分）

---

① 适用于移动端阅读的多格长条形漫画。

计划署共同发起“三峡·中华鲟全球宣讲大使”活动，并邀请外部单位（世界自然基金会、通用电气公司等）选拔优秀志愿者参与中华鲟公益实践活动，共同培养一批具有“保护珍稀鱼类·共建美好家园”理念的高端人才。根据活动计划，将在10年内于全球100个国家的200所高校选拔300名国内外青少年志愿者（即宣讲大使），以“中华鲟保护”为切入点，了解三峡集团在生态环境保护方面所做的工作与努力，向世界传播三峡集团绿色水电可持续发展理念。2021年，三峡集团推出“探鲟绿色三峡”研学项目，开发“生态+旅游”“文博+旅游”研学产品，举办中华鲟放流等生态文化主题活动、设计文创产品等，向广大中小学生及游客展示绿色水电的生态环保理念和长江特有珍稀水生物种保护成果，呼吁公众更多地关注和参与到生态环保行动中。

如今，三峡集团又在思考如何进一步放大“护鲟”的品牌效应，以“护鲟”为基点，探索与清洁能源开发事业、长江水生生态保护事业相融合的品牌传播形式。2022年4月，在中华鲟放流活动结束后，“三峡小微”将中华鲟打造为外出见世面的旅游博主形象，在奔赴长江入海口的旅途中，一路“打卡”分布在长江不同流域的集团生态环境保护项目，并于官微下设立“中华鲟宝宝回家记”话题专区分享实地见闻。例如中华鲟行至芜湖时，推送内容除了城市风光，还展示了集团与当地共抓的岸线集中专项整治、水质净化光伏项目等工作成果。以长江环保集团为代表的二级单位、多个“共抓长江大保护”的环保子项目均在“护鲟”行动中得到了充分展示，凸显了三峡集团在共抓长江大保护中发挥骨干主力作用、在促进区域可持续发展中承担基础保障功能的战略定位。

二、打造企业环境责任品牌的“2.0 模式”

在移动互联网时代，企业的环境责任品牌建设也同样面临信息飞沫化、解读负面化等传播困境。对此，企业需要将环境责任品牌的运作模式由“1.0 模式”进阶到“2.0 模式”：其一，用直抵人心的价值主张统摄分散的传播活动，从而使“每一滴水都流到一个瓶子里”，形成众声成歌的效果；其二，不做环境履责的“孤勇者”，而是以平台化履责的方式为环境责任品牌持续注入创意与资源，构建聚合力量、互促互进的生态圈；其三，避免陈词滥调、轰炸灌输，运用融媒体思路、融媒体渠道和融媒体产品，与目标受众有效对接、充分沟通，增强品牌传播的吸引力和感染力；其四，变单向展示为参与型倡导，创造机会使人们广泛、深入地参与到环境保护乃至生态文明建设之中，借此使自身的环境理念、环境行为、环境履责成效被人们更加充分地感知和认同。接下来，我们将综合国内外的典型案例对这些新模式逐一阐述。

（一）价值主张统摄

虽然品牌建设早已是各企业竞争发展的题中应有之义，但由于观念陈旧、机制僵化、专业薄弱等现实原因，很多企业在品牌建设上依然停留在“因事而为”或“拍脑门决策”的层面，缺乏清晰的战略规划、品牌定位、受众洞察、行动目标及路径设计，传播主要聚焦政策、事件、产品及活动，即便付出很多努力、消耗很多资源，换来的也不过是众声喧哗、南腔北调、泯然众人。

对此，一个关键的解决办法就是跳出“事实”的层次，设定价值主张去统摄品牌传播活动，即每个活动、每条信息都由这一价值主张延展开来，并最终反哺该价值主张的建构。这里提及的价值是从企业所能提供的功能利益和情感利益中提炼出的最核心、最本质的要素，它会超越有形、实然的物化存在，指向动机、情感、尊严、伦理、审美、理想和信仰等心智和精神层面。大企业、大品牌的核心价值往往会基于人与人的情感互通、人与自然的和谐共生、人与天道的感交契应等进行提炼和表达，例如中国石化的“为美好生活加油”、中广核的“善用自然的能量”、南方电网的“万家灯火，南网情深”。

企业环境责任的核心价值主张，应是企业最希望向利益相关方传达的环境责任信息的精华，既需结合企业的理念文化、使命愿景、行业特色、核心业务，又应具有凝练一切环境责任话语的意义延展性。

例如宝洁的“尽责尽美”（Responsible Beauty）就巧妙地将其美妆日化企业属性与可持续发展理念相融合。“尽责尽美”项目一方面专注于研发性能卓越的产品，另一方面重在促进对话、影响观念、改变行为，令消费者通过积极的环境感知，认识到追求美也能成为一股向上和向善的力量。这正是卓越品牌价值的意义——让利益相关者感受到爱、关心、承认、德性、美好、欢喜、希望乃至终极意义，并以此为前提与利益相关者构筑价值共同体。

又如，雀巢以“再生”这一价值主张统摄品牌关涉“贡献于营养和可持续饮食”的所有努力。作为一家食品公司，雀巢的目标是充分挖掘食品的力量，提升个体的生活品质。无论是专注于实现增强生物多样性、土壤保护、水循环再生和整合牲畜作用的可再生农业，旨在帮助保护、恢复森林和生态系统的“森林正效行动”（Forest Positive），还是解决塑料污染问题“实现无废未来”（Shaping a waste-free future）的承诺①，均是被“再生”统摄的行动体系的一环。“再生”不仅意味着研发的创新，也可延展为环境、社区、生活方式的可持续。这样的统摄运作，最终又能使雀巢的品牌被烙上深深的“再生”印记，品牌因之有了更高的辨识度。

（二）平台化履责

传统的环境责任履责本质上还局限于自内而外、就事论事、孤军奋战的履责观念，停留在消除企业带来的负外部性影响的初级阶段。而若想要打造企业环境责任品牌，则需主动运用外部视野、系统思维、可持续性观念，以平台化履责的方式为环境责任议题或项目持续注入创意与资源，形成广泛的战略联盟及合理的运转模式，令企业的环境履责保有持续“造血”能力，进而将其打造成为针对特定社会问题解决的自组织、自适应、自发展、自修复、自演进的生态圈②。

可口可乐（中国）的“黄金三角”模式就是通过改进支撑公司运营的外部框架，解决集群视野下环境风险问题的典型案例。水资源是可口可乐与社会的最关键链接，多年来可口可乐以“水回馈”为己任，致力于将饮料中的每一滴水，安全等量归还于自然和社区。为此，可口可乐（中国）携手商务部、水利部、联合国开发计划署和世界自然基金会等，

---

① 雀巢：《我们的可持续之道》，2022 年 4 月 29 日，见 https://www.nestle.com.cn/sustainability-at-nestle/our-approach。

② 肖红军：《企业社会责任议题管理：理论建构与实践探索》，经济管理出版社 2017 年版，第 128 页。

构建由政府部门、社会组织、企业组成的“黄金三角”合作模式，推动了包括社区饮水安全、水源地保护、可持续农业、湿地保护和恢复、农家乐人工湿地等50多个水资源保护项目。①

平台化履责的实现有三个关键要素。一是责任干预点，即本章第二节提及的识别实质性的环境议题。二是责任聚力点，即突破边界思维，从立足自身资源到立足社会资源。这需要企业分析自身的核心价值、经营领域、关键技能、综合资源，秉持优势互补的理念，构建环境社会价值生态网络，将价值创造从单一个体、线性价值链拓展到价值网。身处价值网络中的不同主体能够通过自我调节、交换合作和动态匹配，将单一组织拥有的解决社会问题所需的信息、要素、技术等不同类型的私有资源转换为网络共有资源，通过交互学习为不同主体参与解决社会问题提供信息与知识支持。② 三是责任平衡点，即这样的平台化履责模式是否能带来预期的环境和社会效益，模式是否可持续，以及这些效益能否转化为企业的价值和优势。

接下来我们可以进一步通过壳牌和阿里巴巴的案例了解平台化履责的运作。

壳牌在2021年推出了“赋能进步”（Powering Progress strategy）可持续发展战略，不仅承诺到2050年成为一个净零排放的能源企业，还提出要在帮助世界减少碳排放方面发挥领导作用。作为Open Foot-

---

① 新华社：《共建“长江美丽家园”——可口可乐的生物多样性保护实践》，2021年10月14日，见http://app.xinhua08.com/print.php?contentid=2004342。

② 肖红军：《企业社会责任议题管理：理论建构与实践探索》，经济管理出版社2017年版，第187—188页。

printTM（开放环境足迹）论坛[①]的创始成员，壳牌一直积极解决各组织在管理和报告其环境足迹阶段面临的重大挑战。为此，壳牌推出了一个新的数字平台——壳牌供应商能源转型中心（Shell Supplier Energy Transition Hub），免费开放给供应商和任何其他对此感兴趣的公司。该能源转型中心是一个重要的合作和共同学习平台，供应商能够在这里定义和评估自己的减碳目标、跟踪减排绩效、分享实践经验。截至 2021 年底，共有 258 家供应商加入了该平台，壳牌已为 103 家企业制定了减排目标与路径。[②]

基于自身的碳中和战略，阿里巴巴创新性地提出了“范围 3+”[③]的概念（见图 7—12），通过平台视角识别明确价值链以外的减碳责任，将平台生态系统中更广泛的参与者产生的碳排放也纳入减排目标中，承诺在自身运营和供应链之外，引导、鼓励消费者和商家践行更加绿色的消费和健康的生活，到 2035 年带动生态累计减碳 15 亿吨。其举措主要落在下述五个方面。[④]第一，在绿色消费上，阿里巴巴通过构建绿色消费品平台，帮助喜欢绿色商品的消费者践行绿色低碳的生活，同时

---

① 论坛专注于发展开放且中立的行业标准，以提供一致而准确的环境足迹数据度量以及环境足迹报告。

② 壳牌：《Our Climate Target》，2022 年 4 月 28 日，见 https://www.shell.com/energy-and-innovation/ the-energy-future/our-climate-target.html#iframe=L3dlYmFwcHMvY2xpbWF0ZV9hbWJpdGlvbi8。

③ 在《温室气体核算体系》（GreenHouse Gases Protocol）中，碳排放根据来源分为三个范围：“范围 1”是企业直接排放，“范围 2”是企业间接排放，“范围 3”是覆盖企业上下游各项活动的间接排放。

④ 阿里研究院：《阿里巴巴副总裁陈龙：碳中和不只是技术和能源问题，更要建立参与者经济》，2022 年 2 月 15 日，见 https://www.shangyexinzhi.com/article/4594851.html。

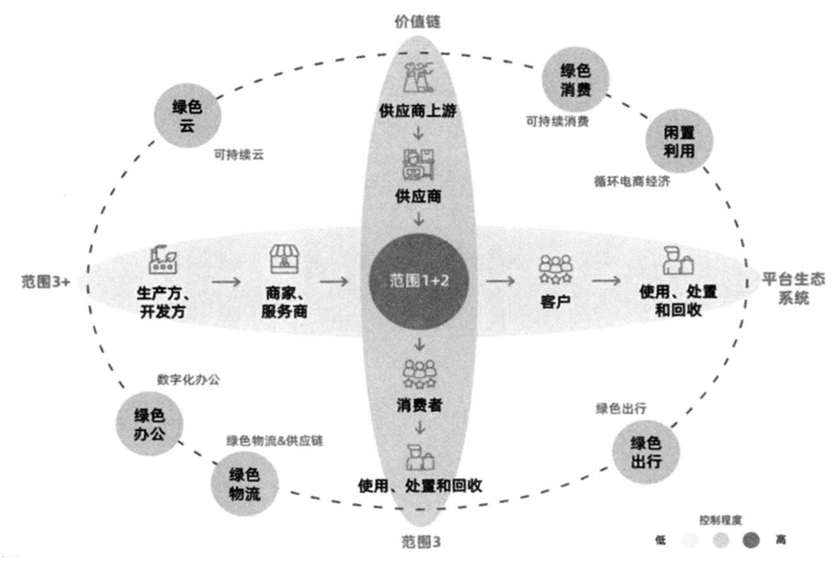

图 7—12 阿里巴巴基于平台视角提出“范围 3+”

助力那些提供绿色商品的服务商和生产商实现绿色溢价。2021 年“双十一”，天猫首次设立绿色会场让绿色供需彼此对接，旨在培养消费者将快递包裹分类回收、循环利用的菜鸟“回箱计划”覆盖 8.7 万家菜鸟驿站，480 万消费者参与其中。第二，在绿色出行上，阿里巴巴旗下的高德地图与北京交通委一起推出“MaaS”（出行即服务）平台，引导用户使用公交、地铁、骑车等绿色方式出行，已累计激励绿色出行 42 亿人次。第三，在闲置经济上，阿里巴巴旗下的闲鱼已经成为全世界最大的二手和闲置商品市场，每天有超过 100 万件商品成交，形成了一种循环经济模式。第四，在低碳运营和管理上，阿里云可以提供各种数字化工具帮助企业与个人衡量和管理碳足迹。第五，在绿色物流和供应链上，菜鸟裹裹正致力于打造从订单生成到包裹配送的一站式绿色物流解决方案，2021 年“双十一”期间，使用菜鸟电子面单和智能装箱的包裹超过12亿件，合计产生10.95亿次绿色行为，实现碳减排1.8万吨。①

（三）融媒体传播

在表达范式方面，企业环境责任的品牌传播要求企业超越自说自话的宣介模式，充分借助融媒体思路、融媒体渠道和融媒体产品，从成就展示转向价值输出、从自我导向转为受众导向，从单一呈现转成多模态传播。

目前，仍有不少企业的环境责任表达模式还是突出权威话语（外部上级领导机关的精神、文件和部署；内部领导的讲话、要求和决心）和以案例为依托罗列相关事实、数据，彰显自身的贡献与成就。其普遍使用的话语结构是：描述对“上级部署”的积极认真贯彻，用“狠抓落实”“行业领先”“积极推进”体现自身的责任担当。然而，面对反感空话套话、排斥假话大话的融媒体时代的公众，这样的陈述根本无法入耳入心。如果想改变此种局面，企业就有必要将环境责任的事实信息转译为对公众个体的生活、工作、情感、信念等有意义的价值信息，从感动自己切换为获取利益相关者的认同和共鸣。

自我导向表达意味着企业惯于采用“从我出发”“以我为中心”的说服式传播，以自我认为可行、方便、有效的方式强行灌输，忽视目标受众的特点、需求、喜好、关切，最终陷入自说自话、鸡同鸭讲、话不投机半句多的困境。受众导向即在深入洞察受众的基础上对品牌传播的主题、内容、形式、渠道、时机加以设计，真正做到“顺风而呼”。由

① 李记：《天猫双11首波物流减碳1.8万吨120万人已参与菜鸟绿色回收》，2021年11月12日，见https://economy.gmw.cn/2021-11/12/content_35306940.htm。

于不同利益相关者的特点、需求、喜好和关切各异，因此面向他们进行品牌传播时亦需构建多元话语传播体系，而不是在各类媒体上平移同样的信息。譬如南方电网品牌口号中的“情深”二字可具体表述为对客户的服务之情、对员工的关爱之情、对社会的回报之情。若聚焦“责任”，面向党政机构时需要输出“讲立场、勇担当，深化改革、创新发展”；面向客户时需要输出“讲诚信、有规矩，言出必行，管理规范”；面向社会时需要输出“绿色环保，公共服务，社会担当”；面向员工时需要输出“以人为本，共同成长，彼此成就”。表 7—3 总结了企业围绕环境责任面向差异化受众的传播内容。①

表 7—3 面向不同利益相关方的差异化传播

传播类型	市场 / 品牌传播	企业传播	投资者传播
传播受众	· 消费者 · 公众	· 政府 · 行业协会 · NGO · 员工 · 商业伙伴 · 其他利益相关方	· 投资者 · 投资分析 / 咨询机构 · 评级机构
传播内容	· 消费理念教育 · 绿色生活方式倡导 · 使命营销	· 可持续发展报告 · 媒体报道 · 政策倡导	· 高质量的 ESG 报告 · ESG 评级优化措施

在具体的渠道和形式上，先前那种相对单一的传播既无法对接多样的目标受众，在吸引受众关注、激发受众兴趣、增强受众记忆方面也越来越力不从心。针对此种情况，企业除了需要找寻不同形态的媒介之间

① 郭沛源、曹瑄玮：《企业社会责任理论与实务》，中国经济出版社 2022 年版，第 183 页。

的关联，设计沟通导线实现跨越各媒介界限、融合各传播平台、贯通各媒介接触点的信息传播，① 还应当尝试图文之外的短视频、H5页面、虚拟现实（VR）、增强现实（AR）等多模态表达。

例如，字节跳动不断探索短视频+公益的联动模式，希望短视频成为记录大自然、传递生物多样性保护理念、促进人与生态和谐共处的有力工具。字节跳动鼓励用户以抖音为“眼睛”，记录低碳、环保、绿色的声音与生活，让更多人关注和参与到应对气候变化、生物多样性和环境保护中来。为了指引创作者在野外拍摄时处理好人与自然的关系，传递正确的生物保护理念，抖音还发布了短视频行业首个《生物多样性短视频拍摄指南》，公布了生物多样性短视频拍摄技巧，如提升视频内容故事性、将动物“拟人化”、适度使用特效贴纸和字幕等。据《2021抖音自然科普内容数据报告》显示，过去一年抖音自然科普类视频累计播放近330亿次，7亿人次为相关作品点赞，短视频已然成为自然科普内容的重要传播形式。在2021年《生物多样性公约》缔约方大会第十五次会议（COP15）期间，#相约COP15#抖音话题视频播放量达到12.5亿。

又如，为了令公众及时获悉企业的ESG信息披露进程，腾讯发布《2021年环境、社会及管治报告》后，在官方公众号平台推送了“8个故事看懂2021腾讯ESG报告”的H5互动页面，将94页的履责内容拆解为8个轻阅读、易传播的小故事（见图7—13）：“如何把一颗‘星球’塞进深圳地铁”“如何用‘乐高’拼成超大型数据中心”“给敦煌壁画‘看病’用什么工具？”“她怎样能分辨两只鸟的叫声”……用生动活泼的语

① 黄河、江凡、王芳菲：《新媒体广告》，中国人民大学出版社2019年版，第23页。

借助乐高思维，我们发明了T-block（腾讯积木）。它是一种奶白色集装箱体，将办公、供电、IT、制冷等模块打包进"箱"，箱子在工厂内预制完成，现场仅需快速拼装。占地400亩的清远数据中心，交付只用了一年时间。
它还采用多种节能措施，比如高压直流和离网光伏并网供电，根据日照自动切换，每年能省下不少电。
我们承诺，不晚于2030年实现自身运营及供应链的全面碳中和。让我们一起为碳中和努力。

图 7—13　腾讯"8 个故事看懂 2021 腾讯 ESG 报告"推送截图

言、别出心裁的视角、颇具创意的视觉元素呈现企业的履责足迹。

再如，宝洁在推出"尽责尽美"项目后，以"元宇宙"的概念上线了 BeautySphere 虚拟空间（见图 7—14），用户可经由 beautysphere.com 访问。BeautySphere 设有以英国皇家植物园为原型的虚拟植物园迷宫，邀请用户通过探险游戏的方式参与互动。游戏需要用户找齐 5 种重要植

图 7—14　宝洁 BeautySphere 虚拟空间

物原料，并探索宝洁的科学家如何与英国皇家植物园的专家合作。每当一位用户完成互动游戏，宝洁就将在墨西哥的韦拉克鲁斯种植一棵树来帮助该地区恢复原生森林生态系统。此外，BeautySphere 还通过沉浸式短视频，将可持续性、安全性、透明度等环境责任原则传达给用户，展示出宝洁顺应新媒体潮流，坚持数字优先、锐意革新的责任品牌形象。

（四）参与型倡导

社会责任已被证明是企业与多元利益相关者相遇、对话的绝佳意义空间，也是价值共创、意义分享的中介地带。融媒体时代的一个关键传播理念和特征就是参与协作、共创共享，让关心者彼此相遇，促有心者展开行动，使用心者达成愿望，这恰好能够推动社会责任发挥其应有作用。具体至环境责任品牌建设上，企业应将以往的“投入 + 展示”型社会责任项目升级为“平台 + 参与”型社会责任体系，变“我做好事给你看”为“我们一起为环境做贡献”。

壳牌中国自 1996 年起发起青少年环保项目“美境行动”。当时环境保护在中国还是一个较新鲜的概念，壳牌创造性地将环境教育引入到中国青少年当中，与国家及地方生态环境宣传教育中心、地方教委以及环保局、科协等机构合作，秉持着“美源于心，境成于行”的理念，鼓励青少年发现身边的种种环境问题，设计环保小方案并予以实施，以实际可行的方式创造更加美好的环境。壳牌倡议并支持“美境行动”20 多年，覆盖全国 30 多个城市，参与学生超过 100 万，项目议题涵盖了废弃物利用、生态保护、环境污染的调查研究、绿色消费、历史文化保护等①（见图 7—15）。2018 年壳牌又在“美境行动”的基础上推出教育公益项目“探客”，旨在运用 STEM（科学 science，技术 technology，工程 engineering，数学 mathematics）工具，培养青少年解决关于水、粮食、能源等环境及安全问题所需的复杂、创造性的思维能力。基于不懈的努力，“美境行动”与“探客”已成为壳牌打造环境责任品牌最为响亮的两张名片。

图 7—15　壳牌中国在微博发布“美境行动”的视频

支付宝运作的公益项目蚂蚁森林也是参与型倡导的典范。2016 年 8 月，蚂蚁集团旗下的一站式数字生活平台支付宝推出蚂蚁森林公益项

① 《壳牌美境行动》，2022 年 4 月 29 日，见 https://www.shell.com.cn/zh_cn/sustainability/communities/education-support/better-environment.html。

目，用户在线的绿色行为，譬如缴纳水电煤费用、网络购票、绿色出行、减纸减塑等节省的碳排放量，将被计算为虚拟的“能量”，用于浇灌手机里的虚拟树（见图 7—16）。每一棵虚拟树长成后，支付宝平台和公益合作伙伴就会在地球上种下一棵真树，以激励用户的低碳环保行为。据生态环境部 2021 年公布的数据，蚂蚁森林从 2016 年上线 5 年来，已累计带动超过 6.13 亿人参与低碳生活，产生“绿色能量”2000 多万吨，累计种下 3.26 亿棵树，守护野生动植物 1500 多种，创造了种植、养护、巡护等 238 万人次的绿色就业机会。蚂蚁森林通过科技把人与环境相连，让每个个体都能参与到保护地球行动中的做法赢得了广泛认可，获得了 2019 年地球卫士奖、应对气候变化“灯塔奖”等殊荣。其首创的手机种树模式也已风靡全球，如菲律宾领先的电子钱包 GCash 上线了菲律宾版蚂蚁森林 GCash Forest，鼓励菲律宾人通过生活中的低碳行为

图 7—16　支付宝蚂蚁森林公益

更好地保护环境。

类似的案例还有字节跳动和腾讯。

为更好地带动用户关注生物多样性保护，并将关注转化为公益行动，字节跳动公益和抖音联合发起“抖音自然”活动，用户可通过观看或拍摄动植物视频收集自然能量，抖音根据用户捐赠的能量出资支持栖息地植被恢复、生态廊道建设、反盗猎巡护等工作。目前，“抖音自然”已经上线三江源雪豹保护地、黄泥河东北虎保护地、深圳湾红树林保护地，共有 2600 多万用户参与守护（见图 7—17）。

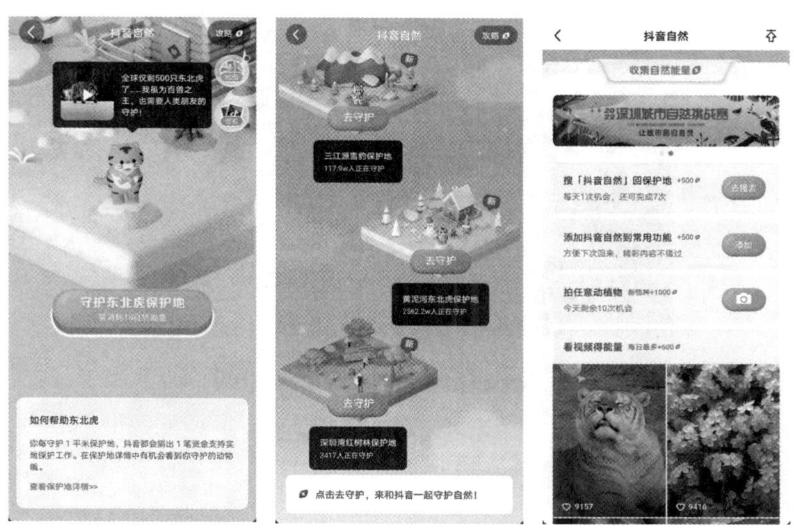

图 7—17　抖音鼓励用户参与生物多样性保护

腾讯也积极发挥自身“社会连接器”的作用，推出环保科普产品和游戏，动员用户践行绿色生活方式。腾讯知名的游戏工作室天美加入联合国环境规划署“玩游戏，救地球”联盟，举办以森林恢复和海洋保护为主题的绿色游戏创作大赛“Green Game Jam for Youth”，联动 300 余所高校触达了上亿用户。天美还承诺动员全球青年进行绿色游戏策划提案，激发青年创造力，培养下一代游戏人才的可持续发展意识。①2022年1月，腾讯推出首款碳中和主题公益小游戏《碳碳岛》（见图7—18），以放置经营的互动玩法引导玩家了解碳中和实现历程，向大众科普碳中和知识、倡导低碳生活理念。

图7—18 腾讯推出碳中和主题小游戏《碳碳岛》

① 《2021年环境、社会及管治报告》，2022年5月5日，见https://static.www.tencent.com/uploads/2022/04/16/56e61654efa69f7503f997520a8f2766.pdf。

第八章

管理环境危机维护企业声誉

相较其他危机，环境危机触及了人们生存和生活的根本，违背了社会普遍认同的可持续发展观，因而危害后果更严重、关涉主体更多元、聚焦议题更广泛、引发的矛盾更突出，同时对于企业声誉的破坏也更为迅速、猛烈且深远。企业做好环境危机管理，既是应对危机常态化趋势给企业形象、声誉带来的挑战的关键策略，更是顺应、践行“双碳”战略，打造、维护绿色品牌的必要保障。至于具体的举措，企业不仅要在环境危机发生前围绕意识、原则和制度打造危机管理体系，亦需在环境危机爆发后设置议题、传递意义以促进危机的化解，还需在事态得到遏制后修复声誉、重构信任。

第一节　夯实基础：构建危机管理体系

企业声誉是各利益相关者对于企业过去表现和未来愿景感知的描述，代表着企业的整体吸引力①。良好的声誉不仅可以帮助企业在当下

① FOMBRUN C J, *Reputation: Realizing value from the corporate image,* Boston: Harvard Business School Press, 1996, p.72.

的产业竞争中获得优势地位，争取到更丰富的资源、更忠诚的消费者和更广泛的投资者，实现更高的盈利，还会进一步增益品牌价值，提升企业在不断变革的内部管理环境和外部发展生态中健康、稳定、持续发展的能力。作为因企业行为与绿色发展理念相悖而导致的危机，环境危机会以其严重的危害后果、广泛的影响范围、断裂的价值合法性和强烈的矛盾冲突对企业声誉造成极大的威胁，动摇企业生存与发展的根基。应对此类危机的根本在于企业从意识、原则、制度三个层面切入，搭建主次分明、缓急有别、动态调适的环境危机管理体系。

一、根据危机特征明晰管理要点

对于企业而言，危机是由其外部环境变化或内部管理不善造成的可能破坏正常秩序、规范和目标，要求其在短时间内做出决策、调动各种资源、加强沟通管理的一种威胁性情势或状态。由此出发，我们可归纳出危机的五个特征。①

一是危机生成的必然性与偶然性。随着社会的发展，企业内部的构成要素、运作规律日渐复杂，其赖以生存的政策、技术、价值观念、自然条件等外部环境也在不断更迭，但企业运营管理能力和资源配置能力却永远存在着相对的局限，危机的出现便成为必然。同时，危机的爆发往往由特定的诱因引致，而诱因的出现，大部分情况下又是偶然的。

二是危机发展的渐进性和突发性。一方面，危机从生成到消除是一

① 黄河、刘琳琳：《新媒体实务》，中国人民大学出版社 2021 年版，第 172—174 页。

个积累渐进的过程，危机的要素构成、表现形式和影响范围会随着危机发展的不同阶段不断变化；另一方面，具体的一次危机又往往是突然发生的，隐藏的危机一旦显化，便能在瞬间对企业声誉造成巨大伤害。

三是危机影响的破坏性与建设性。危机对企业的负面影响是广泛而深刻的，其不仅会在实质层面带来财产损失、生命或健康损害、正常秩序和规范破坏等，也会有损企业美誉度、可信度、忠诚度等无形资产；不过，若是辩证地看，危机也会暴露出企业存在的问题，给企业带来一个检视自我风险应对能力、改进内部管理的机遇，亦可为企业提供一次“脱颖而出”的机会，应对得当的危机能为企业赢得利益相关者的谅解、维护与支持，增益企业声誉。

四是危机应对的紧迫性与公共性。紧迫性来源于危机爆发与危机应对之间极短的时间差，企业不仅需要在人力不足、财力匮乏、信息不畅的情况下迅速有效地做出决策，还需要防范由危机导致的系列负面影响；公共性是指危机往往具有较强的关注度，极易成为社会的公共话题，再经移动互联网络的快速扩散和集聚，引发规模化及情绪化的狂欢、狂怒、围观和围猎。

五是危机恢复的根源性与系统性。作为“状态”存在的危机，其对企业声誉的影响不会随着舆论的淡化而消失。在事件平息后，企业仍需慎重评估自身所处的环境，明确诱发、助推甚至引爆危机的根本问题，消除“病根”；若从长远的视角看，企业需要做到的绝不仅是消除单次危机的负面影响，而是系统、全面、立体的形象恢复与声誉重建，通过打造真诚、负责、可靠的良好企业形象积累丰厚的企业声誉资产，以更好地预防和应对下一次危机。

危机的上述特征皆对应着企业危机管理的要点。必然性和偶然性要求企业设立更完备的制度体系并保证制度落地，加强风险的研判和管理，同时全方位增强企业的能力和素养以减少危机发生的可能。渐进性与突发性、紧迫性与公共性指导着企业在平时未雨绸缪，建设危机管理组织，制定和动态优化危机管理预案，积极进行危机处置的培训和演练；在危机发生时则快速行动，因时、因地、因情选择最佳应对策略，将危机进行隔离和处置。破坏性与建设性、根源性与系统性则指向系统反思和动态发展，推动企业积极思考如何降低危机的损害并进一步转危为安，如何利用好危机传播化危为机，以及如何通过真问题的解决和举一反三式的查漏补缺、变革创新而变安为常。

从企业整体发展战略的视角出发对上述要点进行系统梳理和延展，我们可归纳出危机管理的三个核心范畴：危机战略规划、危机预控和危机处理。

危机战略规划即将危机管理融入企业的战略制定与日常运营中，提升危机管理在企业发展中的地位。其包括三方面内容：（1）危机发展观的明确和危机理念体系的形成；（2）日常化危机管理制度的建立、维护与修正，明确危机管理的使命、权责和流程；（3）危机管理战术体系的论证和确立，以保证危机征兆一旦显现或危机爆发，企业能够依循既定的工作原则、策略组合和资源配置模式开展工作。

危机预控和危机处理是在危机战略规划指导下的危机管理工作，前者是为了应对可能发生的危机开展的系列准备活动，包括风险评估、危机预警和危机应对训练等。后者则是在具体危机情境中企业所需采取的系列举措，大概可分为危机决策、策略执行、恢复与评估三大内容；[1]其中，危机决策包括对危机根源的查找、危机类型的确认、危机影响的分析以及以此为基础的策略制定，策略执行即对上述决策的落实，而恢复与评估则是指消除危机负面影响、评估危机管理效果、恢复企业声誉。

二、环境危机的特殊性

环境危机是指由企业行为与绿色发展理念相悖而导致的危机状态。其来源多样，既可能源于内部的利益失衡、管理不善、生产疏漏等，也可能受到自然条件、政策变化等社会环境的影响，但都较为一致地表现为对生态环境的污染和破坏，以及由此导致的与各利益相关方之间糟糕的关系。作为一种特殊的危机类型，环境危机天然地具备前述危机生成、发展、影响、应对和恢复的各种特征，但相较于产品质量危机、经营管理危机、领导人危机等其他企业危机而言，环境危机会给企业声誉带来更迅猛且深远的威胁和破坏。这主要是由于以下四个原因。

第一，环境危机的侵害范围广，控制难度大，往往具有较强的负外部性。对于企业而言，环境危机的根本原因和显著表现即企业的生产经营活动产生了污染，且对生态环境的可持续发展、公众的生命健康和财产安全造成了潜在威胁或实质损害。这种威胁或损害是大规模的，污染一旦发生，将无差别地侵害区域内的所有公众和环境；这种威胁或损害的控制又是高成本的，需要大量的人力、物力、财力和时间，企业往往

① 胡百精：《危机传播管理》，中国人民大学出版社 2014 年版，第 15 页。

难以凭借一己之力完成。2011 年，发生于墨西哥湾的钻井平台油气泄漏并引发爆炸和大火的事件，就导致了 11 人死亡，16 人受伤，约 490 万桶原油流入墨西哥湾，88,522 平方英里（约等于 22.9 万平方千米）的渔场被关闭；原油持续泄漏了 87 天，最严重的时候一天需调动超过 6000 艘船、82 架直升机以及 47,849 人参与清理工作。这一事故影响之广泛、损失之惨重、破坏之强烈，被称为环保界的“9・11”。①

第二，环境危机的聚焦议题和关涉主体具有“涟漪效应”。环境危机由环境污染事件引发，但社会关注的焦点往往不限于此，而是会延伸至企业管理不完善、行业标准不规范、监管不力、权力腐败等问题。相应的，危机的影响对象也不仅仅是一家企业，而会扩展到政府监管主体乃至多个行业。2015 年，美国环境保护署指控大众汽车尾气检测造假，在售卖的部分柴油车中安装了专门应付尾气排放检测的软件，帮助汽车在车检时能以“高环保标准”过关，而在平时行驶时却排放超标污染物。这一指控不仅促使多国展开对大众汽车的调查，还波及到了其他汽车制造商，甚至引发了人们对德国制造行业乃至整个清洁柴油车辆技术的信任危机。②

第三，环境危机是道德型危机，违背了社会普遍认同的价值观。声

---

① United States Coast Guard, *Deepwater horizon: Macondo well blow-out*, 2022.7.10, https://www.dco.uscg.mil/OCSNCOE/Accidents-Investigations/DWH-Macondo/#overview; USCG Homeport,On scene coordinator report deepwater horizon oil spill,2022.7.10, https://homeport.uscg.mil/Lists/Content/DispForm.aspx?ID=119&Source=/Lists/Content/DispForm.aspx-?ID=119.

② 王婧：《“排放门”揭秘：大众的失控与失信》，2015 年 9 月 28 日，见 http://www.jjckb.cn/2015-09/28/c_134665375.htm。

誉是企业赖以生存的根基，关联着企业品牌的合法性；企业面临的危机，从根本上来说是企业声誉遭到质疑，品牌合法性遇到威胁，难以维系其与社会之间良性关系的状态。一般而言，企业品牌合法性由绩效、程序和价值三个要素构成，企业危机也多与此息息相关。① 环境危机表现为企业活动对环境的破坏，忽视了促进可持续发展的社会责任，违背了“人与自然和谐共生”的理念，是对责任、和谐、生命、尊严、正义等人类社会共同的道德标准和价值观念的背离。与绩效合法性、程序合法性这种实质危机不同，企业危机一旦上升到道德和价值层面，无论企业的业务能力曾经多么卓越，都无法挽救企业声誉的全面滑落 ② ；无论企业在当下调动多少资源，都难以在短时间内恢复如初。

第四，公众对环境危机持“零容忍”态度。尽管我国环境状况随着生态文明建设的深入推进有了明显的改善，但层出不穷的环境污染事件和环境破坏行为仍然对公众的生命健康和财产安全造成极大的威胁，这种威胁在公民监督意识、环境意识和权利意识逐渐提升的背景下被聚焦和强化，使得公众对企业的环境行为更为敏感、警觉——一旦企业的生产经营活动有影响环境的可能，公众积攒许久的焦虑、恐惧、愤怒、不满等情绪将集中喷发，具化为对企业的抗议、讨伐。与此同时，环境危机表现出来的高关注度、高冲突性又将吸引各类媒体持续跟进，围观、挖掘、放大企业等危机主体的言论与表现。此时，说与不说、做与不做、说什么、做什么都将成为公众评价危机、发泄情绪的重要依据，任

① 胡百精：《敞开的品牌》，中国人民大学出版社 2016 年版，第 10 页。

② 田敏、李纯青、陈艺妮等：《企业不道德行为对消费者评价的影响——基于道德脱钩的中介和消费者权力的调节》，《管理评论》2021 年第 4 期。

何不符合预期的行为都会进一步导致负面情绪的无序释放，加剧企业与公众的矛盾以及社会治理的风险。

三、开展环境危机管理体系的三个层次

为规避与降低环境危机对声誉的伤害，企业需从意识、原则、制度三个层次切入开展体系化的环境危机管理，这包括重视危机常态化现象，明确“作为与不作为”的边界，并对危机应对实践加以规范。

（一）树立危机意识，重视危机常态化现象

基于移动互联网，在任一时间、于任一平台、由任一主体发起、借助任一形式表达的言论都可能迅速演化为针对关涉企业的强烈“风暴”，企业面临危机常态化出现的情形。造成这一趋势的原因有很多，除了前述论及的环境危机的危害性、敏感性等特性之外，企业还有必要认识到以下几点。

第一，公众承担了新的角色。新媒体的兴起使得信息传播呈现出较强的“去中心化”特征，普通公众也可以便捷地传递信息、交流分享、形成舆论、展开行动，使自己由以往的“信息接收者”角色，向更加主动的“问题提出者”“言行质疑者”“活动动员者”“现实发难者”“决策参与者”转变，[①] 他们不仅会事无巨细地关注企业的言行，还可能随时随地发起质疑与对抗，更容易参与到狂欢狂怒的人群中，引爆企业

① 黄河：《网络舆论引导的困境与破局》，《新闻与写作》2018 年第 6 期。

危机。

第二，危机导火索的纷繁复杂。危机形成的诱因——内部管理缺失和外部环境变化——在传播方式、社会舆论格局、公众行为等皆发生变革的新媒体时代呈现出更复杂的特征与类型，根据过往实践，可大致归为六类：① 一是转移潮，由传统媒体发起，在网络上跟进与发酵；二是泄气阀，由于利益受损或遭遇不公正待遇等原因产生不满情绪，进而对企业进行讨伐；三是名人欲，借助对企业的发难赢得他人的关注和支持；四是恶搞风，出于好玩或者游戏的心态恶搞企业形象；五是文化冲突与民族情绪；六是谣言的滋生与流传。任一导火索的出现都可能将企业置于危机状态，导致企业形象的损毁和信誉的下滑。

第三，公众对企业持有的负面“刻板印象”。长期以来，不少企业（尤其是国企央企）在公共讨论中常常与一些固定的负面评价相关联——垄断、腐败、滥用职权、钱权交易等，这既与处于社会转型期的公众“仇官”“仇富”的心态相关，也源于这些企业“埋头苦干”“只做不说”的特点。近些年接连发生的环境污染事件，如中石油大连输油管爆炸事件、康菲石油海上漏油事件、中冶纸业腾格里“沙漠排污”事件等，使部分企业被贴上“资源攫取者”和“环境破坏者”的标签。与“刻板印象”伴随的不信任、调侃戏谑、排斥对抗，加上公众对环境的高关注度和低容忍度，加大了企业环境危机引爆的可能和应对的难度。

危机的常态化意味着企业聚焦局部的、重在事后补救的、以平息事

① 黄河、刘琳琳：《新媒体实务》，中国人民大学出版社 2021 年版，第 180—181 页。

件为导向的危机应对只能是权宜之计，建立具有正确危机意识的体系化、制度化、操作化的危机管理体系，以系统动态、游刃有余地面对挑战，维护和保障企业声誉才是长远之策。其中，具有方向性和指导性作用的危机意识的梳理——摒弃盲目乐观主义、过度实用主义和投机主义，强调居安思危、居危思危①——是做好环境危机管理的首要步骤和重要根基。

（二）把握应对原则，明确“作为与不作为”的边界

危机应对原则是企业危机管理体系中用以指导自身行为的准则，其划定了企业“应该做什么”和“不该做什么”的边界，是对危机意识的继承与具化，也用以统摄差异化的危机应对策略。具体而言，企业环境危机应对应包含以下五个原则②：

第一，预防第一原则。防患于未然是危机管理的最高境界，企业可从风险管控、信任构建、绩效提升三个层面切入预防危机的发生：保持对企业风险的实时监测与分级研判，对可能出现的威胁进行预防性管理与沟通，避免风险演变为危机；通过优化监督流程、建立对话机制等手段与各利益相关方保持透明、开放、持续的对话，增进其对企业的了解与信任，在危机来临时留有解释和沟通的余地；主动加强对自身生产经营、制度管理、人员素养等方面的监督与完善，从根本上降低危机发生的可能性。

第二，制度保障原则。良好的制度是保证危机管理工作有效运行的

① 胡百精：《危机传播管理》，中国人民大学出版社 2014 年版，第 11 页。

② 黄河、刘琳琳：《新媒体实务》，中国人民大学出版社 2021 年版，第 176—177 页。

基础。在正确危机观念的指导下，结合危机管理知识、经验和技能，建设一套从危机预控到危机应对再到恢复管理的危机管理制度，是组织以不变应万变的最佳选择。

第三，价值优先原则。移动互联时代的危机不仅是事实与意见的传递，还裹挟着公众焦虑、烦躁、恐惧、失望等情绪，往往是事实不清、真相不明、意见未现却情绪先行。这就要求企业在危机应对时不仅在事实层面促进真相查证和利益互惠，还应在价值层面实现信任重建和意义共享，以安抚公众情绪，重建情感认同和道德认同。①在所有的价值要素中，公众抱持的道德层面的“善恶”应为首，企业自身的利益“得失”应为末，媒体关注的“是非”与政府、行业组织所关心的“公私”则居于“善恶”与“得失”之间。

第四，勇于担责原则。在社会系统中，每一个企业都是特定权利和义务的主体。在面临危机时，若要获得长远的发展权利，企业也必须承担起相应的危机责任：一是对利益相关者负责，坚持公众利益至上，着力维系和保证公众的合理合法权益；二是对事实负责，实事求是，避免隐瞒、欺骗；三是对善后处理负责，在危机平息后仍要继续做好对利益相关者的补偿、安抚和致歉，以及自身的总结和检讨。

第五，积极主动原则。危机降临之时，企业应积极行动起来，做好三个方面的工作：直面危机，不闪躲、不逃避、冷静应对；迅速反应，及时查找根源、公布真相、制定措施，化被动为主动；调动相关人员的积极性，明确权责，统一行动。

---

① 胡百精：《危机传播管理对话范式（上）——模型建构》，《当代传播》2018年第1期。

（三）建立管理制度，规范危机应对主体与流程

如前文所述，高效的危机管理工作离不开完善的制度体系，这是企业将具有普适价值的危机意识、危机应对原则与自身特有实践相结合的产物，用以指导、规范和协调具体危机事件的应对工作，具有针对性和操作性。通常，危机管理制度应涵盖应对原则、管理组织、危机分级及应对流程四个部分。

企业危机管理制度的应对原则仍然以前述五大原则为基础，根据企业业务和危机实践的特性加以详细阐释或完善补充。常见的危机应对原则还包括：分级分类原则，对所有危机进行分级管理，不同级别的危机对应不同的管理组织及应对流程；口径一致原则，内外一致、上下一致、前后一致，统一发声；谨慎发布原则，对外不隐瞒、不推责，对内不缓报、不瞒报；道德至高原则，尊重社会公序良俗，以人为本，生命至上。

危机管理组织的重点在于明确参与危机应对的核心主体及各自的职责，这在分子公司或基层单位较多的大型企业中尤为重要。一般情况下，危机管理组织至少包括领导层、管理层和执行层三个层级。其中，领导层为最高决策机构，负责最高级别危机处置的统筹和监督工作；管理层居于领导层和执行层之间，负责较低一级危机处置的统筹和监督工作，并执行领导层的决定；执行层负责最低级别危机的处置工作，需在领导层或管理层的指导下配合或执行应对危机的各种措施。

危机分级是指根据危机的性质、领域或影响范围等标准对企业可能面临的危机进行级别的划分，不同的危机级别对应差异化的处置主

体和应对流程。需要注意的是，危机分级的层级和标准需根据企业具体实践确定，但无论如何划分，都需要制定一个可测量的指标，以保证危机分级易识别、可操作。表 8—1 列举了某能源企业的危机分级指标。

表 8—1　危机等级划分及其测量指标示例

危机等级	影响范围	测量指标
一级危机	影响范围主要集中在总部层面，引起社会公众的巨大反响，需要总部组织专业资源处理的危机	·公司内部出现未被媒体传播的重大生产安全事故、违纪违规违法问题、资本财务问题 ·国内权威媒体或国际媒体集中出现负面报道 ·行业或地方重点网站专题呈现或置顶加精负面信息 ·具有高关注度的社交媒体意见领袖发布投诉帖或曝光负面信息 ·负面信息出现在网络新闻媒体热搜榜等
二级危机	影响范围主要在二级公司层面，引起社会普遍关注但仍在二级公司可控范围内，需要公司联合其内外部资源共同处理的危机	·公司内部出现未被媒体传播的较大生产安全事故、违纪违规违法问题、资本财务问题 ·国内权威媒体出现负面新闻的简要报道 ·行业或地方重点网站首页发布负面信息 ·具有一定关注量的社交媒体个人账号发布投诉帖或曝光负面信息等
三级危机	影响范围主要涉及三级单位层面，社会关注度不高，通过责任主体的及时处理，能够有效控制的危机	·公司内部出现未被媒体传播的普通生产安全事故、违纪违规违法问题、资本财务问题 ·地方媒体出现负面报道 ·行业或地方重点网站未在首页出现的负面信息 ·关注度不高的社交媒体个人账号发布投诉帖或曝光负面信息等

危机应对流程大致可划分为危机监测、危机处置和形象修复三个部分。危机监测为日常工作，企业各级单位都应设有危机监测机制及专员，一旦发现风险隐患，需立即将有关信息报送至相关部门负责人处进行研判。在确认危机及其级别之后，相应的应对流程即被启动，由最高

级别至最低级别分别由领导层、管理层和执行层统筹处置，其余相关部门需做好准备，随时提供信息和资源的支持。形象修复在危机舆情消退后进行，旨在重建企业生产秩序，修复与各利益相关方的关系并恢复企业声誉。

总之，在企业实践中，一个完整的危机管理制度必定是原则明确、权责清晰、分级合理、流程顺畅的，其一方面能够帮助各级员工时刻保持危机意识，明确自身的角色和作用，熟练掌握应对策略，在危机真正来临时进行准确迅速的响应；另一方面可以理顺不同主体的沟通关系和权责关系，提高协作效率，从而及时、有效地弱化和消除危机事件带来的负面影响，保障和维护企业声誉。

第二节　议题管理：做好信息发布和组建话语联盟

多元意见竞争是移动互联时代最主要的特征之一。针对某个社会议题，不同主体可能持有迥异的解读与观点；在关涉主体多元、延伸议题广泛的危机情境下，意见的体量与类型更甚以往。企业此时如果不能迅速辨别核心议题、有效引导公共讨论，那些差异化的、主观的信息与意见碎片便会拼接出一个或多个危机故事版本制造噪音、混淆视听，挤压企业发声的空间，甚至剥夺企业的话语权。因此，危机发生之后，企业积极参与意见竞争至关重要。当然，参与意见竞争并不意味着与所有反对意见的对抗、交锋与博弈，而是在辨别核心议题的基础上，与他者充分对话，即开展议题管理——借由与各利益相关方围绕着核心议题的双向互动，引导和控制危机舆论，创造有利的危机管理环境。①

危机议题管理的核心在于设置公共议程与影响意见领袖，前者考验的是企业的危机沟通技巧，后者强调企业的资源动员能力。② 本节将系统梳理企业在环境危机议题管理中的关键原则、组成要素及实施策略，并结合中石化“东黄输油管道泄漏爆炸”事件和中国华能“光伏项目推平林草地”事件两个典型案例加以阐释。

一、做好信息发布，设置公共议程

在公共讨论中，系列按照重要性排序的议题、事件及观点、属性构成了公共议程的主要内容。研究表明，信息发布主体可通过对某一议题、事件或观点、属性的强调增加其在公共议程中的显著性与优先性，③ 影响多数人的认知与态度。这也是企业在遭遇危机时主动、积极开展信息发布的直接目标——提升于企业有利的信息在公共讨论中的重要性排序，创造良好的对话沟通环境。危机情境下，能够有效设置公共议程的信息发布应同时观照时间性、主体性和解释力三个关键要素，即及时回应关切、持续主导话语权和提升话语解释力。

---

① 胡百精：《危机状态下的议题管理》，《国际新闻界》2006 年第 3 期。

② 李国威：《跑赢危机》，中信出版社 2021 年版，第 52—58 页。

③ MROGERS E, WDEARING J, “Agenda-setting research: Where has it been, where is it going?”, *Annals of the international communication association*, 1988, 11 (1), pp.555-594.

（一）及时回应关切

快速行动是企业应对环境危机的重要原则，其不仅要求企业迅速启动应急处理程序，控制危机事件的发展，例如召回不合格的汽车、清理漏油等，也要求企业及时借助新闻媒体、自有媒体等渠道进行信息发布，确保自身成为危机事件的首要、可靠信息源。企业发布的信息越及时、越充分，留给他者猜测、质疑和批评的空间就越狭窄。有效的危机信息发布常具有下述特征。

第一，充分告知而不是全部告知。在企业查清事实前，草率、过度公开可能会引发不必要的恐慌，在不悖共同体和公共精神的情况下，企业的危机信息发布可以有所选择。

第二，若是缺少确切信息与可靠结论，要做到“没结论给态度”。危机的发生总是事发突然、出乎意料，这意味着企业很难在短时间内获取关于危机来源、性质、规模、影响等关键问题的确切结论。此时，企业不能也不应说谎或逃避，而是要拿出一个负责任的态度，表达自身查证真相、解决问题的诚意，用态度空间换取应对时间。

第三，做出适度承诺。由于环境危机往往关涉人们生存和生活的根本，除了对事件信息本身的知情之外，如何控制事态发展、消除对生活秩序带来的影响也是各利益相关者的核心关切。企业需对后续行动做出承诺，才能更好地消除恐慌，赢得信任和信心。不过，危机情境下的承诺必须是以企业能力范围为基础的适度承诺，即承诺一定是能带来真切收益的而非虚无缥缈的，是企业有把握兑现的而非“画大饼”式无力履行的。否则，宏伟的、虚假的承诺固然能够一时缓解危机形势，但及至承诺落空、幻象破灭、信任透支，企业将从此失去在公共空间对话的机会。

（二）持续主导话语权

危机事态的控制与影响的消除需要投入资源和时间，在此期间旧的问题可能有了更高的能见度，新的问题可能不断出现，同一问题也可能被利益相关者反复追问。这就意味着企业的危机信息发布工作并非只是简单发个声明就可以“关门谢客”，而是要就人们关心的问题做出动态及时的回应和解释。在持续沟通的过程中，若要主导话语权，稳固作为首要信息源的地位，企业需着重注意以下四个平衡。

其一，过程信息与结果信息的平衡。企业既需要公布危机事件的影响后果、处置结果等事实结论，也务必解释如何影响、如何处置等过程步骤。这既可在真相尚未明确、影响亦未消除、处置还未完成时表达自身积极解决事件、主动承担责任的态度，也是保障公众知情权与参与权、以透明公开构建企业程序合法性的关键步骤。

其二，正面信息与负面信息的平衡。就组织信息论据的方法而言，同时提供于己有利的正面信息及于己不利的负面信息，并对负面信息中提到的问题真诚应对的方式，往往比仅输出正面信息更有说服力。换言之，在危机情境中，一味强调“正能量”并不能在短时间内重塑企业形象，反而会因不合时宜导致公众不愿听、不肯信、不满意。适时恰当地自揭短处，直面真问题，并在此基础上诚意致歉、承诺处置，反倒能展现企业不逃避、会担当、有诚意的特质，增强公众的信任感。

其三，新媒体与旧媒体的平衡。企业应当合理分配话语资源，兼顾不同利益相关者的差异化媒介使用习惯。具体而言，企业的危机信息发布既需注重权威的传统媒体，也不可忽视微博、微信、抖音等更快捷灵活的新媒体；既可采用新闻发布会、媒体见面会等常规手段，也可考虑移动直播、网络声明、网络互动等更契合特定场景的轻量、直接的形式与多元利益相关者沟通。这样的平衡利于真相跑在谣言的前面，利于影响有影响力的人，利于创造多元对话。

其四，事实信息与意见信息的平衡。除了提供客观描述事态、过程和结果的事实信息，企业同样需要提供反映情感、态度和立场的意见信息，前者用以“迎合舆论”，后者借以“引导舆论”。需要注意的是，意见信息的提供需有确定来源、依据，是基于客观事实的评价，而非揣测猜度。

（三）提升话语解释力

针对危机情境下快速涌现的质疑、困惑和误会，企业的信息发布应通过下述三方面的运作，让各利益相关者在“听得见”的基础上“听得懂”“听得进”，从而冰释前嫌，赢得共识。

一是将专业语言转化为公共语言。在常态化的信息发布中，适当加入专业词汇能够彰显企业的专业性与权威性，但在确定性信息匮乏、情绪代替理性主导思考的危机情境下，这些艰涩难懂的技术语言、刻板严肃的政策语言都将被视为企业沟通诚意欠缺、态度傲慢的表现，不仅不利于舆论的引导，甚至可能导致公众的排斥或愤怒。将专业语言转译为通俗易懂、人们喜闻乐见的公共语言，是打破沟通藩篱的基础。

二是坚持公开透明。在危机应对过程中，企业可以视情况从发布信息的“把关人”转换成为“开门人”，把专家、媒体、协会和公众等各利益相关方请进来，有话直说，坦诚相见，充分交流，让各方知道“错”在何处、“对”在哪里。这种公开透明的做法，不仅有助于人们从“旁观者”或“受害者”的角色转变为与企业协力渡过难关的伙伴，还利于借第三方之口向社会更加客观、全面地传播相关信息，从而使他们在见证、参与和体验中，成为理性的问题解决者。

三是主动应对谣言。谣言的生成和传播过程伴随着简单信息的保留、逻辑论证的删除以及核心期待与关切要点的强化，这就使得其具有高度的传播力和感染力，不仅会迅速且强势地挤占确定事实的传播空间，还可能影响各利益相关者的情绪、情感、判断和评估，从而恶化企业的危机应对环境。由此观之，用已证实事实与正确意见消除谣言的不确定性和非理智锋芒，是企业提升自身信息解释力的重要保障。①

（四）案例分析：中石化“东黄输油管道泄漏爆炸”事件

2013 年 11 月 22 日凌晨，中石化在山东青岛市黄岛区的一地下输油管道发生破裂，原油出现泄漏。在准备抢修的过程中，管道原油进入市政排水暗渠，暗渠内油气积聚遇火花发生爆炸，造成现场抢修人员、过往行人、周边居民等共 62 人死亡，136 人受伤。危机带来的严重破坏性引起了舆论的关注，矛头直指中石化和青岛当地政府。

事件发生后，中石化除了立即采取应急措施展开抢修、救援，积极调动资源全力配合事故处置工作之外，还通过官方微博账号“@ 石化

① 胡百精：《危机传播管理》，中国人民大学出版社 2014 年版，第 36—41 页。

实说”（现更名为“@ 中国石化”）持续发布信息，回应各方关切，不仅使舆论风向逐步转向理性，也将对中石化的评价从完全否定扭转为基本同意中石化在事故中承担有限责任。整体而言，中石化在此次危机中的信息发布策略可为之后的环境危机应对带来如下三点启示：

第一，识别核心议题，持续有效回应。言说议题的统一是所有对话的基本前提。在危机形势下，企业不可能圆满回应所有人的发问、质疑，抓住主要矛盾、引导核心议题是出路之所在。在此次事件中，中石化一方面连续发布原创微博，承认事故发生、发表致歉与哀悼、承诺进行事故调查，同时持续更新事故救援、居民救治、公共设施抢修、环境污染处置等方面的进展；另一方面借助对新闻发布会情况通报、现场幸存者口述等信息的转载，还原事故现场，梳理事故责任，有效地回应了公共讨论中关于事件起因、危害控制、救助补偿等核心关切。

第二，洞察传播环境，灵活使用新媒体平台。在此次事故中，国务院成立并派遣了调查小组进驻事故现场，该小组与青岛政府一起成为事故信息发布的主要源头，而后者在事故爆发初期的新闻发布会中做出了一些不利于中石化的争议性表态，使得中石化的危机应对形势更为糟糕。综合考量自身所面临的舆论逆境与各媒体发布渠道的特征，中石化选择了通过新闻办公室官方微博账号发布危机信息，以平和、对话的方式持续参与意见竞争，管理核心议题——其一，中石化与地方政府在管道名称、事故原因、责任认定等问题上存在一定分歧，通过官方微博发布信息、澄清事实则是一种既凸显权威又弱化冲突的做法；其二，山东本地媒体一边倒地发布“歌颂式”报道招致了公众的强烈不满，媒体信誉下降，而能够广泛连接、高效分发、双向交流的新媒体平台则聚集了人气，是公众获取信息的重要渠道，以此进行危机信息的发布，能够触达更广泛的人群，实现更好地传播效果。

第三，主动承担责任，澄清不实之言。事故发生之初，青岛市政府提出发生爆炸的是中石化刚投入使用8个月的“黄潍输油管线”，但“黄潍输油管线”并非中石化所有，也并非引爆源头，真正的漏油管道是集团已运营27年的“东黄复输油管线”。对此，中石化主动在微博进行说明并公开道歉，在舆论较为混沌时就坦诚担责。不过，对于不实的指责与质疑，中石化也给予了有力回击。在舆论讨伐瞒报问题及“7小时”救援之失、政府将责任推至企业身上时，中石化一方面通过新闻发言人的采访澄清瞒报的不属实，另一方面则借助幸存者的讲述提供了关于“7小时”的关键信息，包括应急预案启动时间、漏油处置工作、现场监督人员等，再次证实了瞒报不存在的说法。中石化的主动担责与据理避责，不仅能够改善企业的危机沟通环境，缓解各方的情绪，也树立了勇于承担、坦诚沟通的形象，为后续的声誉修复奠定了良好的基础。

二、组建话语联盟，发挥关系作用

在危机情境中，若仅有涉事企业独自发声，容易被视为“一面之词”而降低可信度。改变这种状况的重要方式，是企业在主动发布信息的基础上，争取有公信力的第三方或意见领袖的信任与支持，缔结话语联盟，遥相呼应，互为支撑，同频共振。

（一）重视三类意见领袖

传统意义上的“意见领袖”概念包括两层内涵：作为信息从大众媒介流向公众的中介，以及作为某一群体中扮演着关键角色的成员。不过，互联网对受众的赋权颠覆了这一概念的两个前提——线性的、层级式的传播过程被瓦解，网络社群中群体成员的关系也较以往更为随意、松散，使得“意见领袖”概念遭遇了极大挑战。在这一背景下，以契合互联网传播规律的网络科学视角和方法审视“意见领袖”的范式进入研究者的视野。在这一范式中，意见领袖被视为网络社会中的“影响力节点”，无论其是否以大众媒体为信息源头，也不考究其在某个群体中的角色，只要是能够对信息流动起到关键影响作用的，皆可称为“影响力节点”，也即意见领袖。能够发挥这一作用的既包括传统意见领袖概念中作为中介的“人”，也包括非人的媒介、政府机构等。① 本书采用后一种定义，将在信息发布和传播中占据关键位置的主体皆纳入意见领袖的范畴。

基于上述定义，我们可将在危机情境中能够对企业的信息传播、信任构建起到支撑、增益作用的意见领袖大致分为三类：专业意见领袖、公共意见领袖和草根意见领袖。② 专业意见领袖是指危机涉及领域的权威人士，包括政府主管部门官员、专家学者、行业组织负责人等；公共意见领袖是“粉丝”众多、声名远扬的主体，例如媒体、企业家、明星

① 张冰清、芮必峰：《旧理论遭遇新传播：网络科学视角下“意见领袖”研究的困境及出路》，《新闻大学》2019 年第 6 期。

② 胡百精：《危机传播管理》，中国人民大学出版社 2014 年版，第 107—108 页。

等；草根意见领袖指分散在不同的利益相关人群中，对群体其他成员的认知、态度和行为有重要影响的少数权威者，既包括由固定兴趣、利益连接成的社群的活跃者，也包括危机事件中的关键人物或代表，例如受到环境污染影响的当地居民、受难者家属、施工工人、事故重要目击者等。

这三类意见领袖都有自身独特的优势。专业意见领袖以权威性见长，因其在某一领域内的知识素养和专业技能优势，被认为能够提供可靠的事实与公正的判断，在危机情境中具有较高的话语权。公共意见领袖则聚集了较高的传播势能，本身就是多数公众常规状态下偏好、习惯、信任的信息来源，而人们在不确定性环境中对于熟悉事物的依赖则使得这一优势延伸至危机情境中，赋予了公共意见领袖较高的传播力、动员力和感染力，能够在信息扩散、意见交锋、情绪渲染乃至发起网络动员和社会行动方面发挥重要作用。草根意见领袖分散在不同人群中，通过将公共符号体系转化为群体成员更容易接受的符号要素、将事实信息加工成为意见信息、将单向传播转化为以自己为枢纽的双向互动三条路径作用于企业与不同群体的沟通过程，① 具有更精准、高效、深入的传播效果，团结了草根意见领袖，往往也就意味着团结了群体中的大多数人。

对不同意见领袖角色与功能的了解是企业构建第三方话语联盟的基础。企业需要对其作用的领域、方式、路径与效果了然于胸，并根据差异化的危机情境有针对性地加以激活。

---

① 胡百精：《危机状态下的议题管理》，《国际新闻界》2006 年第 3 期。

（二）第三方话语联盟的维护与调动

第三方话语联盟不能等到危机发生之后再仓促建设，而需企业首先做好常态化的关系管理。基于各类意见领袖的特征和关切，企业可通过差异化的话语与其开启关系构建：专业意见领袖关注责任与担当，企业可传递自身在经济发展、文化交流、环境保护等方面承担的社会责任，承诺与其构建一起为社会做贡献的责任共同体；公共意见领袖强调公共精神，企业可展示自己真诚、善意、美好、共享、可持续等价值观念，构建具有时代精神和人文关怀的价值共同体；而草根意见领袖追求个人价值与自我进步，企业可融入他们的日常生活，倾听需求、回应期待、许诺成长，构建互惠互助、共识共赢的命运共同体。

常态维护的良好关系生态能够为危机中的企业在证实信息可靠性、扩大传播范围、背书企业信誉等方面提供支持，但这并不意味着可以以静待动，坐等各意见领袖为自己发声。在实践中，企业可经由创造机会和共享资源两个路径进行意见领袖的动员。

第一，创造机会。鉴于危机发生之初事实尚未明晰、公众情绪还没平复、各方利益关系发生变化的复杂环境，大多意见领袖不便也不愿在第一时间主动声援。对此，企业可主动创造时机、搭建平台、设计机制，邀请各意见领袖和公众参与，既让他们顺理成章地从各自的角度出发参与对话，引导公共讨论，又展现了企业真诚沟通、公开透明、广纳意见的态度，为对话的有序进行和危机的顺利解决奠定良好基础。例如滴滴在多个新媒体平台推出“公众评议会”，就是危机情境下创造发声机会、引导理性讨论的有益尝试。

第二，共享资源，通过信息互通和利益互惠，唤醒或重建各意见领袖的共同体精神，为其提供充分的、可公开支持企业的依据和信心。其中，信息互通是指通过向第三方坦诚事故原因、提供可靠证据、配合调查进程等，使其能够较为清晰地梳理事故经过并形成自身的判断，以此为基础为企业出具可信的数据、报告、结论。利益互惠是指将处于同一条产业链、同一行业中的各主体召回至共同体利益和价值上来，以利益共同体、命运共同体和责任共同体动员发声、激励行动。比如创维在经历领导人形象危机时，正是获得了企业上游供应商、下游经销商、合作伙伴、银行和政府等部门公开发表的支持创维的言论，才得以扭转危局，重获股东、公众及各利益相关者的信任与信心。

（三）案例分析：中国华能“光伏项目推平林草地”事件

2019 年 12 月 20 日，《财经》杂志发布报道称，中国华能为了光伏电站项目的施工，在陕西榆林推平了 3000 余亩牧草地、破坏了当地生态环境和村民治沙成果。① 面对这一指控，中国华能迅速在官方网站发布声明，澄清施工方华益公司与集团并无关系，并承诺会立即对报道反映的情况开展调查。但这一声明未能阻止舆情的再次蔓延，12 月 26 日，新华社“新华视点”发布评论文章，提出“大面积砍林是否合法”“承包土地是否合规”“项目用地是否为林地”三大疑点，② 进一步引发了关

① 白兆东：《华能陕北光伏项目施工，推平毛乌素沙漠千亩林草地》，2019 年 12 月 20 日，见 https://mp.weixin.qq.com/s/jxPUqGyH4Ev2HpqmxFBMkA。

② 梁爱平、周永穗：《陕西榆林毁林建光伏电站追踪：还有哪些疑团有待破解?》，2019 年 12 月 26 日，见 http://www.xinhuanet.com/politics/2019-12/26/c_1125392623.htm。

于“官商勾结”、官员贪腐等议题的猜测与讨论，给中国华能的企业声誉带来了极大威胁。

不过，随后来自政府、媒体和专家等第三方的发声，都较为有力地回应并驳斥了上述问题，澄清了事实，给舆情的化解带来了转机。

第一，官方公布调查结果，证明指控不实。12 月 27 日，负责该事件调查处置工作的联合调查组接受了记者采访，公布了相关结果——包括项目已经完成了 21 项前期审批手续、项目用地认定为未利用地、项目用地内未实施过防沙绿化项目、“砍伐 10 万株杨树”不实等，充分回应了公众关心、疑虑、批判的议题，[①] 有力回击了舆论的指控。

第二，权威媒体实地调查，再次确认真相。12 月 30 日，央视新闻发布关于该事件的实地调查报道，针对“为建光伏电站项目毁 10 万棵树？”“项目所在地是林地不得开发？”“项目建设中是否存在违规行为？”三大质疑开展证据的收集与调查，并予以一一批驳（见图 8—1）。同时，央视新闻还为中国华能留出了发声的空间，报道以中国华能的承诺结尾，包括核查情况、立即停工、复查手续、审核资质等。[②] 权威媒体的加入不仅为前述政府调查结果的可信度和传播力再次加码，还使中国华能有了与各方有效沟通的渠道。

第三，专家学者建言献策，提高公众信任度。为了提高各利益相关

① 李明：《陕西省榆林市公布“光伏项目施工推平林草地”初步调查结果》，2019 年 12 月 27 日，见 https://m.thepaper.cn/baijiahao_5363546。

② 《独家丨真相调查：建光伏电站砍沙漠 10 万棵树?》，2019 年 12 月 30 日，见 http://m.news.cctv.com/2019/12/30/ARTIMgigiJh4OaGuQUT9JCzx191230.shtml。

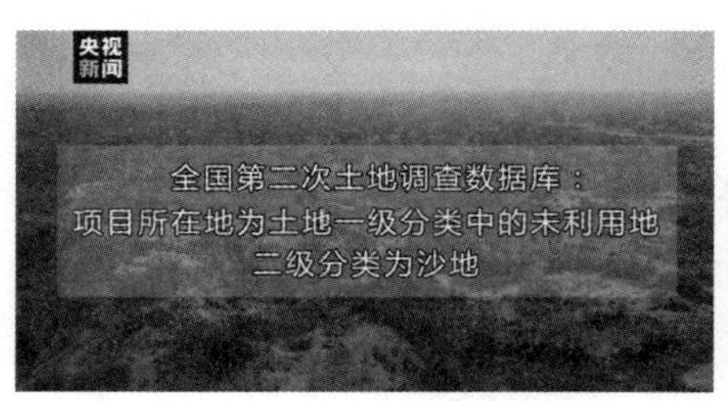

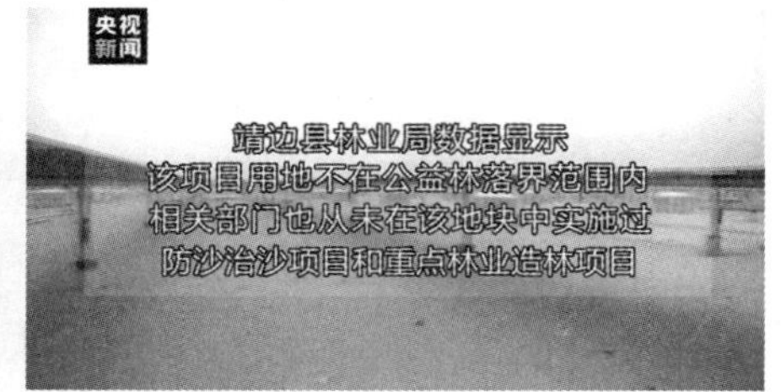

图 8—1 央视新闻关于“光伏项目推平沙漠林地”事件的报道截图

方尤其是当地公众对项目的信心与信任，平息舆论、修复企业声誉，中国华能于 12 月 29 日至 30 日在陕西榆林召开了伊当湾光伏项目防风固沙生态环保研讨会，邀请国内知名专家，研讨项目环保、水保、土地复垦技术优化方案及同时设计、同时施工、同时投用的具体措施，以进一步提高该项目防风固沙生态环保水平。①公开与专家研讨的成果并付诸具体实践中，不仅能够一定程度上打消当地公众的疑虑与担忧，修复因“推平林草地”事件受损的声誉，而且能够强化中国华能绿色、环保、负责的企业形象。

第三节　意义共享：解气优先与价值平衡

如今，公众情绪已然成为企业进行危机应对和舆情疏导的必要对象。当危机发生时，往往是事实不清、真相不明、意见未现却情绪先

① 《华能召开伊当湾光伏项目防风固沙生态环保研讨会》，2020 年 1 月 2 日，见 https://www.chng.com.cn/detail_jtyw/-/article/ccgb60va5Gwc/v/481605.html。

行，哪怕企业抢占先机、主动发声、承诺查证，却仍难以平复公众的焦虑、烦躁、恐惧、失望和愤怒。越来越多的研究证明，危机情境下讲事实、说细节、摆道理的“解惑”固然重要，但讲情感、显姿态、表决心的“解气”才应是危机传播管理的第一价值取向。①

一、解气优先，破除沟通藩篱

环境危机往往会触发公众较高强度的负面情绪，导致其对危机信息的选择性处理和对企业形象的选择性回忆，并进一步刺激形成规模化的社会动员，给危机传播管理带来极大的挑战。要化解危机中的情绪，破除沟通的藩篱，企业需做到转换角色、传递共情与邀请合作，展现开放和谦卑的姿态、践行平等与尊重的理念、表达认可与认同的态度。

（一）危机中的情绪类型及影响机制

情绪是个人被特定事物刺激后产生的即时、短暂的心理和生理状态，② 在对随后情境的理解与判断过程中起关键作用。③ 掌握危机事件中各主体的情绪类型与影响机制，是企业制定针对性的应对策略、安抚公

① 李彪：《霸权与调适：危机语境下政府通报文本的传播修辞与话语生产——基于 44 个引发次生舆情的“情况通报”的多元分析》，《新闻与传播研究》2019 年第 4 期。

② ARNOLD M B, *Emotion and personality,* New York: Columbia University Press, 1960, pp.516-519.

③ LERNER J S, KELTNER D, “Beyond valence: Toward a model of emotion-specific influences on judgement and choice”, *Cognition & Emotion*, 2000, 14 (4), pp.473-493.

众情绪、有效修复声誉的基础。参考"危机传播的认知—情绪双因素模型",①结合环境危机的特性，我们可将环境危机中公众的情绪生成及影响机制归纳为以下两个阶段：

第一阶段是由信息框架和人际沟通决定的初始情绪生成过程。由于环境危机的突发性和危机信息的不确定性，公众无法在第一时间了解完整的事态，也就难以经过审慎、系统的认知评估后形成自己的情绪。在此种情况下，来自人际沟通尤其是社交媒体中的情绪，以及来自媒体、企业或爆料者的信息框架就成为公众危机情绪的主要刺激源。前者通过"传染"效应使不同主体的情绪体验趋于相同，且负面情绪的传染速度和强度常高于积极和中性情绪，这也是危机事件中少数人群的负面评论能够迅速触发集体情绪，甚至导致群体极化的主要原因之一。后者则通过信息框架与"核心相关主题"的匹配实现对情绪的激活，即危机信息呈现了个人遭受的某种伤害或损失，进而唤醒了与该伤害或损失相关的情绪类型。有研究者基于情绪评价理论总结出危机情境中的 4 种个人情绪,②另有研究者综合中国国情在此基础上补充了 3 种社会情绪，③这些情绪在环境危机中也多有表现，如表 8—2 所示。

---

① LU Y, HUANG Y H C, "Getting emotional: An emotion-cognition dual-factor model of crisis communication", *Public relations review*, 2018, 44 (1), pp.98-107.

② JIN Y, PANG A&CAMERON G T, "Toward a publics-driven, emotion-based conceptualization in crisis communication: Unearthing dominant emotions in multi-staged testing of the integrated crisis mapping (ICM) model", *Journal of public relations research*, 2012, 24 (3), pp.266-298.

③ 张结海、吴瑛：《重大事件舆论引导的中国路径——一种基于公众情绪色谱的模型构建》,《现代传播（中国传媒大学学报）》2014 年第 8 期。

表 8—2　环境危机中的情绪类型及“核心相关主题”①

情绪类型	“核心相关主题”及阐释
愤怒	对“我”和“我的”侵犯，且侵犯来源于企业没有阻止危机的发生或没有控制危机的发展，例如伴随着环境危机的污染对生活幸福感的破坏
惊恐	具体的、突然的、会造成身体伤害的威胁，例如化学品爆炸事故中会对生命健康及安全造成损害的微粒
焦虑	真实存在或象征性存在的、具有不确定性的威胁，例如无法预测的危机后果等
悲伤	不可挽回的损失，包括有形的损失（例如财产）和无形的损失（例如心理伤害）
不满	低于某一个标准或预期，可以是绝对的也可以是相对的比较（相对剥夺感）
怨恨	针对不满现象归因的对象，是不满的发展和延伸
不信任	对某一主体乃至该主体发布的信息、提供的补偿等的不信任

第二阶段是由情绪主导的信息处理过程。在“危机传播的认知—情绪双因素模型”中，个体经历的初始情绪强度决定了其后续选择的信息处理模式。带有低强度情绪的个体会倾向于选择“以认知为主导”的模式，对来自各方的危机信息进行精细、从容地分析后得出归因结果并形成自己的判断和态度；而经历了高强度情绪的个体则会遵循“以情绪为主导”的模式，以更为主观、迅速、冲动的方式对信息开展认知和评估。由于环境危机具有更高的卷入度，关涉其中的主体经常会被触发更高强度的情绪体验，并在情绪的主导作用下经由选择性处理、选择性回忆和规模化动员的循环过程，强化、固化对企业的负面态度：

其一，选择性处理。在高强度情绪的作用下，人们会选择性地接收、寻找匹配自己情绪体验的信息以增加情绪判断的主观一致性，这就

① 表 8—2 同时还参考了 Lazarus R S, *Emotion and adaption*, New York: Oxford University Press, 1991：217-253。

相当于在企业和公众之间增加了一层信息过滤器，无论企业说什么，公众都只接触与自己情绪契合的负面信息而有意无意地忽略正面信息。由此带来的结果是，企业的危机叙事被情绪裁剪出多个版本，声音传不开、传不全、传不远；个体陷入自己的消极情绪中，不想听、不愿听、不乐意听。

其二，选择性回忆。除了多元主体发布的危机信息，个体还会通过回忆企业之前的表现来支持自己当下的判断，包括是否曾经发生过类似危机和是否发生过其他声誉危机。然而，同信息的选择性接触一样，个体对回忆的唤醒也是由负面情绪主导的，能够支持自身情绪体验的证据（例如相似的危机史）相较于与情绪体验相悖的事实（例如良好的社会履责）更容易被唤醒，并成为个体评价企业形象与声誉的重要依据。

其三，规模化行动。具有高强度情绪的个体更易产生行动的意向，包括在线的发表观点、宣泄情绪、提出质疑，以及线下的抵制、抗议等行为。这种规模化的行动又将进一步营造浓厚的负面情绪氛围，由此导致更大规模的“选择性处理”和“选择性回忆”过程，促成更广泛的社会动员，衍生出更多的次级舆情危机。

作为环境危机管理过程中一个不可忽视的要素，高强度的负面情绪不仅影响了企业危机信息的有效传递和完整理解，还会进一步扭曲和恶化企业形象，带来声誉的损失。企业若要从根本上提升危机传播管理的效能，营造客观、理性、公正的舆论环境，化解公众情绪应为首要步骤。

（二）化解危机情绪的三个要点

负面情绪会给企业危机管理带来挑战与威胁已经成为共识，但对于如何扭转、化解、引导以实现更有效的危机沟通，却难有统一定论。不过，结合既有成功案例的经验与失败案例的教训，我们可总结出三个要点：转换角色、传递共情与邀请合作。

转换角色代表着一种开放和谦卑的姿态，企业需将自己视为对话者而非信息发布者，将单向的信息流动扩展为双向的对话。在具体实践中，转换角色以开展互动对话离不开“倾听”情境的营造和“共识性前提”的保障——一方面，企业应为所有处于支持、中立甚至是反对立场的利益相关者创造表达自身情绪、疑问、期待的机会，只有倾听他们的关切，才有可能做出契合的回应与熨帖的抚慰；① 另一方面，企业还需召回其与各利益相关者的沟通前提，例如大局观念之于企业员工，共同体观念之于产业链合作者，公共精神之于媒体等，以共持的利益追求、价值观念与道德标准保证表达与回应、互动与对话的有序和有效。②

传递共情展现的是平等和尊重，承认危机给公众在物质和精神上带来的伤害，将心比心地理解他们在此过程中经历的所有糟糕的情绪体验。企业的共情可以通过信息发布的语言、文字、图片等直接表达，也可藉由发言人的着装手势、面部表情甚至是经济补偿、心理治疗等间接传递，其不仅能够缓解恐惧、焦虑、无助等负面情绪，帮助公众从危机

---

① ULMER R R, SELLNOW T L&SEEGER M W, *Effective crisis communication: Moving from crisis to opportunity*, 4th ed, California: Sage Publications, 2017, p.71.

② 胡百精：《敞开的品牌》，中国人民大学出版社 2016 年版，第 79—85 页。

遭受的伤害中恢复，也能够化解矛盾、建立信任，并进一步正向增益于企业的形象和声誉。①

邀请合作代表着胸襟与认同，即通过邀请各利益相关者一同查明危机真相、寻找解决办法、做出行动决策等打造共度危机、共建未来的命运共同体。这既可以增强他们对于危机范围和结果的控制感，化被动承受为主动应对，缓解由不确定性带来的恐惧、焦虑情绪，②还能使其在参与的过程中体会企业为控制危机后果、弥补危机损害、预防危机再次发生做出的努力，感受企业的开放与透明、责任与担当，为后续的形象修复奠定基础。

综上所述，企业在面对危机情境中高涨的消极情绪时，可转换角色打造对话氛围、传递共情化解抵触情绪、邀请合作强化沟通纽带，在“解气”的基础上进一步构建彼此承认、相互信任的关系纽带。

（三）案例分析：墨西哥湾漏油事件③

2010 年 4 月 20 日晚，英国石油公司（British Petroleum，以下简称 bp）在美国墨西哥湾的“深水地平线”石油钻井平台发生油气泄漏，随后引发了爆炸和大火（见图 8—2），导致 11 人死亡，16 人受伤，20 余万平方千米的渔场受到泄漏原油的直接影响。时任美国总统奥巴马称，

① VAN DER MEER T G L A, VERHOEVEN J W M, “Emotional crisis communication”, *Public relations review*, 2014, 40 (3), pp.526-536.

② Centers for Disease Control and Prevention, *Introduction for Crisis + Emergency Risk Communication*, 2022.7.6, https://emergency.cdc.gov/cerc/ppt/CERC_Introduction.pdf.

③ 若无特别说明，本部分案例材料皆整理自何文渊、廖群山、刘芳：《超越百年：BP 发展启示录》，石油工业出版社 2020 年版，第 215—229 页。

这一事故对于环境的伤害堪比“9·11”恐怖袭击事件对于美国的伤害。

图 8—2　“深水地平线”钻井平台油气泄漏爆炸事故救援现场

事故发生后，除在技术层面尝试多种措施封堵漏油井之外，bp 快速启动了一系列响应及联动程序，具体措施见表 8—3。

表 8—3　墨西哥湾漏油事件后 bp 的响应举措

行动	内容及目标
成立 1 个事故应急指挥中心和 2 个事故应急指挥部，后者在国家事故应急统一指挥部的领导下开展工作	统筹污染处置和危机应对工作，配合政府的应急工作
聘请专家，组建危机管理智囊团	研究应急对策
成立漏油事故调查组	独立开展事故调查工作
与政府和有关组织合作，在沿岸 5 个州组建墨西哥湾西岸恢复组织	负责生态环境修复、社会恢复及长期应对工作
建立理赔程序和专门受理组织，并制订公布融资计划	负责事故处置和赔偿支付等财务问题
与投资者和股东进行沟通	表示做好支付赔偿的准备，承诺全力维护股东利益以维持股东的信心，获取支持

续表

行动	内容及目标
寻求政府帮助	借助英、美两国的高层沟通和协调，积极挽回公司声誉和社会影响，争取更多的理解和支持
在企业网站首页设置“墨西哥湾的答复”导航条，实时更新最新动态	向公众公开 bp 为弥补伤害做的努力，包括封堵漏油井、拯救野生动物、给渔民创造就业机会等

系列举措皆清晰地表明了 bp 勇于承担的态度，尤其是与各利益相关者的沟通、信息的及时公开以及对利益补偿的承诺，皆能够在一定程度上缓和公众的情绪，阻止企业信誉的不断流失。但是，作为公司代表的 CEO 唐熙华不合时宜的言论与行为，却让政府、媒体和社会公众对 bp 的价值观产生了严重的质疑，掩盖了前述在行动和传播层面的努力成果。

具体而言，唐熙华危机应对的不足之处在于以下几点。

一是忽视受众，“过度”道歉。为了表达企业对于污染环境的歉意，重拾公众的信心，bp 精心制作了电视宣传片。其中，唐熙华站在干净美丽的海边，面对镜头向受到影响的人们及家庭致歉，并做出妥善处理的承诺。广告片一经投放，就遭到了奥巴马和媒体的批评，认为 bp 应该将钱花在控制污染和预防危害上，而非广告宣传。① 尽管 bp 澄清其并没有挪用封堵漏油和赔偿受害者的资金，但如此大费周章、华而不实的道歉形式却也从一个侧面体现了企业负责人的不知轻重。

二是淡化危机，逃避责任。面对英国媒体，唐熙华表示这次原油泄漏面积“相对比较小”，“墨西哥湾是一片很大的海洋，我们泄漏出的原

① 张品秋：《嘴动不如行动　英石油公司道歉广告遭批评》，2010 年 6 月 7 日，见 http://www.chinadaily.com.cn/hqgj/2010-06/07/content_9941063.htm。

油相对海洋来说简直微不足道”；面对代表政治家和民众的国会，他对多数关键问题一无所知，强调自己未涉及任何钻井运作相关的决策制定，被美国媒体讽刺为“被石油裹住了嘴的鸟”。对于危机后果的淡化和利益相关者关切的回避都让人们感到唐熙华对此次危机“不屑一顾”的态度，这被社会各界视为是轻视生命、漠视环境、逃避责任的表现。

三是共情不足，抚慰缺位。企业对受害者的抚慰既包括物质和精神层面的补偿与安慰，也包括共感、共情，理解他们的悲痛，也为此感到悲痛。但唐熙华的言行却走向了另一端——其一方面在脸书上表示希望漏油尽快解决，他好回归正常生活（I wanted my life back），表达了污染对自己生活的困扰；另一方面参加了在英国威特岛举行的环岛游艇赛，保持着丰富多彩的娱乐生活。这种以自我为中心的话语指向和行为方式，背后反映的是其同情心的缺乏和对 bp 已然造成的伤害的不屑。

唐熙华对危机应对重心的误判及表现出的对污染的不重视、对逝者的不尊重、对受害者的不关心，不仅摧毁了 bp 在此前作出的系列补救举措，还阻断了 bp 与各利益相关者之间的价值纽带，墨西哥湾漏油事件彻底演变成了一场价值危机。

二、得失为末，平衡多元价值

除了化解各利益相关者的初始负面情绪，企业在随后的危机应对中也需规范自身的言行，防止类似情绪的再次唤醒。以价值观为基础的伦理规范是与情绪相关的、评价危机管理的关键线索，其不仅为企业划定了三条基本道德底线——责任、公开和人文关怀，还要求企业搁置一己得失，平衡来自多元主体的价值标准。

（一）遵守基本道德要求

根据情绪的认知评价理论①，危机情境中负面情绪的产生与各利益相关者对企业言行的消极评价息息相关。明确各利益相关者的评价标准，使其转变为危机的应对指南，有利于企业规避负面情绪的产生。在所有的评价标准中，以价值观为基础的道德伦理最为基础，也最为关键。

一般而言，危机情境中各利益相关者共同关注的道德标准主要有三个——责任、公开和人文关怀，② 这要求企业务必做到以下几点。

第一，承担责任。企业负有保证自身生产经营活动至少不会对公众、环境、社会产生负效应的责任。但即便是无心之失，危机的发生总是不可避免地伴随着大规模的损失与伤害，企业需承认自己在道德层面的过失，并对此加以弥补。

第二，公开透明。向人们提供必要且充分的信息以支持他们做出判断、选择和决策是企业的应尽之责，尤其是在遭遇关涉人们生存和生活根本的环境危机时，企业更应该让各利益相关者充分了解与事件起因、影响范围、可能造成的损害、应对损害的办法、保护自己利益的措施等信息。

第三，关爱弱者。尊重每个生命的独特性与价值、对遭受了伤害和

① 孟昭兰：《当代情绪理论的发展》，《心理学报》1985 年第 2 期。

② ULMER R R, SELLNOW T L, SEEGER M W, *Effective crisis communication: Moving from crisis to opportunity*, California: Sage Publications, 2017, pp.303-308.

苦难的有需要的人施以援手，这是人文主义最基本的价值准则，也是企业弥补过失和表达善意的重要举措。但需注意的是，关爱弱者应是出于企业的责任感和人文关怀的自然流露，也应落实到具体的行动中，不应演变成“漂白”自己的一场表演。①

（二）平衡多元价值标准

在三个基本的伦理规范之外，企业常常还面临着来自多元利益相关者相互竞争的价值观（competing value view）②——不同的经历、文化、目标、期待、立场铸就了不同主体的价值观，他们差异明显甚至可能相互矛盾，但在危机情境中皆会成为社会评价企业危机管理的标准。如何平衡，如何排序，以谁为先，以谁为末，直接关系着企业危机管理的成败。

以社会角色为视角，卷入环境危机中的多元利益相关者大致包括涉事企业、受到直接影响的受害者、其他普通公众、媒体、政府机构、非政府组织、意见领袖和行业机构。③在这些主体中，主要关涉四组相互竞争的价值标准——得失、是非、公私与善恶。其中，得失为企业的关注焦点，这关系到营收与声誉；媒体看重是非因果，这是他们期待获知的信息；政府机构、非政府组织、意见领袖和行业机构重视公共利益与

① 胡百精：《敞开的品牌》，中国人民大学出版社2016年版，第79页。

② ULMER R R, SELLNOW T L&SEEGER M W, *Effective crisis communication: Moving from crisis to opportunity*, California: Sage Publications, 2017, p.300.

③ Centers for Disease Control and Prevention, *Crisis + Emergency Risk Communication: Community Engagement*, 2022.7.6,https://emergency.cdc.gov/cerc/ppt/CERC_CommunityEngagement. pdf.

公共之善的维护；受害者和其他公众则关心善恶，并倾向于原谅好人而讨伐坏人。

要平衡好这些相互竞争的价值标准，企业需至少做到以下四个方面：第一，放下一己得失之心，以其他利益相关者的需求为价值导向；第二，扬善止恶且相与为善，让人们见证自己于危机之下努力做出改善的诚意，以走出道德洼地、积蓄对话资格，重建信任；第三，捍卫公共利益和公共精神，遵守社会规范和法律法规，增进多元利益相关者对自己的了解和理解，以化解敌意、重构意义、重返公共话语空间；第四，对真相负责，实事求是地面对媒体及公众，还原语境，提供事实，以参与意见竞争和叙事竞争。企业危机情境中的价值排序应为善恶 > 公私 > 是非 > 得失，以善恶为先，以得失为末，同时兼顾公私与是非。①

（三）案例分析：中石化聚丙烯胶粒漏撒事件

2012 年 7 月 23 日，台风“韦森特”袭港期间，一艘从广州出发驶往汕头的货船行到靠近香港水域时，受台风影响，船上的 7 个货柜坠海，其中有 6 个货柜载有中石化 150 吨聚丙烯胶粒。坠海后，胶粒漏撒飘散至香港水域多个海滩与鱼类养殖场。

随着香港环保组织曝光这一情形，香港多家媒体开始对聚丙烯胶粒漏撒事件持续追踪报道，引发相关政府部门及香港市民的广泛关注、批评和担忧，舆论矛头逐渐指向中石化。在此次环境危机中，中石化通过合理的价值排序，回应公众、压力团体及媒体的需求，以公共利益、大

① 胡百精：《危机传播管理》，中国人民大学出版社 2014 年版，第 176 页。

局利益和长远利益为重，不仅转危为安，还获得香港各界高度评价。其关键举措有以下几点。

第一，有效回应环保组织，立即开展处置行动。中石化香港代表处在7月26日接到环保组织的求证电话并确认属实后，即刻成立了应急处置小组，派专人前往实地勘察，主动与香港特区政府相关部门及环保团体积极沟通，第一时间了解事态变化。在环保组织联系的包括生产商中石化、运输商以及政府各部门在内的所有组织中，仅中石化给予了积极反馈，这也为其危机的顺利化解奠定基础。

第二，不纠结一己得失，勇于承担责任。此次聚丙烯胶粒漏撒是由台风引起的意外事故，中石化本身也是受害者之一，承受着货物的损失。尽管如此，在8月9日召开的新闻媒体座谈会中，中石化仍然做出了承诺——无论事件责任归属最终如何认定，公司都将全力以赴，积极配合对漏撒胶粒的清理；愿意先行垫付打捞和清理过程发生的费用；承担自己应该承担的法律责任和社会义务，决不推诿。同时特别拨款1000万元港币的专项资金，用于加快打捞和清理工作，聘请当地第三方会计师事务所进行监督。中石化的承诺与承诺的迅速落实向社会展现了其勇于承担社会责任的意识和行动，有效缓解了外部舆论压力。

第三，环境保护为先，公共利益至上。自始至终，中石化一直在积极推动清理工作的进行。除了专项资金的拨付之外，中石化还在措施制定、设备购买、清理人力等方面加以支持，包括邀请前期参与清理工作的世界自然基金会香港分会、DB GREEN等9个香港环保团体共商共谋后续措施；购买手摇式分离设备、简易分离机器和成型机器提供给环保组织和特区政府相关部门使用；董事长、总经理、中石化驻港员工、总部有关部门负责人都先后参与了胶粒清理工作。

将环境保护置于企业财产之前，使公共利益先于企业私利，中石化通过行动展现了一个具有公共精神与担当意识的央企形象。香港《明报》发表题为《胶粒事件如一面镜子　折射各方承担与取态》的社评，指出“中国石化这次应对胶粒漂港事件，使人耳目一新”。正是凭借在香港胶粒撒漏事件处理中的杰出表现，中石化在权威公关行业媒体霍姆斯报告（Holmes Report）的年度评选中，荣获 2013 年亚太地区品牌与声誉杰出成就奖（SABRE Awards）之危机管理及企业社会责任两项金奖。

第四节　恢复管理：三个共同体的重建

危机事件的平息，并不等于危机管理的终结。即使事态得到控制、舆论逐渐淡化，但危机对企业声誉、形象、信用等带来的无形损害依然存在。快速进行恢复管理，既是推动企业重返正常秩序、改善生存环境的首要任务，也是帮助企业抓住变革契机、实现自我超越的必要举措。对此，企业可将在危机中被破坏的沟通关系、利益关系和价值关系作为线索，紧扣真相与责任、补偿与再造、反思与对话三组关键词，重塑信息共同体、利益共同体与价值共同体，修复、完善甚至革新企业的生态系统。①

① 胡百精：《危机传播管理》，中国人民大学出版社 2014 年版，第 180—182 页。

一、重建信息共同体：真相与责任

信息共同体表现为企业与利益相关者之间经由互动、对话实现信息的共享，促进知情与合意，其对应三个关键要素：公开、透明、响应。危机的爆发往往伴随着对这些要素的遮蔽，企业若要消除威胁、缓解紧张情势、恢复沟通关系，首先需做到明确各利益相关者的核心关切并采取适当的形式予以有效回应。

环境危机关涉主体众、延伸议题多，难以一言以蔽之。但纵观多年来的相关实践，始终居于公共讨论中显著地位的，是危机责任的分配问题，其不仅与真相息息相关，还影响到对企业形象的评价。换言之，企业在危机恢复管理阶段客观、公正地回应责任问题，既是对事实的呈现与还原，满足公众的知情权，也是对自身行为的辩护与澄清，保障企业权益和声誉。

需要注意的是，在危机事件平息后开展的责任划分不等同于危机爆发及处置阶段的主动担责，也不具有代替关系。从内容看，前期的主动担责是尽快控制危机在实质层面的影响，例如清理漏撒的聚丙烯、封堵泄漏的原油，同时缓解公众的情绪，为随后的事实调查争取态度空间；而后期的责任划分则是对真相的还原，探寻危机的根本原因与发展过程。从驱动力看，危机发生时的承担责任是由企业价值观驱动的行为，是一个负责、可靠、具有社会责任感的企业所需承担的义务；危机结束后对于责任的划分则是基于对法律道德、公平正义等社会基本规范的维护，让过失者付出代价，还无辜者清白。

根据企业在危机中需承担的责任的程度，结合企业危机历史及既有声誉评价的现实情况，库姆斯的危机沟通情境理论（Situational Crisis Communication Theory，SCCT）总结了三种危机类型及四种基本的沟通策略——企业危机可划分为受害者型、意外型和可预防型，其中，受害者型指企业并非导致危机发生的主体而是其中的受害者，所需承担的责任最小，例如谣言危机；可预防型危机指企业或员工有意为之的行为带来的负面影响，企业所需承担的责任最多；意外型危机所需承担的责任居中，其来源于企业无意但确实造成了损害的行为。危机沟通策略则包括否认、淡化、重塑，以及用以建立企业和各利益相关者联系的支持策略。不同类型的策略包含若干种操作路径，能够为企业声誉带来一定增益，却也相应地存在弊端，应视危机的具体类型与情境灵活运用（见表 8—4）。①

表 8—4　SCCT 理论中各类危机情境中适用的危机沟通策略及路径

危机情境		策略类型	具体方法	方法阐释
危机类型	过往表现：是否发生过类似危机；是否有不好的声誉			
受害者（谣言）	否	否认型	回击指控	直接反驳相关指责和质疑，并采取提出诉讼等行动回击
			否认危机	提供证据否认危机的存在
			寻找替罪羊	指出企业之外的个人或组织应为危机负责
受害者	是	淡化型	寻找借口	强调危机的发生并非有意为之而是出乎意料、无法掌控的
意外	否		辩护解释	强调危机没有带来严重的伤亡、破坏或其他负面影响

① COOMBS W T, *Ongoing crisis communication: Planning, managing, and responding,* 4th ed, California: Sage Publications, 2014, pp.173-185.

续表

危机情境		策略类型	具体方法	方法阐释
危机类型	过往表现：是否发生过类似危机；是否有不好的声誉			
意外	是	重塑型	补偿	为受害者提供妥善安置和相应补偿
可预防	是 / 否		道歉	宣布企业将承担所有责任并请求原谅
适用于所有危机类型	否	支持型	提醒	提醒各利益相关者企业在过去的良好表现
	是 / 否		迎合	感谢和称赞各提供支持的利益相关者
			共鸣	强调企业也是危机的受害者

在遭遇环境危机后，需经由责任的划分和阐释重建与公众沟通关系的企业可参考表 8—4 开展危机修复工作，但在沟通过程中仍需注意两点：第一，谨慎使用否认策略，尽管这在受害者类型的危机（例如谣言）中能较为有效地将企业与其声誉的威胁隔离开来，但这一策略的使用容易被视为推卸责任，有损企业形象；第二，不同策略之间并非相互独立，支持型策略可以与任何策略结合使用，淡化型和重塑型也可相互配合，不过对责任分配的认定需审慎判断并一以贯之，否则将带来更严重的信任危机和声誉威胁。

二、重建利益共同体：补偿与再造

利益共同体关注的是企业与各利益相关方之间的利益实现与互惠程度，聚焦企业的产品、项目、政策、管理、服务、技术、资源和流程等基本层面，对应创造、互惠、开放三个关键要素。其中，创造指涉企业的可成长性和可持续发展，是利益生产的基本保障；互惠指企业的发展要给利益相关方和社会带来可分享的利益，既包括实存的利益，也包括主观上的获得感；开放即相互走近，协同并进，共同成长。

以上述要素为切入点，企业在危机过后改善与各利益相关方的互惠机制、调整利益关系时，也需关注以下三个环节。

其一，机制再造。危机过后，真相明晰，企业在管理、生产、经营等层面的漏洞也随之凸显，及时地查缺补漏固然重要，但如何于此次危机中吸取经验，借助决策制度、管理流程、运营体系的更新进行风险的预控，避免因同类问题再次引发危机也应成为企业关注的重点。借助机制再造，企业传递的不仅是恢复常态生产生活秩序的利好信息，还包括保证企业健康永续发展的承诺，以此恢复各利益相关方对企业的期待与信心。

具体到环境危机，企业可参考国务院国有资产监督管理委员会下发的《关于全面加强中央企业环境污染风险防控工作有关事项的通知》中对于环境污染风险防控工作的要求和指导，在环境影响评价管理、环境污染隐患排查治理、污染物减排重点工程实施以及应急处置能力四个方面进行体系化和制度化的建设。其中，各行业需重点排查和治理的环境污染风险如表 8—5 所示。

表 8—5　重点行业环境污染排查及治理要点

行业	环境污染风险排查和治理重点
电力企业	规范脱硫、脱硝、除尘等环保设施运行、检修管理，加强废水排放、煤场、灰场无组织排放治理
钢铁、建材、化工等重点行业企业	推行清洁生产，提高能源资源利用效率，采用低废、无废工艺，尽量使用无毒无害原料

续表

行业	环境污染风险排查和治理重点
石油石化企业	加强生产设施和输油管网泄漏隐患排查，特别是位于自然保护区、饮用水源保护区等敏感区域的，要强化输油管线日常检测、更换等措施，按要求关停、拆除相关设施
化工企业	加强有毒有害化学品污染风险防控
涉及农药、化肥生产的企业	加大绿色环保产品的研发和供给力度，助力农业面源污染治理
涉核企业	提升核设施安全水平，加快老旧核设施退役，提升放射性废物处置能力

其二，利益补偿。基于还原的真相和划定的责任，企业需结合法、理、情对危机事件中遭受了损失的利益相关方做出补偿。这包括三个层面：[①] 一是在事实层面，对危机造成的生命、健康和财产损害进行物质、资金和资源方面的补偿或救助；二是在价值层面，借助心理辅导、专业咨询、探望陪伴等举措对在危机中受到精神和心理伤害的利益相关者加以抚慰，让他们重拾自尊、希望、勇气和自信；三是基于道义原则确定的补偿和救赎，这是企业承担道德责任、重返道德高地的重要举措，但也要综合考虑利益相关者的需求与企业自身的承受力。

其三，邀请参与。在推进机制再造与利益补偿以保障利益实现、缓解失去感的过程中，邀请各利益相关者参与建言、监督甚至共创，既能保证程序的透明与合法性，也赋予参与者以信任、尊重，增强其获得感及与企业共同成长的使命感。海底捞在“后厨卫生危机”事件后主动接受社会监督、推进后厨操作可视化的声明，网易云面对“网抑云”负面标签时动员用户共同生产治愈乐评以改善社区消极氛围的举措，皆是对

① 胡百精：《危机传播管理对话范式（下）——价值路径》，《当代传播》2018 年第 3 期。

这一要素的响应。

三、重建价值共同体：反思与对话

一场危机就是一个不可多得的学习机会[①]，企业既可从过往危机中找到自身行为、程序乃至策略的漏洞并进行修正，还可借此重新评估自身的愿景、规范和文化，实现自身价值体系的变革[②]。前者是一种应用性、策略性的浅层学习和调整，可产生即时的效果却难以抵御随后的风险，而后者则是思维性的、战略性的改变，能够指导组织更长远的发展。目前，多数企业的危机恢复管理停留在表层，致力于缩小企业行为与既定规范的差距，却忽略了对更为根本的初心、梦想、使命等问题的反省与革新——而正是对这些价值观念的超越，才能成就企业的涅槃。

价值体系的重构是一项系统性工程，至少包括以下三个步骤。

第一，在对话中生成。价值体系并非无中生有，也非凭空想象，而是在“对话”的过程中逐渐成形——这一方面是指与“危机”的对话，反思危机生成、扩散和应对过程中对企业原有愿景、价值观、经营哲学、战略思想、精神文化等的挑战，从中吸取经验和教训；另一方面则指向与各利益相关者的对话，收集、识别其秉持的一贯主张和对企业的

① PAUCHANT T C, MITROFF I I, *Transforming the crisis-prone organization: Preventing individual, organizational, and environmental tragedies*, San Francisco: Jossey-Bass, 1992, p.158.

② 张美莲、郑薇：《政府如何从危机中学习：基本模式及形成机理》，《中国行政管理》2022 年第 1 期。

核心期待，凝练、升华其在危机中用以评价企业的道德规范与价值标准，将两者结合，以对过往的超越为基础，以对各核心利益相关者的契合为导向，共同指导企业核心价值体系的革新。

第二，在日常中落实。革新后的价值体系不应是抽象的口号或流于形式的标语，而应真正成为企业日常运营和未来发展的旗帜与边界。为此，企业既需要经由系列培训、讨论、学习过程实现由上到下的宣贯，使新的愿景、使命和文化得到企业负责人、各层管理者和所有员工的认可、理解与内化，还应将新的价值体系融入体制机制、守则规范等由表及里的制度革新中，推动和保障其在企业工作中的落实与贯彻。

第三，在活动中共享。除了内部的贯彻执行，企业还应打造多元的社会责任活动和品牌活动对外展示、传递、共享新的价值体系，在向各利益相关者告知危机恢复的积极信息、展现自身革新的坚定决心以恢复企业声誉的同时，藉由这一以受众关切为导向的、面向未来的、涉及企业核心价值与文化的重建话语（discourse of renewal），促进多元主体与企业的良好关系的形成①，重建价值共同体。

四、墨西哥湾漏油事故后 bp 的形象修复②

墨西哥湾漏油事故发生后，bp 的声誉严重受损，国际信用评级不

① XU S, "Discourse of renewal Developing multiple-item measurement and analyzing effects on relationships", *Public relations review*, 2018, 44 (1), pp.108-119.

② 若无特别说明，本部分材料皆整理自何文渊、廖群山、刘芳：《超越百年：BP 发展启示录》，石油工业出版社 2020 年版，第 202—264 页。

断下降，英国绿色和平组织发起重新设计 bp 标志的比赛，① 抗议活动“Shame on You BP”此起彼伏（见图 8—3），公众的评价一落千丈，消费者甚至开始抵制 bp 品牌燃料，最严重时 bp 市值损失了 50%。

为了修复形象，bp 开展了由内而外、自上而下的变革。新上任的 CEO 鲍勃·戴德立在首次致辞中明确了公司的态度和目标：“有人问我们是否真正理解这一切的影响，对此，让我坚定地说一句‘我们明白，并且理解’。‘一切照常’不再是我们的选项，我们正对我们的工作方式做出重大改变……我们的目标是重建这家公司，使其能够以安全、可持续的方式创造价值。”这也意味着 bp 的形象修复活动不仅是对危机的应付和对漏洞的简单修补，而且是抱持着再造、革新、超越的精神，推动企业的彻底转型。遵循前面提到的三个共同体的思路，我们可归纳出 bp 为环境危机中的企业形象修复提供的五点经验。

图 8—3 英国绿色和平发起的重新设计 bp 标志活动作品及“Shame on You BP”抗议活动

① The Guardian, *Greenpeace competition to redesign the BP logo*, 2010.6.10, https://www.theguardian.com/environment/gallery/2010/jun/10/greenpeace-bp-logo-competition.

第一，主动担责也合理避责，推动事故理赔进程。2011年9月4日，美国海岸警卫队和海洋能源管理局联合公布了墨西哥湾漏油事故的最终调查报告，认定bp负主要责任，其他公司负相应连带责任；除了bp的作业失误之外，钻井平台防喷器的设计缺陷、固井水泥的质量问题也是导致事故的重要因素。据此，bp在主动承认所有联邦刑事指控的同时，借助法律的手段起诉了钻井平台生产商卡梅隆国际公司、水泥提供商哈里伯顿公司，既向公众理清、强调了事故中的责任分配，也敦促二者承担赔偿责任，协助推动事故的解决。

第二，积极改造组织架构，强化风险预控。危机过后，bp以风险预控为目标在安全生产监督、风险报告、员工素质等层面进行了强化管理，并调整组织架构以保障目标的实现。独立职能部门——安全及运营风险（S&OR）部门即是此次调整的直接结果。该部门由bp最高核心管理层成员担任部门主管，肩负三个任务：一是从安全运营的角度出发，形成一套独立于业务线的制约与平衡功能，加强与安全相关的强制性标准和流程，包括运营风险管理；二是提供有关运营风险的独立观点；三是评估并提升员工在安全及运营方面的能力素养。同时，为了更好地识别、监督和管理不同区域的差异化风险，bp还在业务线所在地建立了由标准、流程、工具和方法构成的风险管理体系，对风险报告的方式、渠道、流程进行统一规定，以确保风险信息的通畅流动。

第三，承担社会责任，提供道义补偿。为了安抚因墨西哥湾漏油事故而遭受经济、心理和精神损伤的公众，bp在接受司法部裁定的208亿美元罚金的同时，还面向失业钻井平台工人、墨西哥湾野生动物、墨西哥湾经济恢复工作等开展了系列公共活动和社会责任项目，实现自我与各利益相关方的相互救赎。具体项目及内容如表 8—6 所示。

表 8—6　bp 承担社会责任、提供修复补偿的项目 / 活动列表

项目 / 活动	主要内容
信托基金	信托基金总额为 200 亿美元，相关的评价、管理、赔付工作交由第三方托管基金——墨西哥湾理赔机构（Gulf Coast Claims Facility，简称 GCCF）负责；基金用来支付由 GCCF 裁决的各种索赔及费用，包括：诉讼的最终判决及诉讼和解、各州和地方的应对成本及索赔以及自然资源损害及相关赔偿。
钻井平台工人援助基金	基金总额为 1 亿美元，用以支持因美国联邦政府实施深水钻井禁令而身陷经济困境的失业钻井平台工人。
野生动物回收石油基金	基金将从漏油中回收的石油净收入捐赠给美国国家鱼类和野生动物基金会（National Fish and Wildlife Foundation），用以开展系列保护墨西哥湾沿岸各州野生动物的项目。
海岸恢复计划	参与墨西哥湾环境与经济的恢复工作，即与相关的州和联邦机构合作，检测和评估事故的环境影响，并实施恢复计划。恢复计划中还包括海岸线的勘查、评估、清理、巡逻和维护。
经济恢复计划	系列支持墨西哥湾经济恢复的举措，重点聚焦旅游业和渔业。在旅游业方面，资助墨西哥湾沿岸的路易斯安那州、密西西比州、亚拉巴马州和佛罗里达州推广旅游业，投放“我的墨西哥湾”系列广告；在渔业方面，为各州提供资金，用于检测石油、分散剂等对海洋生物产生的影响，并且为一项为期 3 年的渔业资源监测计划提供研究经费，以研究石油泄漏对渔业资源的影响。
墨西哥湾研究计划	研究计划为期 10 年，主要用以研究与监测石油泄漏对环境和人体健康的潜在影响，解决墨西哥湾地区因漏油产生的种种问题；同时，作为计划的一部分，bp 还将向相关研究机构提供资金和资源的资助，让他们能够在事故期间进行采样工作。
加入行业组织	bp 先后加入了两个行业组织，一是墨西哥湾海上油井封堵组织，旨在未来再次发生水下井喷事故时能快速部署有效行动；二是国际油气生产商协会的“全球事故反应小组”，其宗旨是在全球油气行业内推广相关经验教训，尤其注重预防、干预和应对。
独立调查及经验推广	开展独立于事故应对行动的事故调查，提出 26 条专门针对钻井的建议，并应用于 bp 在此后的全球钻井作业中；在此基础上，bp 新组建了“全球深水反应团队”，负责与其他深水项目的 bp 员工、合作伙伴公司、监管机构和其他各方分享从墨西哥湾漏油事故中得到的教训和经验。

第四，剥离扭曲的价值观，重建情感纽带。为了弥补前CEO唐熙华在危机期间种种逃避责任、缺乏同情心的行为给企业形象与公众情感带来的损害，bp采取了更换领导层的举措——由美裔鲍勃·戴德立代替唐熙华出任公司的CEO，修复与公众的价值纽带。一方面，唐熙华的卸任传达出bp对不尊重生命的价值观的远离，从侧面凸显企业重塑价值体系的决心；另一方面，鲍勃·戴德立在密西西比长大的经历与良好的形象声誉能够在一定程度上为其获得美国公众的亲近感与认同感，重塑公众对bp的信任。

第五，主动开展对话，革新企业价值体系。墨西哥湾漏油事件暴露了员工行为习惯、观念意识等企业文化尤其是安全文化中的漏洞，这给bp带来了沉重的打击，却也成为其对企业价值体系进行全面改革的契机与基点。具体而言，bp在价值体系的改革可归纳为四大举措：一是主动创造对话机会，加强与利益相关者的互动，为此，戴德立在上任后连续访问了16个国家，与各国企业就bp的责任与角色进行了讨论，在充分了解与回应各方期待的基础上，做出革新价值体系与行为方式的承诺。二是更换企业价值观，以“安全、尊重、卓越、勇气和一个团队”替换原先的“锐意进取、肩负责任、勇于创新和业绩优先”，将“安全”置于首位，表达了对生命与环境的尊重。三是调整业务发展理念与战略，摒弃原先对“做大做强”的关注，提出“价值增长重于产量增长”“资产质量重于资产数量”的思想，致力于“以安全、负责任的方式，助力满足不断增长的世界能源需求，由此为股东创造价值”。四是以新的价值观和业务发展理念为基础修订了员工的《行为准则》，保证员工能够充分理解企业新的方向、理念与价值体系，并将其贯穿于日常工作之中，推动企业变革的真正落地。

借助主动担责推动事故处理进程、改造组织架构强化风险防控、提供道义补偿安抚受害者、剥离扭曲价值重建情感纽带、主动开展对话革新企业价值体系等多种举措，bp 理顺、调整并再造与各利益相关者的沟通关系、利益关系与价值关系，在墨西哥湾漏油事件带来的沉重打击中逐渐恢复，并于三年后成为五大国际石油公司中业绩最好的企业，真正做到了“涅槃重生”。

参考文献

[1][美] 戴维·阿克:《品牌标签故事:用故事打造企业竞争力》，高小辉译，机械工业出版社 2020 年版。

[2][澳] 苏哈布拉塔·博比·班纳吉:《企业社会责任:好的、坏的和丑陋的》，肖红军、许英杰译，经济管理出版社 2014 年版。

[3][美] 迈克尔·波特:《竞争优势》，陈小悦译，华夏出版社 1997 年版。

[4][美] 乔纳·伯杰:《疯传:让你的产品、思想、行为像病毒一样入侵》，乔迪、王晋译，电子工业出版社 2020 年版。

[5]电通跨媒体沟通开发项目组:《打破界限》，苏友友译，中信出版社 2011 年版。

[6]东东枪:《文案的基本修养》，中信出版社 2019 年版。

[7][美] 乔治·恩德勒:《面向行动的经济伦理学》，高国希等译，上海社会科学出版社 2002 年版。

[8][英] E.M. 福斯特:《小说面面观》，冯涛译，人民文学出版社 2009 年版。

[9]高勇强:《企业伦理与社会责任》，清华大学出版社 2021 年版。

[10][美] 乔纳森·歌德夏:《讲故事的动物:故事造就人类社会》，许雅淑、李宗义译，中信出版社 2017 年版。

[11]顾新建、顾复:《产品生命周期设计:中国制造绿色发展的必由之路》，机械工业出版社 2017 年版。

[12]郭沛源、曹瑄玮:《企业社会责任理论与实务》，中国经济出版社 2022 年版。

[13]何文渊、廖群山、刘芳:《超越百年:BP 发展启示录》，石油工业出版社 2020 年版。

[14][以色列] 尤瓦尔·赫拉利:《人类简史:从动物到上帝》，林俊宏译，中信出

版社 2017 年版。

[15]胡百精:《敞开的品牌》,中国人民大学出版社 2016 年版。

[16]胡百精:《危机传播管理》,中国人民大学出版社 2014 年版。

[17]黄河等:《新媒体广告》,中国人民大学出版社 2022 年版。

[18]黄河、刘琳琳:《新媒体实务》,中国人民大学出版社 2021 年版。

[19]黄群慧、钟宏武、张蒽:《中国企业社会责任研究报告(2021)》,社会科学文献出版社 2021 年版。

[20][英]安东尼·吉登斯:《现代性的后果》,田禾译,译林出版社 2000 年版。

[21][西]贾维尔·卡里略–赫莫斯拉、[西]巴勃罗·戴勃罗·戴尔里曼·冈萨雷斯、[西]托蒂·康诺拉:《生态创新——社会可持续发展和企业竞争力提高的双赢》,闻朝君译,上海世纪出版集团 2014 年版。

[22][美]菲利普·科特勒、[美]凯文·莱恩·凯勒、[美]亚历山大·切尔内夫:《营销管理》,陆雄文、蒋青云、赵伟韬等译,中信出版社 2022 年版。

[23][美]丽萨·克龙:《你能写出好故事:写作的诀窍、大脑的奥秘、认知的陷阱》,秦竞竞译,陕西人民出版社 2014 年版。

[24][美]保拉·拉罗克:《写作之书》,张铮译,江西人民出版社 2019 年版。

[25]李国威:《跑赢危机》,中信出版社 2021 年版。

[26]刘俊海:《公司的社会责任》,法律出版社 1993 年版。

[27]刘思华:《企业经济可持续发展论》,中国环境科学出版社 2020 年版。

[28]吕大鹏、阎慧蓉、刘姗:《沟通创造价值:企业公众开放日品牌活动探索与创新》,经济管理出版社 2019 年版。

[29][美]罗伯特·麦基、[美]托马斯·格雷斯:《故事经济学》,陶曚译,天津人民出版社 2018 年版。

[30][美]罗伯特·麦基:《故事——材质·结构·风格和银幕剧作的原理》,周铁东译,天津人民出版社 2014 年版。

[31][爱尔兰]凯利·麦克莱恩:《交互叙事与跨媒体叙事:新媒体平台上的沉浸式故事创作》,孙斌、李蕊、丁艳华译,中国传媒大学出版社 2021 年版。

[32][美]尼克·南顿、[美]杰克·迪克斯:《故事营销有多重要:用终极故事和传媒思维打造独特品牌》,闾佳、邓瑞华译,中国人民大学出版社 2016 年版。

[33]王灿、张九天:《碳达峰碳中和:迈向新发展路径》,中共中央党校出版社 2021 年版。

[34]王大地、黄洁:《ESG 理论与实践》,经济管理出版社 2021 年版。

[35]习近平:《论坚持人与自然和谐共生》,中央文献出版社 2022 年版。

[36]《习近平谈治国理政》第二卷,外文出版社 2017 年版。

[37]肖红军:《企业社会责任议题管理:理论建构与实践探索》,经济管理出版社2017年版。

[38][日]岩佐茂:《环境的思想》,韩立新、张桂权、刘荣华译,中央编译出版社1997年版。

[39][美]戴维斯·扬:《创建和维护企业的良好声誉》,赖月珍译,上海人民出版社1997年版。

[40][美]亨利·詹金斯:《融合文化:新媒体和旧媒体的冲突地带》,杜永明译,商务印书馆2012年版。

[41]张雷:《公共关系流派——一种广域的视野》,浙江大学出版社2013年版。

[42]中金公司研究部、中金研究院:《碳中和经济学》,中信出版社2021年版。

[43]庄贵阳、周宏春:《碳达峰碳中和的中国之道》,中国财政经济出版社2021年版。

[44]曾建平:《自然之思:西方生态伦理思想探究》,中国社会科学出版社2004年版。

[45]ARNOLD M B, *Emotion and personality*, New York: Columbia University Press, 1960.

[46]BOGOST I, FERRARI S&SCHWEIZER B, *Newsgames: Journalism at play*, Cambridge: The MIT Press, 2010.

[47]COOMBS W T, *Ongoing crisis communication: Planning, managing, and responding*, 4th ed. California: Sage Publications, 2014.

[48]FOMBRUN C J, *Reputation: Realizing value from the corporate image*, Boston: Harvard Business School Press, 1996.

[49]GRUNIG J E, HUNT T, *Managing public relations*, New York: Holt, Rinehart and Winston, 1984.

[50]LAZARUS R S, *Emotion and adaption*, New York: Oxford University Press, 1991.

[51]PAUCHANT T C, MITROFF I I, *Transforming the crisis-prone organization: Preventing individual, organizational, and environmental tragedies*, San Francisco: Jossey-Bass, 1992.

[52]ROGERS E M, *Diffusion of innovations*, 5th ed. New York: The Free Press, 2003.

[53]STEPHENSON W, *The play theory of mass communication*, New Jersey: Transaction Publisher, 1988.

[54]ULMER R R, SELLNOW T L&SEEGER M W, *Effective crisis communication: Moving from crisis to opportunity*, 4th ed. California: Sage Publications, 2017.

[55]VON HIPPEL E, *Democratizing innovation*, Cambridge: The MIT Press, 2005.

责任编辑：陈佳冉
封面设计：王欢欢

图书在版编目（CIP）数据

未来的品牌 ：“双碳” 战略下的品牌建设之道 / 黄河等 著 . — 北京：
人民出版社，2023.5
ISBN 978 – 7 – 01 – 025564 – 4

I. ①未… II. ①黄… III. ①品牌 – 企业管理 – 研究 – 中国 IV. ① F273.2

中国国家版本馆 CIP 数据核字（2023）第 055043 号

未来的品牌
WEILAI DE PINPAI
——“双碳” 战略下的品牌建设之道

黄河 程晛 董骁 邵逸涵 著

人民出版社 出版发行
（100706 北京市东城区隆福寺街 99 号）

中煤（北京）印务有限公司印刷 新华书店经销

2023 年 5 月第 1 版 2023 年 5 月北京第 1 次印刷
开本：710 毫米 ×1000 毫米 1/16 印张：24.25
字数：275 千字

ISBN 978 – 7 – 01 – 025564 – 4 定价：90.00 元

邮购地址 100706 北京市东城区隆福寺街 99 号
人民东方图书销售中心 电话（010）65250042 65289539